U0035115

光復與佔領

國民政府對臺灣的軍事接收

楊護源　著

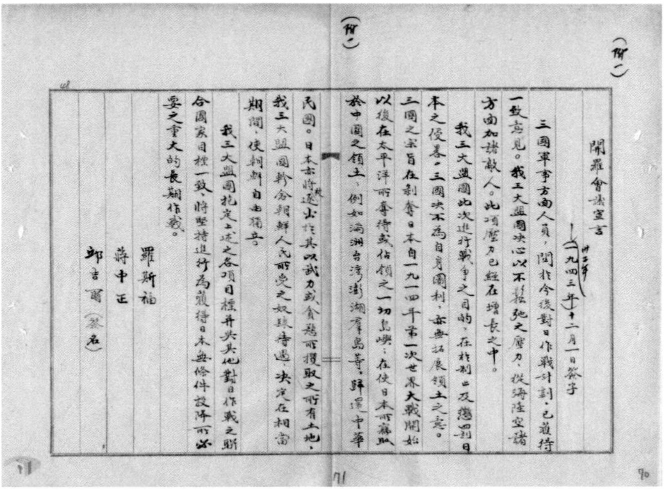

（附一）

開羅會議宣言

一九四三年十二月一日發字

三國軍事方面人員，關於今後對日作戰計劃，已獲得一致意見。我三大盟國決心以不鬆弛之壓力，從海陸空諸方面加諸敵人。此項壓力已經在增長之中。

我三大盟國此次進行戰爭之目的，在於制止及懲罰日本之侵略。三國決不為自身圖利，亦無拓展領土之意。三國之宗旨在剝奪日本自一九一四年第一次世界大戰開始以後在太平洋所奪得或佔領之一切島嶼；在使日本所竊取於中國之領土，例如滿洲台灣澎湖群島等，歸還中華民國。日本亦將被逐出於其以武力或貪慾所攫取之所有土地。我三大盟國稔知朝鮮人民所受之奴隸待遇，決定在相當期間，使朝鮮自由獨立。

我三大盟國抱定上述之各項目標並與其他對日作戰之聯合國家目標一致，將堅持進行為獲得日本無條件投降所必要之重大的長期作戰。

羅斯福

蔣中正

邱吉爾（簽名）

2-1 開羅會議宣言

（檔案管理局，檔號：0034/070.1/0022//001//001/0071）

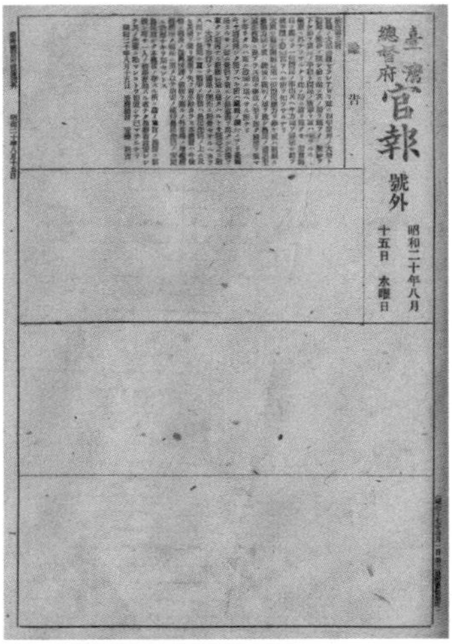

臺灣總督府官報

號外

昭和二十年八月十五日 木曜日

諭告

2-2 臺灣總督府官報號外（昭和二十年八月十五日）

（國史館臺灣文獻館，檔號：0072031005e001）

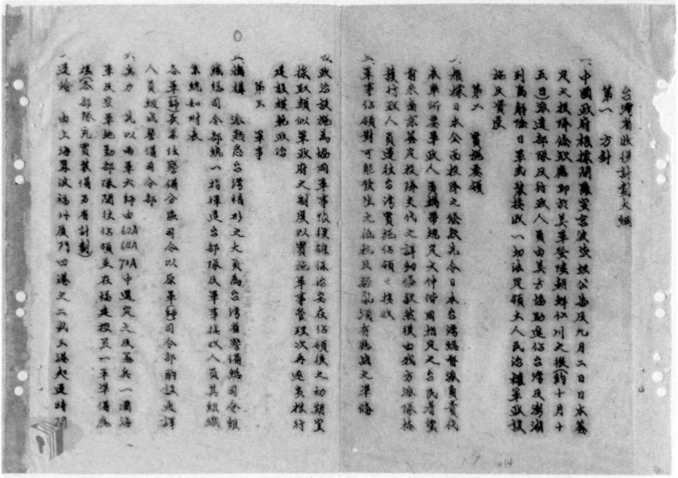
台灣省收復計劃大綱
第一　方針
一、中國政府根據開羅宣言波茨坦公告及九月二日日本簽定之投降條款應即於美軍登陸朝鮮仁川之後（約十月十五日）派遣部隊及行政人員由美方協助運往台灣及澎湖列島解除日軍武裝接收一切法定領土人民治權軍政設施及資產
第二　實施要領
一、根據日本公開投降之條款先令日本台灣總督派負責代表來華聽受軍政人員攜帶規定文件晉謁指定之台民首參南京簽定投降文件之詳細條款並準備由我方派遣接護行政人員運往台灣實施佔領之接收
二、軍事佔領對可能發生之抵抗及騷亂須有應戰之準備
三、政治設施為協同軍事恢復秩序維持治安在佔領後之初期宜採取類似軍政府之制度以實施軍事管理次再逐步推行建設模範政治
第三　軍事
四、編組　派熟悉台灣情形之大員為台灣省警備總司令組織總司令部統一指揮進台部隊及軍事接收人員其組織系統如附表
五、各軍(師)長兼任警備分區司令以原軍(師)司令部酌設或調人員組成警備司令部
六、兵力　先以兩軍六師由62A 64A 70A中選定之及憲兵一團海軍及空軍地勤部隊開往佔領並在福建控置一軍準備應援(各部隊充實裝備另有計劃)
七、運輸　由上海寧波福州廈門四港之二載上港起運時間

3-1 台灣省收復計畫大綱
（檔案管理局，檔號：0034/002.6/4010.2/1/006/0003）

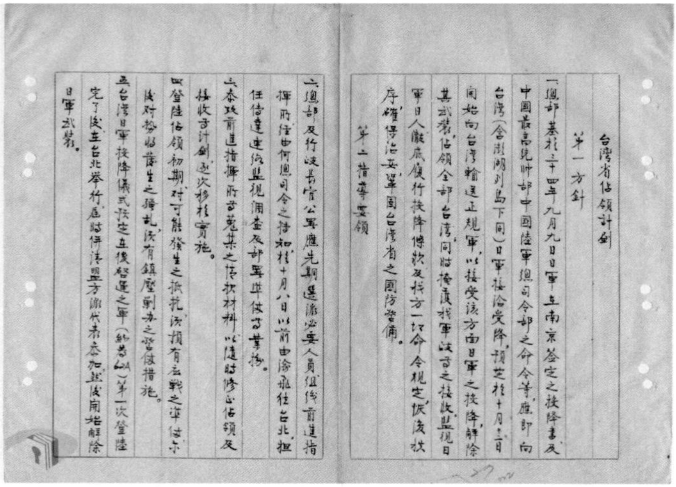
台灣省佔領計劃
第一　方針
一、總部基於三十四年九月九日日軍在南京簽定之投降書及中國最高統帥部中國陸軍總司令部之命令等，應即向台灣（含澎湖列島下同）日軍接洽受降，預定於十月三日開始向台灣輸送正規軍，以接受該方面日軍之投降，解除其武裝，佔領全部台灣，同時接收我軍政方之接收，監視日軍日人徹底履行投降條款及我方一切命令規定，恢復秩序，確保治安，鞏固台灣省之國防警備。
第二　指導要領
二、總部及行政長官公署應先期選派必要人員組織前進指揮所，經由何總司令之指知於十月八日以前由渝飛往台北，担任傳達連絡監視調查及部署準備等事務。
三、本攻前進指揮所當蒐集之情報材料，以隨時修正佔領及接收計劃，逐次移於實施。
四、登陸佔領初期，對可能發生之抵抗，須預有應戰之準備，佔領後對於發生之騷亂，須有鎮壓剿辦之警備措施。
五、台灣日軍投降儀式預定在後續運之軍（約為62A）第一次登陸完了後，在台北舉行，屆時得請盟方派代表參加，並從開始解除日軍武裝。

3-2 台灣省佔領計畫
（檔案管理局，檔號：0034/002.6/4010.2/1/008/0003）

3-3 台灣佔領初期警備部署要圖
（檔案管理局，檔號：0034/002.6/4010.2/1/008/0014、0034/002.6/4010.2/1/008/0015）

3-4 台灣日軍繳械及集中部署要圖

（檔案管理局，檔號：0034/002.6/4010.2/1/008/0016、0034/002.6/4010.2/1/008/0017）

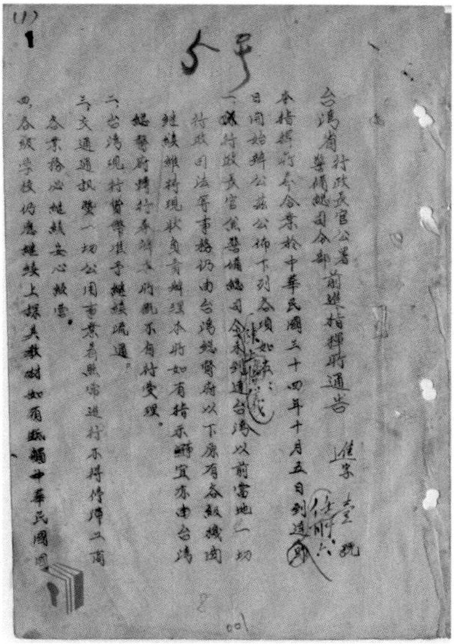

台灣省行政長官公署
警備總司令部 前進指揮所通告 進字壹號

本指揮所奉令業於中華民國三十四年十月五日到達
日開始辦公茲公佈下列各項如左：

一、除行政長官並警備總司令未到達台灣以前當地一切行政司法等事務仍由台灣總督府以下原有各級機關繼續辦理本所如有指示時宜亦由台灣總督府轉行本所概不直接受理。

二、台灣現行貨幣准予繼續流通。

三、交通通訊暨一切公用事業需照常進行不得停頓又商各業務應照舊安心經營。

四、各級學校仍應繼續上課其教材如有涉觸中華民國國[illegible]

3-5 前進指揮所通告 進字壹號

（檔案管理局，檔號：0034/002.6/4010.2/6/001/0001）

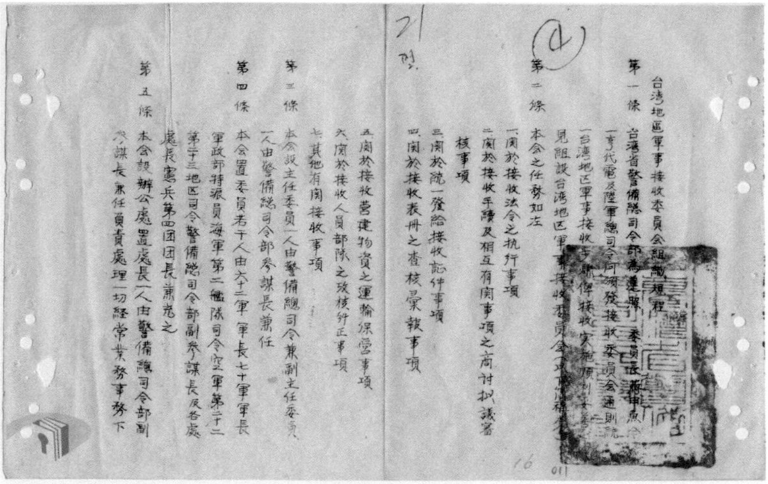

台灣地區軍事接收委員會組織規程

第一條 台灣省警備總司令部為遵照 委員長蔣申[illegible]代電及陸軍總司令何頒發接收委員會通則[illegible]規定組設台灣地區軍事接收委員會[illegible]

第二條 本會之任務如左
一、關於接收法令之執行事項
二、關於接收手續及相互有關事項之商討擬議審核事項
三、關於統一發給接收證件事項
四、關於接收表冊之查核彙報事項
五、關於接收營建物資之運輸保管事項
六、關於接收人員部隊之考核糾正事項
七、其他有關接收事項

第三條 本會設主任委員一人由警備總司令兼副主任委員一人由警備總司令部參謀長兼任

第四條 本會置委員若干人由六十二軍軍長七十軍軍長軍政部特派員海軍第二艦隊司令空軍第二十二第二十三地區司令警備總司令部副參謀長及各處處長憲兵第四團團長兼充之

第五條 本會設辦公處置處長一人由警備總司令部副參謀長兼任負責處理一切經常業務事務下

4-1 台灣地區軍事接收委員會組織規程

（檔案管理局，檔號：0034/002.6/4010.2/5/002/0002）

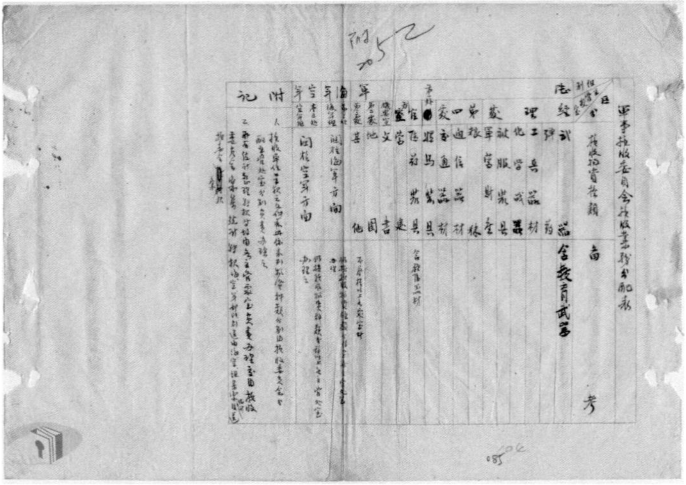

4-2 軍事接收委員會接收業務分配表
（檔案管理局，檔號：0034/002.6/4010.2/5/020/0002）

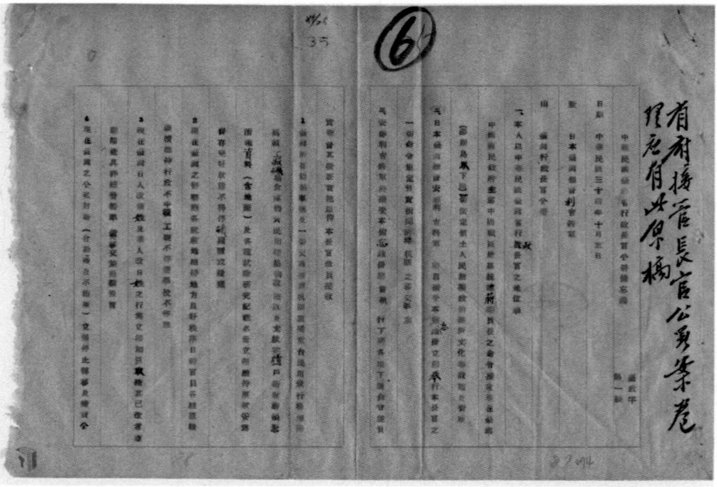

4-3 台政字第一號備忘錄
（檔案管理局，檔號：0034/002.6/4010.2/2/028/0002）

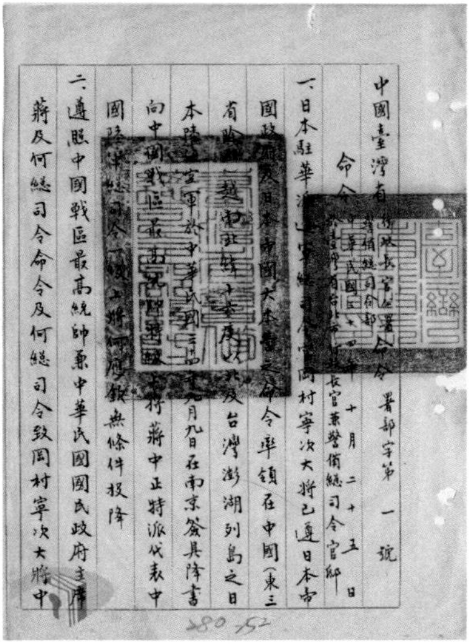

中國臺灣省行政長官公署命令　署部字第一號
命令 [illegible] 十月二十五日
[illegible]長官兼警備總司令官陳
一、日本駐華[illegible]岡村寧次大將已遵日本帝
國政[illegible]及日本帝國大本營之命令率領在中國（東三
省除[illegible]北緯十六度以北及台灣澎湖列島之日
本陸[illegible]空軍於中華民國[illegible]九月九日在南京簽具降書
向中國戰區最高[illegible]特級上將蔣中正特派代表中
國陸軍總司令[illegible]上將何應欽無條件投降
二、遵照中國戰區最高統帥兼中華民國國民政府主席
蔣及何總司令命令及何總司令致岡村寧次大將中

4-4 行政長官公署警備總司令部署部字第一號命令

（檔案管理局，檔號：0034/545/4010/11/195/0002）

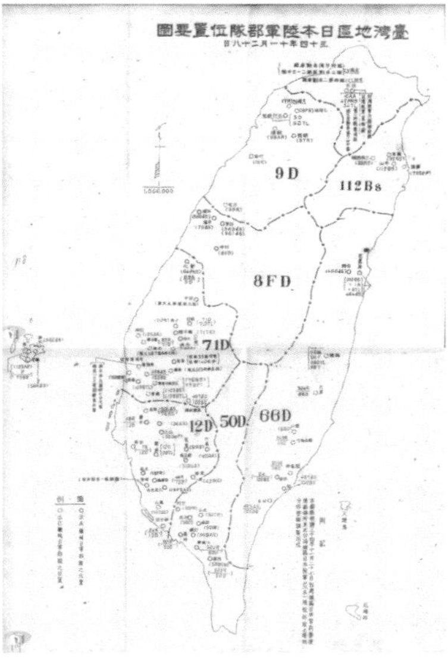

4-5 臺灣地區日本陸軍部隊位置要圖

（檔案管理局，檔號：0034/1811.1/4010/1/001/0118、0034/1811.1/4010/1/001/0119）

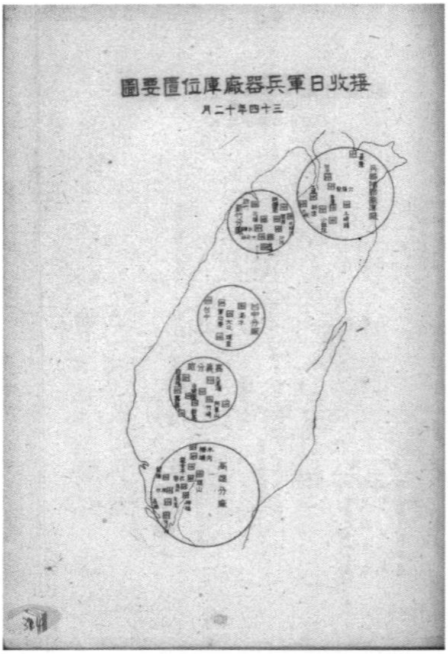

4-6 接收日軍兵器廠庫位置要圖
（檔案管理局，檔號：0034/1811.1/4010/1/001/0364）

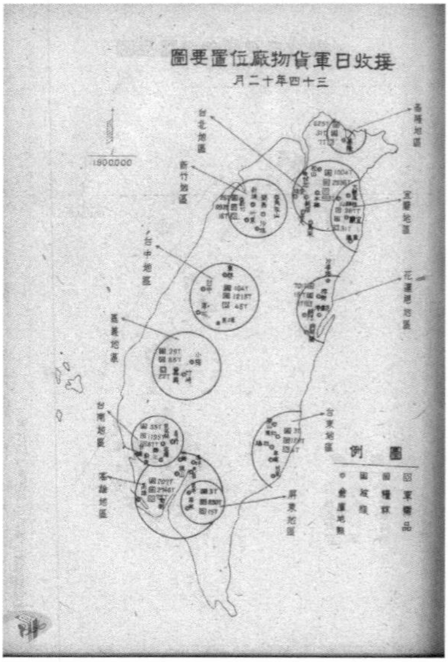

4-7 接收日軍貨物廠位置要圖
（檔案管理局，檔號：0034/1811.1/4010/1/001/0366）

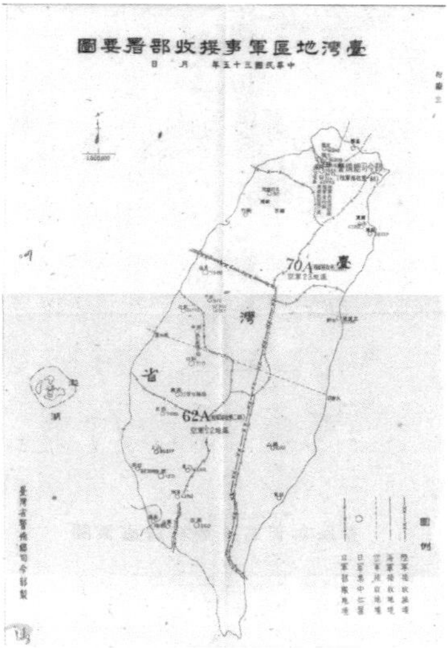

4-8 臺灣地區軍事接收部署要圖
（檔案管理局，檔號：0034/1811.1/4010/2/001/0007、0034/1811.1/4010/2/001/0008）

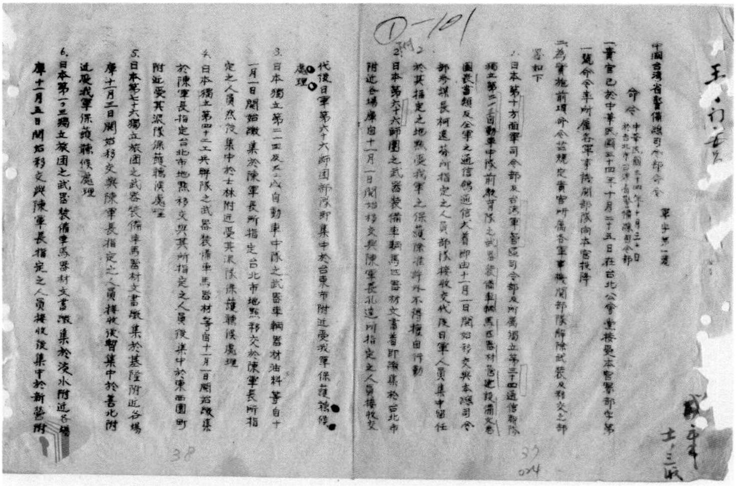

中國台灣省警備總司令部命令　軍字第一號
命令　中華民國三十四年十月三十日 於台北市台灣省警備總司令部
一、貴官已於中華民國三十四年十月二十五日在台北公會堂接受本官警部字第
一號命令率所屬各軍事機關部隊向本官投降
二、為實施前項命令茲規定貴官所屬各軍事機關部隊解除武裝及移交之部
署如下
1.日本第十方面軍司令部及台灣軍管區司令部及所屬獨立第三十四通信聯隊
獨立第二十三回動車中隊前教育隊之武器裝備車輛馬匹器材營建設備文書
圖表書類及全軍之通信網通信大着即由十一月一日開始移交與本總司令
部參謀長柯遠芬所指定之人員部隊接收交代後日軍人員集中留任
於其指定之地點候我軍之保護除准許外不得擅自行動
2.日本第六十六師團之武器裝備車輛馬匹器材文書著即徵集於台北市
附近各場庫由十一月一日開始移交與陳軍長孔達所指定之人員接收交
代後日軍第六十六師団部隊即集中於台東市附近受我軍保護聽候
處理
3.日本獨立第二一四及二一五自動車中隊之武器車輛器材油料等自十
一月一日開始徵集於陳軍長所指定台北市地點移交於陳軍長所指
定之人員然後集中於士林附近受其派隊保護聽候處理
4.日本獨立第四十二工兵聯隊之武器裝備車馬器材等自十一月一日開始徵集
於陳軍長指定台北市地點移交與其所指定之人員後集中於東西園町
附近受其派隊保護聽候處理
5.日本第七十六獨立旅团之武器裝備車馬器材文書徵集於基隆附近各場
庫十一月三日開始移交與陳軍長指定之人員接收後暫集中於基北附
近受我軍保護聽候處理
6.日本第一〇三獨立旅团之武器裝備車馬器材文書徵集於淡水附近各場
庫十一月五日開始移交與陳軍長指定之人員接收後集中於新營附

4-9 臺灣省警備總司令部軍字第一號命令
（檔案管理局，檔號：0034/002.6/4010.2/5/002/0015）

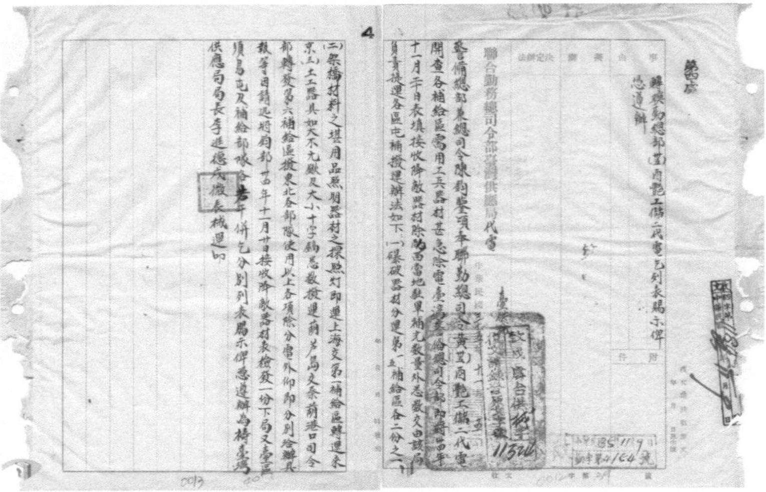

5-1 臺灣工兵器材內運至葫蘆島公文

（檔案管理局，檔號：0034/701.1/4010.2/003/002/0012、0034/701.1/4010.2/003/002/0013）

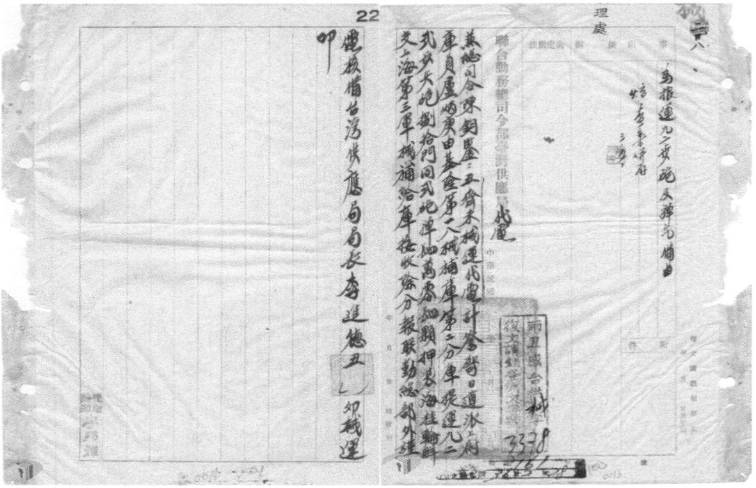

5-2 臺灣槍砲內運至上海公文

（檔案管理局，檔號：0034/701.1/4010.2/03/006/0013、0034/701.1/4010.2/003/006/0014）

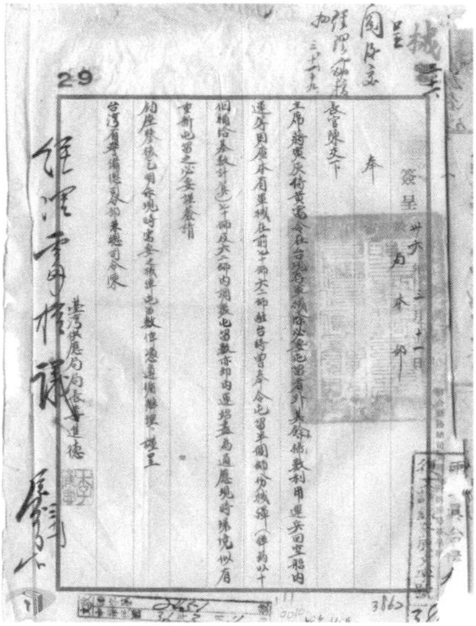

5-3 臺灣軍械除必要囤留外其餘一律內運公文

（檔案管理局，檔號：0034/701.1/4010.2/003/007/0010）

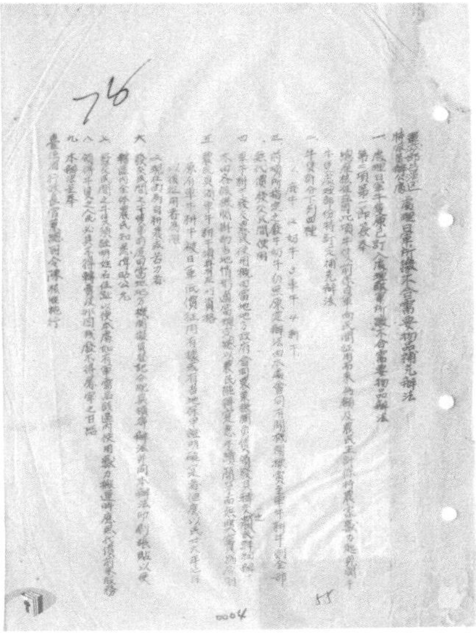

5-4 處理日軍所繳不合需要物品補充辦法

（檔案管理局，檔號：034/701.1/4010.2/006/003/0004）

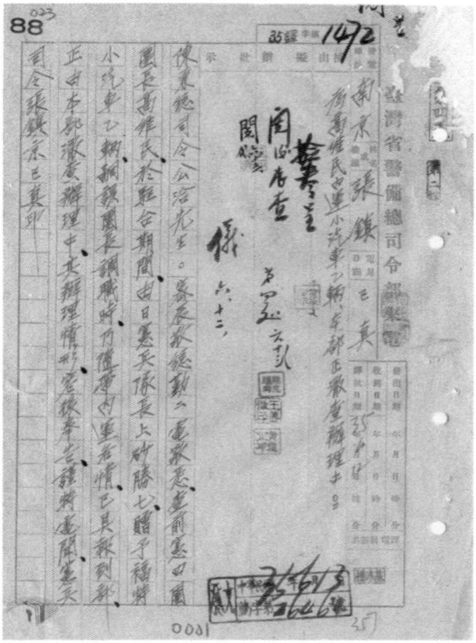

5-5 憲兵第四團團長高維民內運小汽車案公文
（檔案管理局，檔號：0034/701.1/4010.2/011/023/0001）

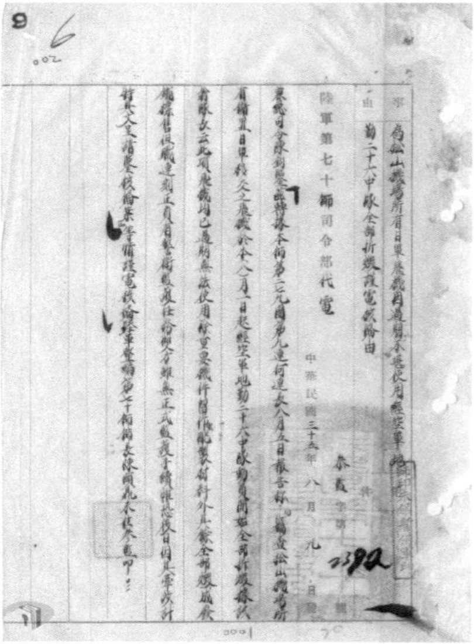

5-6 陸軍70軍報告松山機場空軍地勤拆毀飛機公文
（檔案管理局，檔號：0035/701.8/6010/001/002/0001）

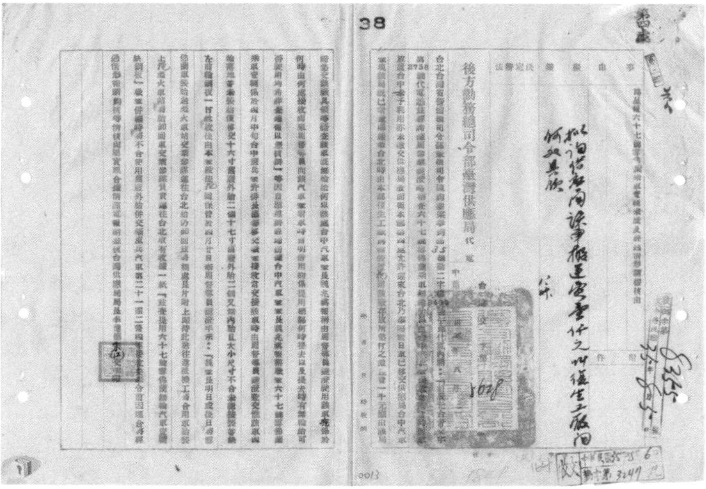

5-7 警備總部與軍政部後勤司令部為接收無輪汽車爭議之公文
（檔案管理局，檔號：0034/701.1/4010.2/012/009/0013）

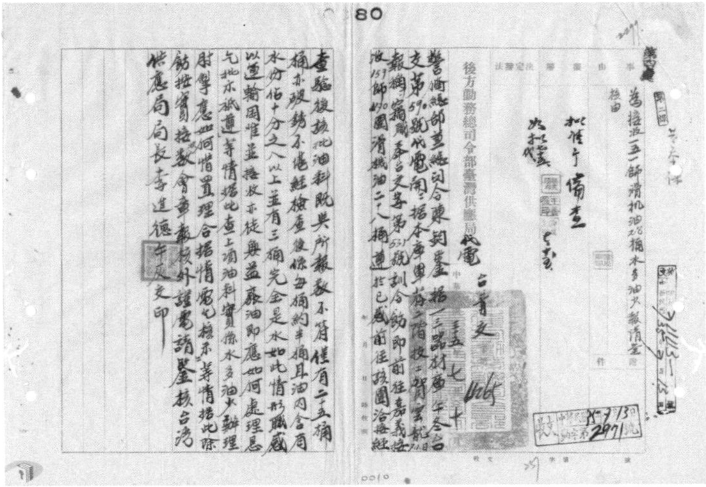

5-8 軍政部後勤司令部報請查核151師接收之油料短少公文
（檔案管理局，檔號：0034/701.1/4010.2/012/015/0010）

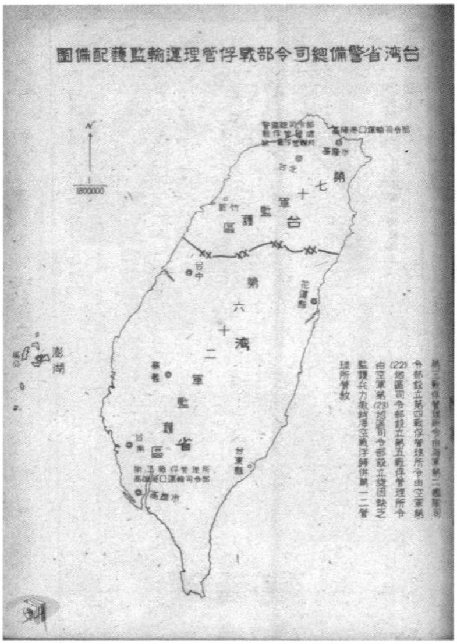

6-1 70軍與62軍轄域範圍圖
（檔案管理局，檔號：0034/1811.1/4010/1/001/0549）

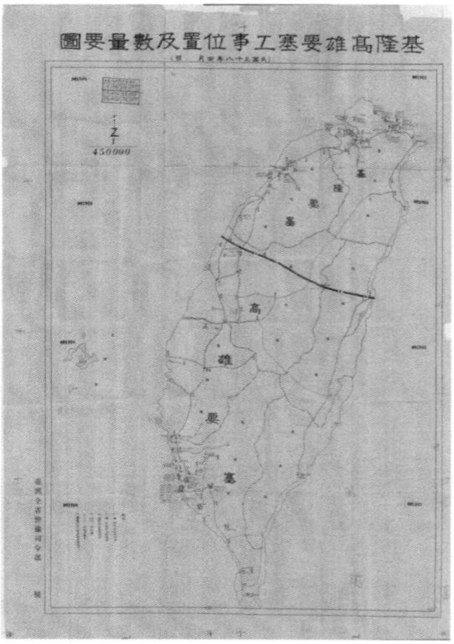

6-2 基隆要塞與高雄要塞轄域範圍圖
（檔案管理局，檔號：0038/560.2/4010.2/001/005/0008、0038/560.2/4010.2/001/005/0009）

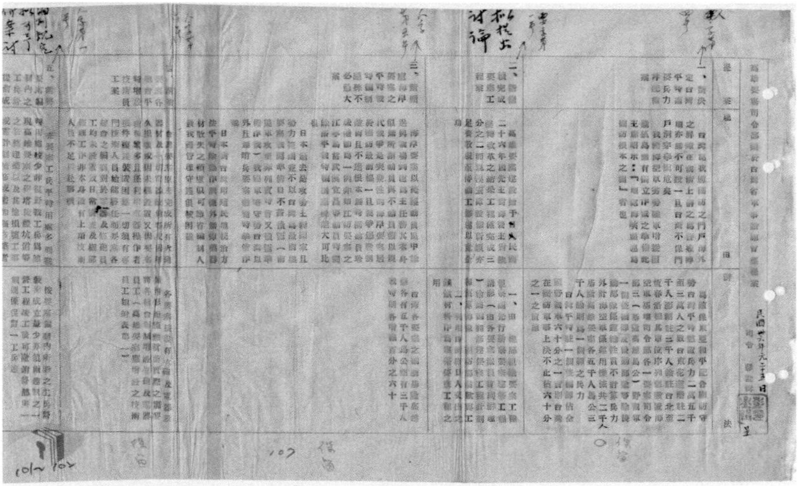

6-3 臺灣省軍事設施會議高雄要塞司令部提案

（檔案管理局，檔號：0036/003.8/4010.2/2/005/0002）

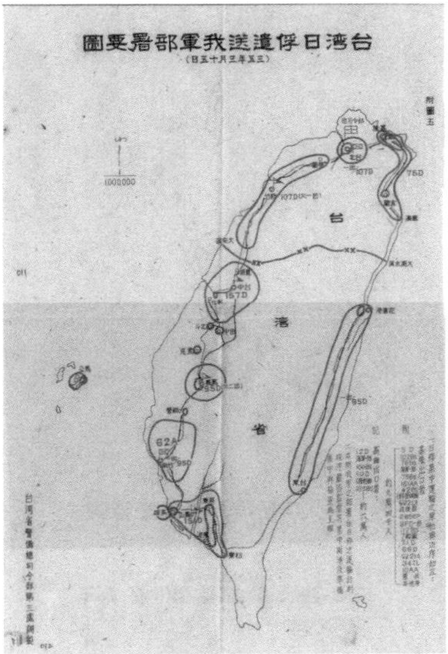

6-4 台灣日俘遣送我軍部署要圖

（檔案管理局，檔號：0034/1811.1/4010/2/001/0011、0034/1811.1/4010/2/001/0012）

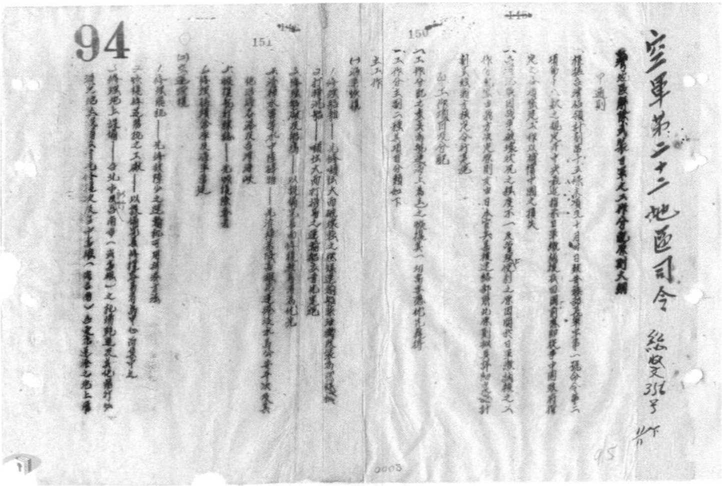

6-5 臺灣地區解除武裝日軍之工作分配原則大綱
（檔案管理局，檔號：0034/701.1/4010.3/001/006/0008）

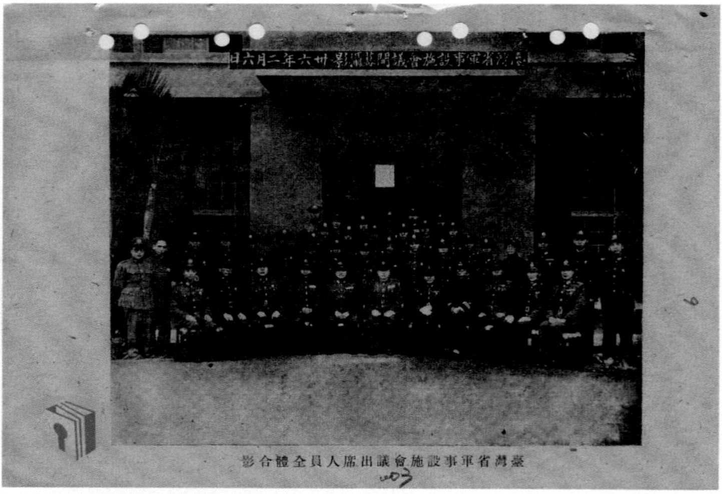

6-6 臺灣省軍事設施會議出席人員合影
（檔案管理局，檔號：0036/003.8/4010.2/2/001/0003）

自序

一九四五年對臺灣而言，無異是一個時代的落幕與另一新時代的開始，青天白日與太陽旗的交替造就近代臺灣有多族群的歷史記憶。近年學界對於「光復」與「終戰」或有不同的看法，本書以「光復與佔領」為題首，「光復」只是呈現出當時人的用法，而「佔領」則為援用當時軍事接收執行計畫之名稱，並無其他用意；如前所述，臺灣有多族群的歷史記憶，對於不同族群歷史的經驗，理應採理解並尊重多元歷史記憶的態度。

二〇一四年個人執行國家發展委員會檔案管理局之〈民國三十四至三十八年台灣的接收與治理檔案教學資源素材編輯〉委託案，為本書主題撰寫之發端，委託案完成後，個人持續國民政府軍事接收臺灣相關課題之探討，撰寫成論文發表於學報期刊。二〇一五年度個人獲得國立高雄師範大學研究優良獎勵與教師暨研究人員學術研究計畫補助，使已發表之論文研究得以擴大延伸成，形成本書之基礎。

本書之副標題為「國民政府對臺灣的軍事接收」，有兩點需加以說明，一為書名主題雖為軍事接收研究，但實為檔案史料研究，故重點在於建構史實；再者，國民政府軍事接收臺灣之課題龐大，本書僅能據檔案史料論述，若有掛一漏萬，無法周全，尚祈方家包涵指正為禱。又本書之刊行，除家人、學友、國家發展委員會檔案管理局與個人服務之國立高雄師範大學的支持外，在出版業蓬勃但紙本書式微的電子資訊時代，秀威資訊科技股份有限公司能以知識普及分享的理念為先，出版非大眾熱門課題之專書，特申謝忱。

楊護源

目次

自序 019
第一章 緒論 025
第二章 二戰前後臺灣接收和軍事佔領的論述 037
一、國民政府由恢復高臺到收復臺灣 039
二、美國的國際共管佔領臺灣與國府的回應 044
三、國民政府的臺灣調查委員會 053
四、國府的行政接管與美軍的登陸臺灣計畫 057
五、戰後國民政府軍事佔領接收臺灣的計畫籌劃 064
小結 072
第三章 戰後臺灣軍事佔領接收的籌備 075
一、從〈臺灣接管計劃綱要〉到〈台灣省收復計畫大綱〉 076
二、戰後盟軍人員來臺 083
三、〈台灣省佔領計畫〉與前進指揮所 088
小結 095

第四章　國民政府對臺灣軍事接收的執行 101
一、戰後在臺日軍的情勢 104
二、戰後國府軍事接收臺灣的準備 111
三、軍事接收委員會軍事接收臺灣的執行 120
四、軍事接收委員會軍事接收的結束 131
五、軍事接收臺灣的問題與檢討 134
小結 140
第五章　戰後臺灣軍用物資的接收處理 143
一、戰後臺灣軍用物資的接收 147
二、戰後臺灣軍用物資的點驗、移交、集中與驗收 156
三、戰後臺灣接收軍用物資的利用與衍生問題 167
小結 186
第六章　戰後臺灣軍事接收新局的開展 193
一、戰後臺灣日軍的處置 194
二、國府軍事接收的整軍與開展 202

三、戰後臺灣軍事接收的新局 209
小結 218
第七章 結論 223
參考資料 231
附　錄 258
國民政府軍事接收臺灣大事記 258
《臺灣省軍事接收總報告書》接收期程表 263

第一章　緒論

臺灣這個由大清帝國割讓給大日本帝國的領土，至一九四五年因日本戰敗放棄臺灣主權由中華民國進行接收，臺灣由日本統治逾半世紀。戰後國民政府[1]當務之急的工作為受降、接收、復員，所謂受降為接受日本的軍事投降，接收為接管日本在中國的控制區，而復員不僅是復原，除恢復戰前的情形外，更要有進一步的建設與新的規劃。[2]依程序而言，應為先受降再接收，接收後進行復員；受降工作除受降儀式外，解除日軍武裝為軍事接收佔領的前置工作，是以戰後國府的接收工作無不以軍事接收為優先，軍事接收未完成，行政接收工作無法有效進行，故軍事接收實為戰後國府對佔領接收臺灣的首要工作。

1 國民政府全名為中華民國國民政府，成立於一九二五年七月一日，於一九四八年五月二十日中華民國行憲第一任總統正式就職後改組結束，本書部分行文簡稱為「國府」。

2 林桶法，《從接收到淪陷——戰後平津地區接收工作之探討》（台北：東大圖書公司，一九九七），頁一至二與林桶法，《戰後中國的變局——以國民黨為中心的探討（一九四五—一九四九年）》（台北：臺灣商務印書館，二〇〇三），頁七。

二戰期間國府先將臺灣分類為淪陷區，後又改列入光復區，有別於後方區與收復區。[3]在一九三七年中日開戰以後，國府對臺灣到底有著什麼樣的規劃？是否如戰後冷戰時期臺灣官方的歷史教育立場，主張在抗日戰爭之初國府即以光復臺灣為奮鬥目標？在一九四一年底太平洋戰爭爆發後，美國加入對日作戰的戰局，對中國而言，美國對於位於太平洋戰區內居於戰略要地的臺灣又有著什麼樣的想法？就中國近代史與臺灣史研究而言，這一段時期的歷史發展，演變為中國軍事佔領接收臺灣，但其中之過程演變，關係到中美盟國對臺灣角色不同的認知。國民政府對於戰後接收臺灣是如何籌劃？如何進行臺灣的軍事佔領接收，這些問題對臺灣歷史研究日治至民國間的轉折，能夠讓我們更清楚的瞭解到地方行政權在國家間主權交替時，軍事佔領接收具有何等意義。

臺灣在二戰後終由中華民國所接收，國府先以戰勝者之姿來接收，後又以戰敗者身份轉進遷臺，將抗日戰爭與國共內戰的戰爭之框帶來，臺灣被建構成為反共復興的基地，也合理化國民黨政權在臺的威權統治。[4]在這樣的歷史論述框架下，中、臺關係必須被建

3 如一九四四年三月十四日通過的〈淪陷區敵國資產處理辦法〉：「所謂淪陷區者，東北各省以及臺灣、澎湖群島皆在其內」。〈復員計劃綱要〉改稱臺灣為光復區。參閱中華民國重要史料初編編輯委員會編，《中華民國重要史料初編——對日抗戰時期第七編戰後中國（四）》（台北：中國國民黨中央委員會黨史委員會，一九八一），頁四一、三五二。

4 關於「戰爭之框（frames of war）」意指人們藉以界定、理解、詮釋戰爭及其遺緒的認知框架，其影響到群

構為符合戰後國民黨政權的戰爭之框，而戰後國府在臺灣的軍事接收上對在臺日軍或臺人的政策，是否也受到戰爭之框的影響，而有不同的作為。關於戰後臺灣的軍事接收，事涉中、美、日三國，三國之官方均留存有個別參與涉及之檔案史料，如美國國家檔案館存有一九四五年八月的福爾摩沙佔領計畫（Occupation of Formosa）；[5]日本的國立公文書館與防衛省防衛研究所則存有一九四五年在臺日軍部署與一九四六年在臺日人遣返（引揚）的相關資料；[6]中國的中國第二歷史檔案館、臺灣的國史館亦存有軍事接收相關史料。[7]上

體對歷史的建構與詮釋。關於戰後臺灣「戰爭之框」之論述可參閱汪宏倫，〈東亞的戰爭之框與國族問題：對日本、中國、台灣的考察〉，《戰爭與社會：理論、歷史、主體經驗》（台北：聯經出版事業股份有限公司，二〇一四）頁一五七－二一六。

5 福爾摩沙佔領計畫（Occupation of Formosa）為美軍派駐中國戰區總部（Head-quarters of United States Forces,China Theater）於一九四五年八月所制定之計畫，現藏於馬里蘭州美國國家檔案館（The U.S. National Archives and Records Administration簡稱NARA，網址http://www.archives.gov）檔案編號RG493,Box17。

6 日本東京的國立公文書館（National Archives of Japan，網址http://www.archives.go.jp）。國立公文書館之アジア歷史資料センタ（Japan Center for Asian Historical Records 簡稱JACAR，網址http://www.jacar.go.jp）。防衛省防衛研究所（The National Institute for Defense Studies簡稱NIDS，網址http://www.nids.go.jp）。

7 中國南京的中國第二歷史檔案館（The Second Historical Archives of China簡稱SHAC，網址http://www.shac.net.cn）典藏中華民國遷臺前之政府檔案，出版有《館藏民國台灣檔案匯編》套書。國史館（Academia Historica，網址http://www.drnh.gov.tw）位於台北市，藏有〈蔣中正總統文物檔〉及〈國民政府檔案〉並出版蔣中正總統之《事略稿本》等與臺灣接收課題相關之檔案史料。

述各國所藏檔案對戰後臺灣軍事接收之課題研究均有一定的助益，但卻也有相對的侷限，主要是檔案記錄角色與層級，並非實際執行軍事接收的臺灣警備總司令部，以致在研究課題無法做細緻的探討。

國府對臺灣的軍事接收研究，可以一九四五年十一月一日國府開始執行臺灣軍事接收之日期為界，在此時間之前可以探討的課題包含盟國對佔領接收臺灣的論述與籌劃、國府對軍事接收佔領臺灣的準備；在此時間之後為臺灣軍事接收的執行時期，臺灣的軍事接收由臺灣省警備總司令部（簡稱警備總部）以任務編組的方式，設置軍事接收委員會執行，軍事接收委員會分設以陸軍、海軍、空軍、憲兵、軍政等組別分組進行軍事接收。一九四六年三月軍事接收委員會宣告結束，表示警備總部以不到四個月的時間完成臺灣地區的軍事接收，並於六月編輯刊印《臺灣警備總部接收總報告書》[8]（簡稱總報告書）作為臺灣地區軍事接收完成的成果證明。總報告書不含附錄幾近五百頁，分為臺灣軍事接收準備、臺灣地區降敵之概況、臺灣軍事接收經過概要、俘虜管理、俘虜之遣送、接收軍品之點驗及集中處理六篇，為目前記述戰後臺灣軍事接收的重要史料。然總報告書因編輯方式為採執行軍事接收各單位之報告書統合編輯而成，閱讀後僅能對國府軍事接收臺灣的日程有所

8 臺灣省警備總司令部接收委員會，《臺灣警備總部接收總報告書》（台北：正氣出版社，一九四六）。

瞭解，對於軍事接收進行間各軍種組別在接收實務上有因認知差異產生的問題，總報告書對於此類動態類的問題並無記錄。

二戰期間因臺灣與日本內地相隔，日軍又將臺灣視為南進的基地，故在臺灣囤積大量的軍用物資，戰後臺灣軍用物資的接收為討論戰後臺灣軍事接收一相當重要的課題。國府如何處置戰後臺灣接收的軍用物資，在軍事接收的過程中，各方勢力對軍用物資的接收是否產生爭奪？以及軍用物資接收利用衍生的問題，均為可深入討論之課題。

對於日軍遣返與國府對臺灣軍事安排這兩個具連動性的課題，可以視為國府軍事接收臺灣後軍事新佈局的開展，此研究課題受向來限於軍方史料難以取得，以致此課題被漠視甚至於未被認知。臺灣之軍事戰略位置，對日本而言為南進基地，對中國而言為東南門戶，兩者有不同的地位，故中國取得臺灣後，臺灣的戰略位置將有改變，以國府軍進駐取代日軍的國防新佈局，正是戰後臺灣軍事接收新局的開展。

關於戰後臺灣的接收，歷來之相關研究主軸有二：一為體制之接收，一為產業之接收。體制之接收之研究重心多置於臺灣總督府至行政長官公署、臺灣省政府之變革，如鄭梓之《戰後台灣的接收與重建》、陳純瑩之《光復初期台灣警政的接受與重建——以行政長官公署時期為中心的探討》、蘇瑤崇〈台灣省行政長官公署與台灣總督府體制之比較研究〉等。產業之接收多將研究焦點置於日產與土地的處理，如陳亮州之〈戰後初期台灣日產之接收與處理〉等。[9]這些相關研究可以讓我們對戰後初期臺灣由日治至國府統治的轉折，有莫大的幫助。戰後臺灣軍事接收的相關研究，相較於戰後臺灣行政接收之課題如體制、產業接收的研究，軍事接收課題受限於史料而難以開展。在臺灣，劉鳳翰教授的《日軍在台灣：一八九五年至一九四五年的軍事措施與主要活動》為討論戰後臺灣軍事接收歷程最詳細的專書，其資料來源多採自《臺灣警備總部接收總報告書》。在軍種接收部分，陳啓仰的碩士論文〈戰後台灣地區海軍的接收與重整（一九四五－一九四六）〉，對戰前中國海軍的發展、戰後臺灣海軍的接收、戰後臺灣海軍的重整做了全面的關照；卓文義之〈中國空軍在臺接收與轉進臺灣〉、金智之〈臺灣航空決戰與戰後空軍在臺灣的接收〉與曾令毅之〈戰後初期中國空軍在臺灣的接收與派系鬥爭（一九四五－一九四七）〉等文對戰後中國空軍在臺接收的沿革做介紹論述，並觸及因派系產生的接收問題，然前述諸文並未論及對接收產生動態類的問題，也因其題目之軍種限制而未能討論不同軍種間的接收問題。何鳳嬌之〈戰後初期臺灣軍事用地的接收〉與〈戰後初期臺灣軍事用地的處理〉二文

9 鄭梓，《戰後台灣的接收與重建》（台北：新化圖書有限公司，一九九四）；陳純瑩，《光復初期台灣警政的接受與重建——以行政長官公署時期為中心的探討》（台北：臺灣師範大學博士論文，一九九三）；蘇瑤崇，〈台灣省行政長官公署與臺灣總督府體制之比較研究〉（台北：財團法人二二八事件基金會委託案，二〇〇四）；陳亮州，〈戰後初期台灣日產之接收與處理〉（桃園：國立中央大學碩士論文，一九九八）。

為討論戰後臺灣軍事接收專題少有的論著，且何鳳嬌以軍用土地之接收、處理為媒介，也將接收中動態產生的問題做討論，顯然除了在軍事接收的歷程與物資流程之外，還有許多衍生或隱藏於軍事接收過程中的問題可以被發掘討論。[10]朱浤源與黃種祥合撰之〈駐臺日軍投降後武器外流情況初稿〉，以戰後在臺日軍移交軍械外流之情形作研究主題，為少數觸及戰後臺灣軍用物資接收課題之論文，文中論及戰後在臺日軍有隱匿、盜賣或私藏軍械的狀況，但因其以軍械外流之情形為探討主軸，軍械僅為軍用物資之一部分，且該文之研究斷限較長，非集中於臺灣軍事接收期間，但可為本書之相關參考。[11]

構成臺灣軍事接收的必要條件為在臺日軍的遣返，日軍遣返後國府才能如騰籠換鳥般的展開對臺灣新的軍事佈局。在日軍的遣送相關課題上，陳亮州撰有〈政府對臺灣日俘管

---

10 劉鳳翰，《日軍在臺灣》（台北：國史館，一九九七）；陳咨仰，〈戰後台灣地區海軍的接收與重整（一九四五—一九四六）〉（台南：國立成功大學碩士論文，二〇一二）；卓文義之〈中國空軍在臺接收與轉進臺灣〉《筧橋學報》第一期（一九九四）；金智之〈臺灣航空決戰與戰後空軍在臺灣的接收〉《抗戰勝利暨台灣光復六十五周年國際學術研討會論文集》（北京：九州出版社，二〇一二）；曾令毅之〈戰後初期中國空軍在臺灣的接收與派系鬥爭（一九四五—一九四七）〉《臺灣文獻》六十六卷第三期（二〇一五年九月）；何鳳嬌，〈戰後初期臺灣軍事用地的接收〉《國史館學術集刊》第十七期（二〇〇八）、〈戰後初期臺灣軍事用地的處理〉《國史館館刊》第十九期（二〇〇九）。

11 朱浤源、黃種祥，〈駐臺日軍投降後武器外流情況初稿〉，《海峽兩岸檔案暨微縮學術交流會論文集》（台北：中華檔案暨資訊微縮管理學會，二〇〇八）。

理之研究——以臺灣省警備總司令部戰俘管理處為分析中心〉一文，其利用接收總報告書輔以檔案管理局所藏之檔案，以戰俘管理處中心，勾勒出戰後在臺日軍遣返的管理與執行，補充了接收總報告書對於日軍遣送管理的空白；[12]在中國，任駿撰有《日俘日僑大遣返》一書，為記述戰後中國戰區遣送日人之專書，但非研究論著，其他關於戰後在臺日軍的處置探討多為兼論而非專論。[13]中國關於臺灣軍事接收的論述以泛論性的為主，如褚靜濤的《國民政府收復台灣研究》、王曉華的〈台灣光復與軍事接收〉、林劍華〈從國內報刊的相關報導看光復後台灣的接收〉、白純〈戰後台灣光復過程中的受降與軍事接收問題述略〉等文，史料使用與史觀均有一定的限制，可視為戰後中國視野角度的參考。[14]

臺灣的軍事接收在各軍種間、各單位間均存在著因接收產生的問題，如陳儀的副手葛

---

12 陳亮州，〈政府對臺灣日俘管理之研究——以臺灣省警備總司令部戰俘管理處為分析中心〉，《檔案季刊》十卷二期（二〇一一年六月）。

13 任駿，《日俘日僑大遣返》，（南京：南京出版社，二〇〇五）。

14 中國關於臺灣接收有固定的論述角度，多數論述連《臺灣警備總部接收總報告書》均未使用，褚靜濤之《國民政府收復台灣研究》專書厚達七三六頁，但關於臺灣軍事接收者不到六頁。參閱褚靜濤，《國民政府收復台灣研究》（北京：中華書局，二〇一三），頁六六〇—六六五。王曉華，〈台灣光復與軍事接收〉《南京政治學院學報》第二十一卷第三期（二〇〇五）；林劍華，〈從國內報刊的相關報導看光復後台灣的接收〉《福州大學學報》二〇〇七第四期（二〇〇七）；白純，〈戰後台灣光復過程中的受降與軍事接收問題述略〉《軍事歷史研究》二〇〇二第二期（二〇〇二）。

敬恩所說：「臺灣表面上接收完成，人們喜慶勝利，但內部矛盾重重危機四伏。南京與臺灣之間的矛盾，中美之間的矛盾，買辦奸商與地方行政的矛盾，內部各派系之間的矛盾，還有臺灣人民與國民黨反動統治的矛盾。」[15]臺灣軍事接收的矛盾出現在軍事單位的接收、軍用物資的接收、軍事接收的移交等面相，但其實各種的矛盾多根源於人的問題，人所產生的問題在軍事接收上會衍生出派系間、單位間、軍種間、中央與地方間的各式矛盾，在現實上形成臺灣軍事接收的種種問題。戰後臺灣軍接收的課題如此多元，如僅以單線進行論述，恐陷入掛一漏萬或見樹不見林之窘境，需將戰後臺灣軍事接收之課題依歷史發展時序與階段性質，解構為戰後臺灣軍事接收的籌劃、戰後臺灣的軍事接收執行、戰後臺灣軍用物資的接收、戰後臺灣軍事接收的新局等主題分別進行討論，以求討論課題集中焦點以免失之龐雜。

臺灣戰後軍事接收為臺灣歷史時期轉折的關鍵工作，歷來因受限於史料取得困難而使研究難以進展，然自國家發展委員會檔案管理局（簡稱檔管局）成立後，軍方陸續將部分戰後初期之檔案移交至檔管局進行保存與數位化，外界得以有機會能利用軍方的記錄檔案，雖然開放的檔案並非全面且龐雜，但對於戰後臺灣軍事接收課題研究的深化，無疑是

[15] 葛敬恩，〈接收臺灣記略〉收入李敖編著，《二二八研究三集》（台北：李敖出版社，一九八九），頁一六九。

一大助力，前述陳亮州之論文即為一例。[16]有鑑於此，本書擬採檔管局典藏之軍方檔案為基礎，輔以相關史論、回憶錄，對於戰後臺灣軍事接收做一專題研究，此研究課題的釐清，將有助於瞭解戰後國府如何對佔領接收臺灣這個新領地，軍事接收的過程中有哪些問題產生？如同復員與復原的新局是如何形成與開展？進而對戰後臺灣軍事接收做階段性的史實建構，填補接收總報告書部分未全之處，讓國府軍事接收臺灣的史實能有更全面的展現與解構階段歷史發展的意義。

本書章節分為七章，除前言、結論外，依序討論之主題為：

（一）二戰前後臺灣接收和軍事佔領的論述。

（二）戰後臺灣軍事佔領接收的籌備。

16 國家發展委員會檔案管理局（The National Archives Administration, National Development Council，網址www.archives.gov.tw）。二〇〇五年國家檔案局籌備處設立，根據一九九九年立法院通過的《檔案法》塵封半世紀以上各軍事、情報、特務單位的檔案始得移轉撥歸檔案局籌備處，經檔案局整理編目後外界始有機會一窺當時列為機密等級之軍方檔案，其中包含原屬臺灣警備總部之軍方檔案，因該單位與臺灣之戒嚴與白色恐怖關係密切，官方《二二八事件研究報告》之召集人賴澤涵教授在二〇一六年三月五日高雄二二八紀念座談會上表示，當年其以行政院官方報告主持人身份請求軍方提供臺灣警備總部之二二八相關檔案，軍方回應僅存一紙公文，顯見如非檔案移轉，臺灣警備總部檔案恐難解密，臺灣警備總部為軍事接收臺灣的執行單位，臺灣警備總部檔案的解密，使臺灣軍事接收的研究有了前所未有的重要史料，對本書研究課題的深化具有無可取代的意義。

（三）國民政府對臺灣的軍事接收。

（四）戰後臺灣軍用物資的接收與利用。

（五）戰後臺灣軍事接收新局的開展。

各主題間原則上以時間排序，一方面係因各主題兼有時間上先後之次序，另一方面也讓讀者有更清楚的歷史感。本書試圖根據史料檔案建構戰後臺灣軍事接收的處理流程，並探究國府軍方於軍事接收臺灣在內部與外在所遭遇的困難與問題，對於中華民國軍事接收臺灣主權的依據或臺灣的法理地位，事涉法學專業，則非本書所論述的範圍。另因檔案本身亦有史料存世之侷限，文中論述某些個案可能面臨沒有最終結果呈現之狀況，然個案之論述過程反映出意欲討論之問題，亦為論述個案之意義所在。又臺灣的軍事接收為關係中、美、日三國之事務，使用國府之檔案史料作為研究基礎，無可避免的論述會偏向於呈現中國角色的立場；此外，關於臺灣軍事接收之議題，本書之討論無法涵蓋全部之課題，如各地區軍事接收的狀況、在臺灣軍事接收中有關中國政治派系的影響等等，均為可以再深入探討之課題，臺灣軍事接收是一個關係臺灣過去與現在的歷史課題，對此課題的研究也希望能對臺灣的未來有所啟示。

第二章　二戰前後臺灣接收和軍事佔領的論述

臺灣自一八九五年大清帝國以馬關條約割讓給大日本帝國後，至一九四五年因日本戰敗放棄臺灣主權由中華民國進行接收，在日本統治期間，中國於一九二八年完成北伐統一，統一後的國民政府外交部於一九二九年決定在臺灣設立領事館，於一九三一年四月掛旗開館為中華民國駐臺北總領事館。中華民國駐臺北總領事館在一九三七年中日開戰後，至一九三八年二月一日收到外交部命令正式降旗閉館。[1]國民政府在一九三七年蘆溝橋事件以前是遵守馬關條約，將臺灣視為大日本帝國的領土而設有駐外人員與官方代表機構。在一九三〇年代中國有關臺灣敘事的文本書寫是將其視為東亞一個受壓迫的弱小民族，作為非中國的敘事論述，但一九四五年領土的重劃，無疑改變了中國與臺灣的敘事關係。[2]

---

1 「中華民國臺北總領事館」條文參閱許雪姬總策畫，《臺灣歷史辭典》（台北：行政院文化建設委員會，二〇〇四），頁〇一四七—〇一四八。

2 關於一九三〇年代中國對臺灣的敘事討論，可參閱藍適齊，〈超越民族想像：中國的臺灣論述與民族論述〉，《跨界的臺灣史研究——與東亞史的交錯》（台北：播種者文化有限公司，二〇〇四）頁三一三—

然在一九三七年中日開戰以後，國府對臺到底有著什麼樣的想法？在一九四一年底太平洋戰爭爆發後，美國對於臺灣又有著什麼樣的想法與規劃？國府面對盟國美國對臺的規劃又有著什麼樣的反應？國府對於戰後收復臺灣如何籌劃？就中國近代史與臺灣史研究而言，這一段時期的歷史發展，演變為中國軍事佔領接收臺灣，而過程演變的前因、經過等諸問題，是否如同戰後在臺的國民黨政權所形塑、論述者則是本章擬探究的主題。

臺灣在二戰期間屬於太平洋戰區，主要是盟軍美軍的戰鬥區域，與中國戰區是有所區別的，故在討論臺灣軍事登陸的籌劃時，不可避免會談到美軍的登陸作戰規劃，本書原則上以美軍來書寫指稱太平洋戰區的盟軍，除非是引文或特別指稱才使用盟軍字樣，以符合實際狀況。關於臺灣在二戰後歸還中國的論述，多有引用臺籍祖國派人士[3]的言論來說

三四八。

3 祖國派或被稱為光復派，戰後在臺灣被稱為半山派。參閱楊肇嘉，《楊肇嘉回憶錄（一）》（台北：三民書局，一九八〇），頁一八九－一九〇與陳明通〈派系政治與陳儀治台論〉收入賴澤涵主編，《臺灣光復初期歷史》（台北：中央研究院中山人文社會科學研究所，一九九三），頁二四五－二五〇。祖國派臺籍人士公開政治立場親近中國，積極爭取國民政府收復臺灣，但也要求臺灣地方自治。關於祖國派在中國的臺灣光復運動可參閱J. B. Jacobs 原著，陳俐甫、夏榮和合譯，〈台灣人與中國國民黨——台灣「半山人」的起源：一九三七－一九四五〉，《台灣風物》四十卷二期（一九九〇年六月）。

明中國對於收回臺灣的決心；[4] 然引用這些資料受限於立論者的身分與立場，並無法代表國府官方的態度或反應在臺居民的心聲，實有相當的侷限性，以之作為歷史解釋，是否符合歷史事實，仍待討論。因鑑於此，本章擬以時間為軸，以官方文件或具官方身分者的發言為主要分析基礎，檢視國民政府在對蘆溝橋事件後對收復臺灣一事的態度、作法上的轉折，另將美國對臺的態度納入論述，以避免中國單一角度論述二戰前後臺灣收復或接收視角的侷限，將二戰前後臺灣接收與軍事佔領的籌劃課題做歷史研究的解構分析。關於這些對戰後臺灣歸屬處分的相關計畫，值得注意的是，對當時的在臺居民而言，根本未被告知也無從知曉，但卻影響著他們未來的現實生活。[5]

一、國民政府由恢復高臺到收復臺灣

一九三七年中日開戰後，國府對臺灣這個在十九世紀末由大清帝國已割讓給日本的島

4　相關言論可參閱張瑞成編輯，《抗戰時期收復臺灣之重要言論》（台北：中國國民黨中央委員會黨史會，一九九〇），頁十三—三二八。

5　林衡道曾追憶戰後臺灣省長官公署未抵臺前有台中仕紳至台北自行接收日人旅館，臺灣總督府官吏問其如果國民政府來了怎麼辦？這位台中仕紳說：「台灣與中國的關係就像加拿大與英國的關係一樣，中國在這裡有宗主權，但臺灣是我們的。」顯然臺人的想法與國府的設想未必相同。參閱林衡道之〈二二八的見聞〉，《歷史、文化與台灣（四）》（台北：台灣風物雜誌社，一九九六），頁八四。

嶼似乎開始有了些新的想法。一九三八年四月一日在中國國民黨臨時全國代表大會上，蔣中正總裁在以〈對日抗戰與本黨前途〉為題的致詞中提到了臺灣，[6]其言：

日本自明治維新以來，早有一貫的大陸侵略計畫，過去甲午之戰，他侵佔我們的臺灣和琉球，……我們總理在世的時候……也為本黨定下一個革命的對策，就是要「恢復高臺，鞏固中華」，以垂示於全黨同志。因為高麗（朝鮮）原來是我們的屬國，臺灣是我們中國的領土，就地勢上說，都是我們中國安危存亡所關的生命線。中國要講求真正的國防，要維護東亞永久的和平，斷不能讓高麗和臺灣都掌握在日本帝國主義者之手。……以為我們必須使高臺的同胞能夠恢復獨立和自由，才能夠鞏固中華民國的國防，奠定東亞和平的基礎。[7]

6 中國國民黨主張一九三八年四月一日蔣中正在中國國民黨臨時全國代表大會之致詞為「公開宣佈以光復臺灣為奮鬥目標之始」。中國國民黨網站http://www.kmt.org.tw/page.aspx?id=73&cid=131（查詢時間二〇一四年八月五日）李雲漢之《國民革命與台灣光復的歷史淵源》一書與陳三井之〈臺灣光復的序曲：復臺準備與接收〉一文均持此種說法，將國府對光復臺灣設定為目標的時間點訂於一九三八年。參閱李雲漢，《國民革命與臺灣光復的歷史淵源》（台北：幼獅書店，一九七一），頁八與陳三井，《臺灣近代史事與人物》（台北：臺灣商務印書館，一九八八），頁一三六。此種說法，本書認為過於籠統，詳見後續論述。

7 張瑞成編輯，〈蔣總裁在中國國民黨臨時全國代表大會講詞（節略）〉前揭《抗戰時期收復臺灣之重要言

當時中國軍隊努力在華北、華中對日軍進行抵抗，但是戰局的發展卻每況愈下，一九三七年十二月，首都南京失陷，國府遷都武漢，一九三八年三月二十八日在日本的扶持下南京維新政府成立，次日中國國民黨臨時全國代表大會在武昌舉行，為避免日機空襲，會議均在晚間八時後舉行，會期雖僅四天，卻通過重要決議案如設置總裁、副總裁、設立三民主義青年團、設立國民參政會制定並公布〈抗戰建國綱領〉等。[8] 蔣中正在面對戰局的節節失利，從國防的角度將臺灣與朝鮮定位為鞏固中國可以防範日本軍事侵略的防護圈或緩衝區。[9]

一九四〇年四月在國民參政會第一屆第五次大會中，參政員宋淵源等提出〈策進臺灣朝鮮革命使敵益速崩潰案〉，案文理由主張以「收復臺灣、解放朝鮮」為號召，臺韓人民

---

8 郭廷以編著，《中華民國史事日誌第四冊》（台北：中央研究院近代史研究所，一九八六），頁二一一－二二與中國國民黨網站http://www.kmt.org.tw/page.aspx?id=146（查詢時間二〇一四年八月五日）。

9 蔣中正在一九四三年三月發表出版的《中國之命運》一書內論及臺灣：「臺灣、澎湖、東北四省、內外蒙古、新疆、西藏無一處不是保衛民族生存的要塞。這些地方的割裂，即為中國國防的撤除……臺灣、澎湖列島本是漢人開發的區域，屹峙東南，久為我們中國的屏藩」仍是以中國國防的角度來看臺灣，但也可以視為其日後要求取得臺灣的原因。參閱蔣中正，《中國之命運》（台北：正中書局，一九六四），頁六－七。

心理必因之震動，積極的可使臺韓志士為內應殺敵；並在案文辦法要求宣佈馬關條約無效，認為臺灣亦在應收復之失地範圍，也建請通告英美法蘇等國，說明臺為敵之南進根據，請各援助臺韓民族自決。[10]本案並沒有脫離蔣中正「恢復高臺，鞏固中華」援助臺韓人民獨立和自由的路線，然提出「收復臺灣」認定臺灣為失地的主張，較「恢復高臺」的說法更為直接、強烈。本案的決議是「送政府參考」，但國府也僅為參考未對本案處置，顯見國府一九三八年三月至一九四〇年四月之兩年間，對於臺灣問題並未有大的立場改變，換言之，臺灣問題並非戰爭當下需急迫確認的重要議題，中日馬關條約也需等到一九四一年十二月九日國府對日本宣戰後，中國方面才宣佈廢止。

國府對日宣戰後「所有一切條約協定合同，有涉及中日間之關係者，一律廢止」[11]，國府雖未直接聲明要收復臺灣，但對日宣戰文所暗喻的意圖，即是國府對臺有收復的意向。國府官方立場的確立，也可反應在由一九四二年開始，諸多國府的黨、政、軍要員公開發表收復臺灣的相關言論。一九四二年四月一日，國防最高委員會委員馮玉祥發表〈我們要趕緊收復臺灣〉一文，強調光復臺灣不僅是中國的責任，更是二十六個同盟國家的共

10 張瑞成編輯，〈國民參政會參政員宋淵源等提「策進臺灣朝鮮革命使敵益速崩潰案」〉《光復臺灣之籌劃與受降接收》（台北：中國國民黨中央委員會黨史會，一九九〇），頁一—二。

11 張瑞成編輯，〈國民政府對日宣戰文〉前揭《抗戰時期收復臺灣之重要言論》，頁三。

同責任；[12]其後，立法院長孫科、中央宣傳部長梁寒操、教育部長陳立夫、三民主義青年團中央團部組織處長康澤、國民黨中央黨部秘書處章淵若、重慶衛戍總司令劉峙相繼均有呼應此項政策的言論。[13]在中國主張「若要救臺灣，先非從救祖國（中國）著手不可」的臺籍人士，以「保衛祖國，收復臺灣」為目標，[14]更是熱烈回應國民政府收復臺灣的意向，以文字或行動來鼓動復臺風潮。[15]

一九四二年十月國民參政會第三屆第一次大會上，參政員陳霆銳等提出〈請政府加強栽培法律人才以備將來收復失地及割讓地後之用案〉，案文理由直接點名要收復的割讓地是臺灣、琉球等地。[16]一九四二年十一月三日國府新任外交部長宋子文在重慶國際宣傳

12 馮玉祥，〈我們要趕緊收復臺灣〉收入張瑞成編輯，前揭《抗戰時期收復臺灣之重要言論》，頁十八—十九。

13 張瑞成編輯，前揭《抗戰時期收復臺灣之重要言論》，頁十八—四四。又關於國民政府黨政軍要員發表收復臺灣的相關言論闡釋，可參閱鄭梓，《戰後台灣的接收與重建》（台北：新化圖書有限公司，一九九四），頁六—八。

14 李友邦，〈台胞未曾忘祖國〉，參閱張瑞成編輯，前揭《抗戰時期收復臺灣之重要言論》，頁十五—十八。

15 這些被稱為祖國派的臺籍人士，策劃臺灣復省運動、臺灣光復宣傳日等活動，並提出對臺灣建黨、建省、建軍等多面向的建言發表，相關建言內容可參閱張瑞成編輯，前揭《抗戰時期收復臺灣之重要言論》，頁十三—五〇。相關論述分析可參閱鄭梓，前揭《戰後台灣的接收與重建》，頁八—二二。

16 本案實質內容重點在於建請政府加強栽培法律人才。張瑞成編輯，〈國民參政會參政員陳霆銳等提「請政

處記者招待會回答記者的提問時表示：「中國應收回東北四省、臺灣及琉球，朝鮮必須獨立。」此為國府首次明確公開表示要收復臺灣。[17]

二、美國的國際共管佔領臺灣與國府的回應

在國府首次明確公開表達要收復臺灣的次日，一九四二年十一月四日《中央日報》開始連續三天譯載，由美國美國《幸福》、《時代》、《生活》三大雜誌編輯人所組成一個關於戰後和平方案問題研究的委員會於一九四二年八月刊印的《幸福》雜誌附錄〈新世界中的美利堅合眾國〉系列之「太平洋的關係」。[18]「太平洋的關係」書文之第四章中提議戰後在太平洋上建立一條防禦地帶，主張成立一個國際委員會，共管有關這條防禦帶內的所有據點包含臺灣，這樣的論述涉及戰後臺灣歸屬。[19] 美國民間與學界有這樣的看法，

府加強栽培法律人才以備將來收復失地及割讓地後之用案」〉前揭《光復臺灣之籌劃與受降接收》，頁三—五。

17 張瑞成編輯，〈外交部長宋子文在重慶國際宣傳處記者招待會問答〉前揭《抗戰時期收復臺灣之重要言論》，頁三—六。

18 近藤正己著、林詩庭譯，《總戰力與臺灣—日本殖民地的崩潰》（台北：國立臺灣大學出版中心，二〇一四），頁六四五。

19 原譯文載於《中央日報》（民國三十一年十一月五日）第三版。

與國府預定於戰後收復臺灣的規劃有差異，引起了中國民間的反彈。一九四三年一月七日《大公報》社論即以〈中國必須收復臺灣——臺灣是中國的老淪陷區〉為題，根據國際法並引證歷史「鄭重向世界公言：臺灣是中國的老淪陷區，我們不能看他流落異國，戰後中國一定要收復這塊土地。」[20]。祖國派的臺籍人士亦對美方此種看法大表反對，在宋子文的收復臺灣談話發表後，次月的《臺灣先鋒》月刊第十期即有范丹〈宋外長論戰後領土的談話〉、李自修〈漫然寫到臺灣復省運動〉、潘公展〈謹以岳武穆還我河山之名言祝臺灣光復運動之成功〉三篇呼應的文章，其中李文特別強調「臺灣革命運動也就是臺灣歸復祖國的復省運動」。[21]臺灣復省運動在國府對日宣戰後得到了法理的依據，正在祖國派的臺籍人士鼓吹下積極展開，美國的臺灣國際共管論，會使其推動之復省運動如鏡花水月般的幻滅。

一九四三年一月，臺灣革命青年團與閩粵臺灣歸僑協會發表〈為戰後臺灣問題聯合聲明〉[22]宣告：「戰後處理臺灣問題，除將臺灣之領土主權完全歸還中國外，任何維持現

20 《大公報》（民國三十二年一月七日）第二版。
21 相關內文參閱張瑞成編輯，前揭《抗戰時期收復臺灣之重要言論》，頁五〇—六一。
22 福州市志（第八冊：四、迎接回歸）福建省地方志編纂委員會網站 http://www.fjsq.gov.cn/ShowText.asp?ToBook=3199&index=4508（查詢時間二〇一五年八月五日）。

狀或變更現狀之辦法，均為臺灣人民所反對。」[23]其後在一九四三年四月十五日創刊出版的《新臺灣》中，林嘯鯤的〈如何領導臺灣革命運動〉即言：「像最近美國三家雜誌社，主張戰後臺灣作為共管，真是謬誤已極」，林海濤的〈為什麼要收復臺灣〉則說國際共管是「忽視臺灣與中國之歷史關係與人口比例之實況」。[24]祖國派臺籍人士親近國民政府，公開的政治立場顯著，自然不樂意見到國際共管論可能產生的影響。[25]

---

23 聲明文引自劉啟光，〈領袖對臺灣問題的昭示〉，劉啟光時任軍事委員會臺灣工作團少將主任一職。劉文原刊於一九四三年七月二十一日發行之《臺灣青年》收入張瑞成編輯，前揭《抗戰時期收復臺灣之重要言論》，頁八一－八七。此處的《臺灣青年》為李友邦組織之臺灣義勇隊在中國發行與一九二〇年新民會創辦《臺灣青年》不同。

24 《新臺灣》期刊由謝南光兼任社長並負責籌備發行，林嘯鯤擔任主編，宣傳三民主義及臺灣事情，為臺灣復省運動的宣傳刊物。相關內文參閱張瑞成編輯，前揭《抗戰時期收復臺灣之重要言論》，頁八一－八七。

25 也有祖國派的臺籍人士私下與美國軍方聯繫，把國際共管論當作一個新管道，如祖國派重要人物謝南光。謝氏曾為文：「中華民國只有一個黨，一個主義，一個政府，一個領袖，不容有第二個國家，第二個主義，自然在收復後的臺灣，就是建立三民主義的新臺灣，臺灣的政制就是整個中國政制的一部分。」看來是忠黨愛國，但葛超智（George H. Kerr）記錄謝南光曾與美方接洽，希望於戰後佔領下能就臺灣事務處理方面扮演重要角色，並要求大量資金與擔任美元基金保管人。參閱謝南光〈收復臺灣與保衛祖國〉收入張瑞成編輯，前揭《抗戰時期收復臺灣之重要言論》，頁四七與Georgr Keer著、陳榮成譯，《被出賣的台灣》（深耕出版，一九八九），頁十九。

五月十五日重慶《大公報》接到美國《幸福》、《時代》、《生活》三雜誌發行之時代公司戰後問題研究組主任吉瑟浦（John K. Jessup）對臺灣國際共管問題的回應，其回應仍是主張臺灣共管國際化。[26]吉瑟浦站在美國的觀點強調臺灣的軍略價值和國際地位是臺灣應該國際化的原因，這樣的觀點，並非只來自於美國民間與學界，是一種因應國際局勢所產生的觀點。自美國對日宣戰後，在菲律賓的海軍基地遭受到自臺起飛的日軍空襲，美國政府認識到臺灣在西太平洋戰略地位的重要，美國國防部的軍事情報處（Military Intelligence Services，簡稱G-2）開始著手對臺的情資蒐集調查。一九四二年葛超智（George H. Kerr）進入美國國防部軍事情報處，受命針對臺灣進行研究，[27]根據葛氏的記錄，其於一九四二年初已提交一份主張戰後臺灣國際管制的備忘錄，軍事情報處也作出一機密的臺灣島戰略測量。[28]一九四二年七月，軍事情報處遠東部門陳示該部門關於佔領臺灣為整個戰略一環與日後盟軍登陸，減少地方抵抗所需要的宣傳之意見。對於戰後臺灣的前途，

26 吉瑟浦之回應文參閱張瑞成編輯，〈戰後臺灣問題〉《抗戰時期收復臺灣之重要言論》（台北：中國國民黨中央委員會黨史會，一九九〇），頁九四與台灣國網站http://www.taiwannation.com.tw/inside028.htm（查詢時間二〇一五年八月五日）。

27 王呈祥，《美國駐臺北副領事葛超智與「二二八事件」》（台北：海峽學術出版社，二〇〇九），頁十四。

28 Georgr Keer著、陳榮成譯，前揭《被出責的台灣》，頁二〇－二三。

美國軍方內部評估提出了三種可能：[29]

（一）臺灣可以獨立和自治，但臺灣人如有此要求，必因中國反對而甚難達成。

（二）滿足中國的要求，移交給中國，成為中國的一省。

（三）設立臨時盟軍託管制，在託管期間臺灣人民可準備公民投票決定其最後政治命運。

美國認知到臺灣在西太平洋邊緣的軍事戰略重要性，恐難輕易的將臺灣交給中國控制，國際託管當然成為優選項目，顯現二戰初期美國對戰後臺灣的前途有著與國府不同的想法。但當時美國軍方最關心的，並非是戰後臺灣的歸屬課題，而是美軍一旦登陸，需要長期軍事佔領臺灣以待日本投降，臺人是否能合作與中立，又臺灣是否能變成進攻日本本土的基地。[30] 在美國軍方對臺灣的諸多設想中，共同的前提是必須先登陸佔領臺灣，一九四三年美軍開始制訂轟炸臺灣的目標與時間表。一九四三年末，美國海軍為計畫攻佔臺

29 Georgr Keer著、陳榮成譯，前揭《被出賣的台灣》，頁二三。但原譯文之「軍事情報局」應為「軍事情報處」。

30 Georgr Keer著、陳榮成譯，前揭《被出賣的台灣》，頁二二－二三。因此一九四三年夏，美方情報網也找來臺灣革命同盟會的張邦傑、謝南光合作替他們工作。參見Douglas L. Fix（費德廉），〈U.S. Worldtime Intelligence Regarding Taiwan〉，臺大歷史系主辦「臺灣史料國際學術研討會」論文（一九九三年九月十一－十一日），頁五－九。

灣，執行「鋪道（Operation Causeway）」計畫，訓練了兩千名行政人員，一旦美軍登陸即可順利佔領進行軍管臺灣。[31]

一九四三年十一月的開羅會議，中、美、英盟國達成戰後將臺灣與澎湖群島歸還中華民國的共識。[32]會議後公報字詞修正過程中，有關臺灣部分，中國主張「當然歸還中國」，英國要求修改為「當然必須由日本放棄」，中、英代表互有堅持，中方代表王寵惠說：「在閣下之意，固不言而喻應歸中國，但外國人士對於東北、臺灣等地，嘗有各種離奇之言論與主張，想閣下亦當有所聞悉。」[33]盟國間各有立場打算，各種言論與主張也自然而生。在開羅會議召開之前，國民政府軍事委員會參事室在呈給蔣中正委員長有關會

31 參閱蘇瑤崇，〈葛超智先生（George H. Kerr）託管臺灣論之思想與影響〉《歷史、地理與變遷學術研討會論文集》（嘉義：嘉義大學，二〇〇四），頁五三三－五七三與古野直也，《台灣軍司令部》（東京：国書刊行會，平成三年），頁二七九。

32 有關開羅會議、開羅宣言與臺灣歸屬之問題，歷來學者多有討論，各有不同的看法，參閱梁敬錞，《開羅會議》（台北：臺灣商務印書館，一九七四）、戴天昭著、李明峻譯，《台灣國際政治史》（台北：前衛出版社，一九九六）、王景弘，《強權政治與台灣》（台北：玉山社，二〇〇八）等。但值得注意的是開羅會議決定了戰後臺灣的歸屬，但對當時的臺灣居民而言，知道開羅宣言而瞭解到臺灣未來可能歸屬的臺灣人應寥寥無幾。參閱阿部賢介，《關鍵的七十一天——二次大戰結束前後的臺灣社會與臺灣人之動向》（台北：國史館，二〇一三），頁四一。

33 張瑞成編輯，〈開羅會議政治問題會商經過〉前揭《光復臺灣之籌劃與受降接收》，頁二九－三〇。

議中方提出的問題草案中，列舉日本於戰後有四者應歸還中國：旅順與大連、南滿鐵路與中東鐵路、臺灣及澎湖群島、琉球群島，前三者註明需無償交還與中國，琉球群島則或可劃歸國際管理或劃為非武裝區域；在香港、九龍問題上，認為香港為割讓地、九龍為租借地，但英方將香港與九龍視為同一問題，故留待日後解決為宜。[34] 由上述中方於會議之前的問題設想可知，國府對於同是割讓地認定的臺灣、琉球、香港，在戰後的處理，因盟國間利益立場的不同，有著不同的處理設想。[35] 開羅會議結束後，蔣中正在國防最高委員會報告開羅會議狀況時，曾針對臺灣與琉球問題說：

琉球、臺灣、澎湖問題，當我沒有去之前，即向美國說明，琉球原來是我們的，為太平洋重要的軍事據點，要美國特別的注意。在開羅會議的時候，如果我們硬要，美國也不會同我們爭；但是我們要來之後，第一、我們沒有海軍，就是戰後二三十年之內，我們在海上都沒有辦法；第二、要引起英美的懷疑；所以我們對於收回琉

34 張瑞成編輯，〈軍事委員會參事室自重慶呈蔣委員長關於開羅會議開羅會議中我方應提出之問題草案〉前揭《光復臺灣之籌劃與受降接收》，頁二〇—二一。

35 前述中英雙方為會議後公報字詞修正之爭議，即是反應中英雙方對所謂割讓地臺灣與香港戰後處理方式的歧異。

球，不必過於堅決。不過因為琉球是太平洋的重要軍事據點，我們不能不過問，無論如何，不能讓日本佔領。至於臺灣、澎湖，與琉球的情形是不同，臺灣、澎湖於一八九五年被日本佔去，琉球是在一八九五年以前即被日本佔去；所以我們對於琉球可以不收回，而臺灣、澎湖，是決定要收回的。[36]

蔣中正對一八九五年割讓給日本的臺灣要收回，對一八九五年之前被日本佔領的琉球不堅持收回，收回之標準與原因並無一致性可言，其實是因琉球本非中國管轄領土，僅為前清之屬國，中國要接收琉球與開羅會議宣言無擴張領土之意思的精神有違，且現實上亦可能無法達成。美國雖同意戰後臺灣與澎湖群島歸還中華民國，然歸屬太平洋戰區的臺灣仍是美軍攻佔的目標，根據開羅會議的協商，有關日本領土暨聯合國領土被佔領克復之臨時管理問題原則有三：[37]

（一）敵人土地被佔領時，由佔領軍隊暫負軍事及行政責任。但佔領軍隊如非中、英、美三國聯合軍隊，凡關於該地區之政治問題，應組織聯合機構，而此三國

36 張瑞成編輯，〈蔣委員長於國防最高委員會第一百二十六次常務會議報告開羅會議有關我國國土完整等問題〉前揭《光復臺灣之籌劃與受降接收》，頁三七—三八。

37 張瑞成編輯，〈開羅會議政治問題會商經過〉前揭《光復臺灣之籌劃與受降接收》，頁二三—二四。

中，無軍隊參加之國亦均派員參加管制。

（二）中、英、美三國領土被收復時，由佔領軍暫負軍事責任，該地之行政由該地原主權國負責，彼此相關事項由佔領軍與行政機構協商行之。

（三）其他聯合國領土被收復時，由佔領軍暫負軍事責任，由該地原主權國負行政之責，但仍受佔領軍事機關之節制。

國府雖獲得盟國允諾戰後可收回臺灣的承諾，但如同蔣中正所自承「中國沒有海軍」，且當時的戰況，國府很難直接以武力收復臺灣，一旦美軍登陸佔領臺灣，依上述協調原則，臺灣不論是敵人土地或領土收復，中國至少還有執行行政管理的機會與權力，或可避免國際共管的狀況。也鑑於上述之原則，美國海軍所設之臺灣研究組建議，美軍在登陸臺灣前，必須先與國府達成協議：美軍登陸後，由美國單獨軍政管理臺灣，直至日本投降與戰後總解決為止；顯然雖有開羅會議之協商與共識，但美軍並未放棄先實質佔領臺灣的打算。[38]

---

[38] 一九四五年四月的舊金山會議美方又提出國際託治即為一例。單純化的比喻，中國把臺灣視為東南門戶的看守，臺灣如社區警衛般可作為美國的西太平洋前線衛哨，所以在美軍佔領琉球群島後，臺灣的功能性即降低。

三、國民政府的臺灣調查委員會

一九四四年一月十七日蔣中正下手諭給行政院秘書處秘書長張厲生，令其「對於收復臺灣之政治準備工作，希即與王芃生等研擬具體辦法與組織人事等呈報。」[39]同年三月十五日張厲生上呈蔣中正交辦事項所擬辦法，張厲生等人建議收復臺灣的第一步是採盟軍之方式由中國組織主持軍政府，收復後再恢復行省的地位，且目前應先成立一「臺灣設省籌備委員會」或「收復臺灣籌備委員會」直隸於行政院，由政府遴派大員主持，各有機關首長或次官參加，並聘與臺有關人士參加，委員會除秘書室之外，分設三組辦理調查、設計、儲備訓練人員及宣傳與涉外等事項。[40]在張厲生、王芃生上呈所研擬於行政院下設「臺灣設省籌備委員會」時，蔣中正卻已決定在國防最高委員會之中央設計局下成立「臺灣調查委員會」（以下簡稱「臺調會」）。[41]

---

39 中國第二歷史檔案館、海峽兩岸出版交流中心編，〈蔣介石手令〉《館藏民國台灣檔案匯編（第十九冊）》（北京：九州出版社，二〇〇七），頁八一。

40 張瑞成編輯，〈行政院秘書處上蔣委員長有關收復台灣政治準備工作及組織人事等具體辦法呈文〉前揭《光復臺灣之籌劃與受降接收》，頁四一－四二。

41 三月十四日中央設計局秘書長熊式輝奉命聘請陳儀擔任臺灣調查委員會主任委員。六月二日蔣中正在回覆張厲生的電文中也提到中央設計局下已設置臺灣調查委員會。參閱褚靜濤，《國民政府收復台灣研究》

一九四四年三月臺調會開始籌備設立，由陳儀擔任主任委員，四月十七日正式成立並舉行第一次委員會議，陳儀擬定臺調會的工作任務有二：一為收集臺灣相關資料加以編譯整理，二為草擬臺灣接收與復員計畫。[42] 一九四四年七月國民政府為規劃戰後接收復員工作，擬定〈復員計劃綱要〉，[43] 此綱要由中央設計局會商各機關所擬定，各機關需依據〈復員計劃綱要〉擬訂各自的復員計劃，交由中央設計局綜合審核，以編成〈復員總計劃〉，再呈國防委員會核定，故臺調會草擬之〈臺灣接管計劃綱要〉基礎上仍是〈復員計劃綱要〉的一環，但因臺灣為「光復區」有別於「後方區」與「收復區」之一般性復員計

（北京：中華書局，二〇一三），頁二五九與張瑞成編輯，〈附錄：蔣委員長覆行政院秘書處電〉前揭《光復臺灣之籌劃與受降接收》，頁四三。又一九四三年三月九日蔣中正與熊式輝談起戰後復員事。熊式輝建議須對淪陷區的東北、臺灣早做規劃，蔣中正同意，所以成立東北、臺灣調查會，派沈鴻烈、陳儀出任主任委員，從事調查規劃工作。高純淑，〈戰後中國政府接收東北之經緯〉（台北：中國文化大學史學研究所博士論文，一九九三年六月），頁一九七－二〇一。臺調會設於國防最高委員會之中央設計局下與行政院下擬設之臺灣設省籌備委員會，兩者在位階與功能上存在著不同的意義。

42 中國第二歷史檔案館、海峽兩岸出版交流中心編，〈三十三年度臺灣調查委員會工作綱要〉《館藏民國台灣檔案匯編（第二十一冊）》（北京：九州出版社，二〇〇七），頁二七一－二七三。

43 中華民國重要史料初編編輯委員會編，〈復員計劃綱要〉《中華民國重要史料初編—對日抗戰時期 第七編 戰後中國（四）》，（台北：中國國民黨中央委員會黨史委員會，一九八一），頁三五一－三八一。

畫，屬於復員綜合計畫。[44]一九四四年臺調會的工作成果主要有六項，[45]其中最重要的成果即是擬定〈臺灣接管計劃綱要草案〉，該草案在呈報中央設計局與蔣中正後，於一九四五年三月十四日修正核定為〈臺灣接管計劃綱要〉。〈臺灣接管計劃綱要〉包含通則、內政、外交、軍事、財政、金融、教育文化、交通、社會、糧食、司法、水利、衛生、土地等十六項共八十二條，其綱目大體沿用「復員計劃綱要」之綱目。[46]值得注意的是，〈復員計劃綱要〉的軍事部分列有工作要點十六點，另有二十二項分屬軍事委員會、軍政部、軍令部、軍訓部、後方勤務部、航空委員會、海軍總司令部之執行計畫。對於光復區，〈復員計劃綱要〉軍事工作要點中還特別強調對於反動之反制、軍事機關的增設、軍事工業的調整等，但在〈臺灣接管計劃綱要〉十六項八十二條中，軍事部分僅列有二

---

44 在〈復員計劃綱要〉頒佈前，通常稱臺灣為「淪陷區」，如一九四四年三月十四日通過的〈淪陷區敵國資產處理辦法〉即明言：「所謂淪陷區者，東北各省以及臺灣、澎湖群島皆在其內」。〈復員計劃綱要〉改稱臺灣為「光復區」。參閱中華民國重要史料初編編輯委員會編，前揭《中華民國重要史料初編—對日抗戰時期第七編戰後中國（四）》，頁四一、三五二。

45 內容可參閱張瑞成編輯，〈中央設計局臺灣調查委員會三十三年重要工作項目報告〉前揭《光復臺灣之籌劃與受降接收》，頁五二—五三。有關臺調會編輯、翻譯、繪製臺灣資料之成果與辦理各種臺灣幹部訓練班之成果可參閱褚靜濤，前揭《國民政府收復台灣研究》，頁二六八—三三五。

46 〈臺灣接管計劃綱要〉相關分析討論可參閱鄭梓，前揭《戰後台灣的接收與重建》，頁五一—七七、一三九—一四八。

條：[47]

（一）臺灣應分區駐紮相當部隊，以根絕敵國殘餘勢力。

（二）軍港、要塞、營房、倉庫、兵工廠、飛機廠、造船廠及其他軍事設備、器械、原料，接管後應即加整修。

顯然在〈臺灣接管計劃綱要〉中，軍事接收並未被視為重點，就臺灣的軍事接收而言，臺調會的綱要設定看不出是一個可執行軍事接收的組織計畫，沒有實際接收的步驟與規劃，而僅是一個籌劃軍事接收的要點原則。

對於陳儀主持下的臺調會與其規劃的〈臺灣接管計劃綱要〉，雖經中央核定，但國民政府內、外意見紛歧。[48]一九四四年九月國民參政會即有〈請中央設立臺灣軍政機構加強收復工作並速定臺灣施政大計案〉之提案；一九四五年七月，在美軍攻佔琉球後，國民參政會又有〈請即設立臺灣接收委員會案〉之提出，[49]該案建議新設臺灣接收委員會與

47 中華民國重要史料初編編輯委員會編，〈復員計劃綱要〉前揭《中華民國重要史料初編——對日抗戰時期第七編戰後中國（四）》，頁三五五—三五九與張瑞成編輯，〈臺灣接管計劃綱要〉前揭《光復臺灣之籌劃與受降接收》，頁一一二。

48 主要係因臺調會內部人事派系紛爭，有政學系、CC派、臺籍祖國派等，相關人事傾軋可參閱褚靜濤，前揭《國民政府收復台灣研究》，頁二六一—二六八。

49 張瑞成編輯，〈國民參政會參政員李荐廷等六人提「請即設立臺灣接收委員會案」〉前揭《光復臺灣之籌

組織臺灣遠征軍，顯然對陳儀的臺調會與〈臺灣接管計劃綱要〉有所不滿，其中建議新設臺灣接收委員會，表示臺調會功能無法達到收復臺灣的接收目標；組織臺灣遠征軍以為接收時之武力後盾，反映出國府對盟軍登陸佔領臺灣後對中國主權伸張的不安與質疑。[50]

四、國府的行政接管與美軍的登陸臺灣計畫

國府對臺沒有軍事登陸、佔領的執行計畫規劃，反映出國府對收復臺灣有先寄望於盟軍登陸佔領，再依據開羅會議有關日本領土暨聯合國領土被佔領克復之臨時管理問題的協商，由盟軍手中收復臺灣，故〈臺灣接管計劃綱要〉以行政接管為規劃重點。[51] 臺調會在一九四四年七月間所辦理的座談會討論中亦可反應上述論述，在七月十三日的座談中，沈仲九主張：「嗣考慮到臺灣將有自盟軍登陸以至停戰的一段時間，這時期應訂為接收時

50 國民參政會同會期另有〈國民參政會參政員胡秋原、韓漢藩等提「請編組臺灣遠征軍以利收復臺灣案」〉提案，參閱張瑞成編輯，前揭《光復臺灣之籌劃與受降接收》，頁十七。

51 臺調會所擬之計畫亦以行政接收為重點，在臺調會於一九四五年十月底結束前擬定〈臺灣接管計劃綱要〉、〈臺灣行政區域研究會報告書〉、〈臺灣教育接管計畫草案〉、〈臺灣警政接管計畫草案〉、〈臺灣金融接管計畫草案〉、〈臺灣地政接管計畫草案〉，無一與軍事相關。相關研究計畫草案分析可參閱鄭梓，前揭《戰後台灣的接收與重建》，頁一三九－一六六。

期」；七月二十一日的座談中，游彌堅發言：「盟軍登陸以後，行政人員應隨之而去」，另有謝掙強建議：「海戰以後，盟軍佔領……軍事方面應訓練閩南的軍事人才，以備參加盟軍登陸的工作」。[52] 一九四五年四月十七日，時任臺灣省黨部主委的王泉笙受邀在馬關條約五十週年紀念會上講話時談到登陸收復問題：

> 臺灣，我們必須要收復，但是誰去收復呢？一定有人說，希望盟軍去收復……但是我們能專靠盟軍嗎？我們不能這樣。開羅會議雖已如此議定，但我們能請他們解放了以後給我們嗎？又有人說，將來由國軍去收復，但我們曉得，國軍經過苦戰，死的死，傷的傷，病的病，剩下的吃不飽，穿不暖，還要支撐國內戰場，怎能分派到臺灣呢？我們有兵艦沒有？雖有國軍，沒有運輸工具，也是困難。[53]

關於登陸收復臺灣的問題，國府外交部於一九四五年五月十一日曾就〈臺灣接管計劃綱要草案〉表示意見：

52 張瑞成編輯，〈中央設計局臺灣調查委員會座談會記錄〉前揭《光復臺灣之籌劃與受降接收》，頁六一、七一。

53 〈臺灣亟待解放〉收入張瑞成編輯，前揭《抗戰時期收復臺灣之重要言論》，頁二四四－二四五。

關於臺灣之接收，本部以為，為便利推進起見，似有就軍事佔領時期與臺灣正式收歸我版圖時期，分別設計之必要。在軍事佔領臺灣時期，其軍事責任，自應暫由佔領軍負責，如進攻臺灣者係盟軍則我應派遣軍事聯絡特派員加入盟軍統帥部，隨同登陸部隊行動。[54]

臺調會主委陳儀在一九四五年六月二十七日臺調會黨政軍聯席會議中報告說：「關於臺灣收復，感到許多條件是未知數，就是美軍何時在臺登陸？登陸是否完全由美軍？或由我國軍隊參加？有這幾個未知數，我們的計劃就不能圓滿設計。」[55]做為國府規劃臺灣收復的權責單位主管陳儀也承認計劃綱要在軍事登陸接收部分，因無主導權而不能落實。以美軍登陸臺灣的想法始終是國府收復臺灣的前提，美國雖為國府之盟國，在美軍登陸後臺灣的主權是否能由中國接收？美國在開羅會議前有國際共管的提出，舊金山會議時又提出國

54 〈外交部致中央設計局函〉收入中國第二歷史檔案館、海峽兩岸出版交流中心編，《館藏民國台灣檔案匯編（第二十四冊）》（北京：九州出版社，二〇〇七），頁二五五。

55 張瑞成編輯，〈臺灣調查委員會黨政軍聯席會第一次會議紀錄〉前揭《光復臺灣之籌劃與受降接收》，頁一三九。

際託治，[56]臺籍祖國派謝東閔即評論美國之國際託治說：「我們非不信賴美英諾言，尤其是友誼，但國際關係瞬息萬變，誰也不敢擔保將來和會毫無紛爭」[57]；另一祖國派的柯台山更挑明說：「在戰略上，美國可以比較其他國家先行登陸臺灣。他可以藉著防禦，在臺灣從事設防，而在戰後化為生產工業，以控制臺灣經濟。」柯台山還質疑美國很少向中國過問臺灣問題，且在澳洲備有臺灣人才而不向中國借用，暗示美國有抛開國府直接有佔領、接管臺灣的可能。[58]

當太平洋戰爭爆發之後，美國駐菲律賓的空軍司令擬有攻擊臺灣的計畫但未執行。[59]美國聯合參謀總部在一九四三年三月，規劃美軍預計於一九四五年春季登陸攻佔臺灣；[60]一九四三年末，美國海軍為切斷日本大本營與南洋日軍間的連繫，並作為攻擊日本本土

56 一九四五年四月的舊金山會議美國提出國際託治雖非針對臺灣，但也讓國府關心臺灣主權歸向之人士產生質疑。謝東閔，〈國際託制與臺灣〉收入張瑞成編輯，前揭《抗戰時期收復臺灣之重要言論》，頁二四七。

57 謝東閔，〈國際託制與臺灣〉收入張瑞成編輯，前揭《抗戰時期收復臺灣之重要言論》，頁二四七。

58 張瑞成編輯，〈中央設計局臺灣調查委員會座談會記錄〉前揭《光復臺灣之籌劃與受降接收》，頁七二—七三。

59 Charles A. Willoughby & John Chanberlain (1954), MacArthur 1941-1951, N.Y.: MaGraw-Hill Book Co., pp.24-26.

60 安藤正，〈日本第十方面軍（台灣軍）的記錄〉收入諫山春樹等原著、財團法人日本文教基金會編譯，《秘話・台灣軍與大東亞戰爭》（台北：文英堂出版社，二〇〇二），頁二五。

的基地，計畫攻佔臺灣，而預定之計畫代號為「鋪道」。一旦美軍登陸臺灣，可預期的是將有一個殘破的經濟體制，且必須準備去控制和重建五百多萬人口。美國海軍考慮在佔領臺灣後可能發生的問題，著手建立一個相當完備的軍官訓練計畫，準備負責控制和指揮民間體制，包括警力、公共衛生、醫藥服務、交通、教育、商業和影響重大民生補給的工業等。為達此一目標，海軍於哥倫比亞大學內的海軍軍政學院（Naval School for Military Government）設置臺灣研究組（Formosan Unit）。臺灣研究組的主要任務，即是規劃一套方法，以便臺灣在美軍登陸佔領後，能夠在最短的時間之內，恢復正常的行政運作。[61]為使美軍順利佔領臺灣，臺灣研究組執行X島嶼計畫（Island X），自一九四四年四月到九月，臺灣研究組草擬了一套民政手冊、作戰地圖和一大集未經發表的訓練資料，也訓練了

61 蘇瑤崇，〈葛超智先生（George H. Kerr）託管臺灣論之思想與影響〉《歷史、地理與變遷學術研討會論文集》（嘉義：嘉義大學，二〇〇四），頁五三三－五七三。美國海軍訓練之行政人員，人數遠多於臺調會各種訓練人數，當時美國認可中國人以個人身分參加美國海軍在哥倫比亞大學內的海軍軍政學院進行的行政人員訓練。美國軍方並於一九四四年秋，與臺籍軍統份子劉啟光簽訂契約，由劉啟光提供人員受美國訓練，一旦美軍登陸臺灣，劉啟光將負責宣傳美國佔領軍政策，並動員、組織、訓練臺灣群眾，以建立一個有秩序的政府，美國為臺灣大量培訓預備行政人員，用意不言自明。Douglas L. Fix（費德廉），前揭〈U.S. Worldtime Intelligence Regarding Taiwan〉，頁十一－二〇。

一批將來執行佔領任務的軍政官員，登陸、佔領、控制臺灣仍為美方的作戰規劃。[62]

一九四四年春，美國的陸軍與海軍因立場不同，對未來前進作戰的路線產生爭議，海軍認為作戰的目的在於達成經太平洋及臺灣展開對中國的進擊，陸軍則主張奪回菲律賓群島，反對海軍跳過中太平洋的進攻路線，海陸雙方的爭執點即在於要略過菲律賓直攻臺灣，或跳過臺灣先解放菲律賓。[63] 一九四四年七月二十六日，美國總統羅斯福（Franklin Delano Roosevelt）前往夏威夷住持太平洋戰區軍事會議，聽取海軍米尼茲（Chester William Nimitz）上將與陸軍麥克阿瑟（Douglas MacArthur）將軍的報告，以決定美軍未來的攻勢路線，但會議未有決斷。[64] 一九四四年九月美國海軍又提出一九四五年三月攻佔臺灣、廈門的計畫，陸軍反對海軍的臺灣佔領計劃，陸軍力主奪取呂宋，並認為海軍之計畫可能會與駐臺日軍及大陸來援的日軍形成持久激戰；而且臺灣與菲律賓不同，美國在此並無游

---

62 由於日文資料多交由日裔美國人譯成英文教材，為防日裔美國人洩密，凡提到臺灣處，均改稱為X島嶼。Georgr Keer著、陳榮成譯，前揭《被出責的台灣》，頁三五－三六、九三。

63 Ernest J. King & Walter M. Whitehill (1952), Fleet Admiral King-ANaval Record, N.Y.: W. W. Norton & Co., pp. 537. Charles A. Willoughby & John Chanberlain (1954), MacArthur 1941-1951, pp.233-234.

64 每日新聞社譯編，《太平洋戰爭秘史》（東京：每日新聞社，昭和四十年），頁二二一與Georgr Keer著、陳榮成譯，前揭《被出責的台灣》，頁三七－三八。

擊隊等協助作戰的友好人員可資利用，從而獲得戰鬥與設施上的援助。[65] 羅斯福總統對此爭辯雖未立即裁決，且後來戰爭情勢的變化與補給上的問題，都對最後跳過臺灣直攻菲律賓的決策產生相當影響，但政治上羅斯福總統為求順利連任支持麥克阿瑟先收復美國在亞洲唯一的殖民地菲律賓的考慮佔有很大比重卻是事實。[66]

一九四四年十月陸軍麥克阿瑟將軍奉命攻略菲律賓呂宋島，次年二月美軍佔領馬尼拉，六月跳島戰術登陸琉球，臺灣與日本內地間之聯繫被切斷，至此軍事上美軍已無登陸佔領臺灣的急迫需要，且自五月歐洲戰場德軍投降以來，盟軍勝利之氣勢旺盛，至八月十五日軍投降，美軍終未曾登陸佔領臺灣。[67]

---

65 伊藤正德，《帝國陸軍の最後特攻篇》（東京：文藝春秋社，昭和三十六年），頁一一七。

66 Samuel Eliot Morison (1958), American Contribution to the Strategy of World War II, London: Oxford University Press, p.61.

67 根據前臺灣軍參謀安藤正的記錄，美軍未執行登陸臺灣的理由有三：一為跳島戰術執行，二為攻擊沖繩之人、物與時間成本均較臺灣為低，三為由臺灣起飛轟炸日本本土之基地功能已被取代。參閱安藤正，〈日本第十方面軍（臺灣軍）的記錄〉收入諫山春樹等原著、財團法人日本文教基金會編譯，前揭《秘話・台灣軍與大東亞戰爭》，頁二六。關於一九四四年美軍的攻臺計畫可參閱劉鳳翰，《日軍在臺灣（下）》（台北：國史館，一九九七），頁四五九－四九〇與許進發，〈一九四四年美軍攻臺計畫的戰情資料——陸海軍聯合情報研究第八十七號〉收入《戰時體制下的臺灣學術研討會論文集》（南投：國史館臺灣文獻館，二〇〇四）。

美軍自一九四四年十月取消「鋪道」計畫決定攻克菲律賓，[68]登陸佔領臺灣即非必定之戰略路線，但身為盟友的國府似乎並不知情；如前所述，陳儀於一九四五年六月二十五日的報告中仍談到，仍以不知美軍登陸臺灣之時間是為國府收復臺灣的未知數之一，[69]事實上當時美軍正在攻佔琉球。迫於現實，國府軍事登陸佔領接收臺灣遙不可及，因此以美軍登陸臺灣的想法始終存在於國民政府收復臺灣的構想中。

五、戰後國民政府軍事佔領接收臺灣的計畫籌劃

一九四五年八月十五日，日本昭和天皇宣告接受波茨坦宣言投降，國民政府在接獲日本投降電文後，蔣中正立即以中國戰區最高統帥之銜致電日軍駐華最高指揮官岡村寧次大將指示其六項降投降原則，要求執行蔣中正之指示，並迅速答覆，但岡村寧次未有回覆。

---

68 國防大學譯，《美國〈金星計畫——太平洋花崗石戰役計畫第二號〉》（台北：國防大學，一九五九），頁五三－五四。

69 張瑞成編輯，〈臺灣調查委員會黨政軍聯席會第一次會議紀錄〉前揭《光復臺灣之籌劃與受降接收》，頁一三九。一九四五年五月閩粵贛邊區總司令香翰屏曾表示，有委請丘念台協助挑選臺籍工作人員，預備如盟軍登陸臺灣即可配合展開工作。〈香翰屏致吳鐵城電報及軍需署復中央秘書處電〉轉引自李雲漢，《國民革命與台灣光復的歷史淵源》（台北：幼獅書店，一九七一），頁一二二。丘念台的自傳亦談到此事，參閱丘念台，《我的奮鬥史》（台北：中華日報社，一九六二），頁二九四－二九六。

直至八月十七日美國總統杜魯門核准「一般命令第一號（General Order no. One）」後，岡村寧次才回覆蔣中正會派總參謀副長今井武夫代表至江西玉山機場晤談，但對於蔣中正的電文指示隻字未提。[70]

「一般命令第一號」為授權美國盟軍最高統帥麥克阿瑟將軍，對戰敗國日本發佈，關於其武裝力量在向各相關同盟成員國投降過程中所應注意之事項；其中第一條中明訂中國唯一接受日軍投降之盟邦代表：「在中國（滿洲除外），臺灣及北緯十六度以北之法屬印度支那境內的日本高級指揮官及所有陸、海、空軍及輔助部隊應向蔣介石總司令投降。」[71]此項命令落實了國府軍事佔領、接收臺灣的可能。

「一般命令第一號」由麥克阿瑟交由日皇昭和命令日軍執行，在昭和未下達命令之前，日軍雖已知戰敗，但向誰投降、如何投降仍須等待指示。[72]岡村寧次的代表今井武夫

70 蔣中正之六項指示與岡村寧次的回覆電文參閱中國陸軍總司令部編，《中國戰區中國陸軍總司令部處理日本投降文件彙編（上卷）》（南京：中國陸軍總司令部，一九四六），頁一－二。

71 TDP網站http://www.taiwandocuments.org/surrender05.htm（查詢時間二〇一五年七月十五日）網站資料來源為一九四五年九月六日的美國國會記錄。又《中華民國外交史料彙編》收有「一般命令第一號」的中、英、日文版本，參閱陳志奇編輯，《中華民國外交史料彙編》（台北：國立編譯館，一九九六），頁六五－八一。

72 前述八月十五日蔣中正發電文給岡村寧次指示其投降原則的同時，中共亦發電給岡村要求日軍向其部隊投降。中華民國重要史料初編編輯委員會編，前揭《中華民國重要史料初編——抗日戰爭時期第七編戰後

在與何應欽的代表蕭毅肅會談中也說：「本人此來純係聯絡任務，日本天皇已接受波茨坦宣言，現日本代表在馬尼剌與盟軍最高長官議定最高原則的答覆，故未奉到最高命令以前，日軍不能隨便行動。」[73]其後何應欽指派中美各專家向今井武夫詢問各種問題，何應欽在給蔣中正報告詢問今井的呈文中表示：「日軍系統，臺灣、越南各有其最高指揮官，又海軍更不受陸軍之指揮，現岡村僅代表駐華陸軍，對海軍及臺灣越南陸軍，實施上不無困難，但並非完全不可能。」[74]「一般命令第一號」發佈的次日，八月十八日蔣中正主導之國民政府立即發佈派何應欽負責中國戰區之全部敵軍投降事宜，並規定中國戰區內之各戰區或方面軍的受降主官，但臺灣地區的受降主官並未一併公布。中國陸軍總司令部於八月二十一日致駐華日軍最高指揮官岡村寧次中字第一號備忘錄，告知臺灣為中國接收之區域，次日以第二號備忘錄告知中國戰區各受降主官派駐前進指揮所進駐受降地區，包含

中國（四）》，頁二七九。

73 中國陸軍總司令部編，前揭《中國戰區中國陸軍總司令部處理日本投降文件彙編（上卷）》，頁八二。

74 中國陸軍總司令部編，前揭《中國戰區中國陸軍總司令部處理日本投降文件彙編（上卷）》，頁五—六。日本宣佈投降後，國民政府最初步的工作即與中國戰區內的日軍協調投降事宜。由於中國戰區之日軍分屬不同系統，中國、越南、臺灣各有其最高指揮官，海、陸軍也各不相屬，國民政府以外的政權也宣稱有受降日軍的權力，為求日軍投降工作統一，乃要求日軍指揮系統上做調整以利國民政府受降。

越南河內，但文中仍無臺灣之受降資訊；[75] 直至八月二十六日中國陸軍總司令部的中字第十二號備忘錄中載：「刻本總司令又奉命接收澎湖列島之日本陸海空軍及其輔助部隊之投降，此地區內之日軍，亦應由貴官負責指揮向本總司令投降。」仍未見國民政府安排臺灣地區的受降主官。[76]

八月二十七日，國府發表原臺調會主委陳儀擔任臺灣省行政長官，[77]〈臺灣省行政長官公署組織綱要〉也於次日隨即送行政院迅核，顯示國府對臺灣的行政接收已有準備。九月三日，陳儀受命為臺灣及澎湖島嶼受降主官，[78] 地區的受降主官涉及到地區的軍事接收與佔領，前述臺灣日軍不受駐華日軍管轄的問題在八月三十日得到解決，在臺日軍已劃歸受駐華日軍最高指揮官岡村寧次之統制，[79] 表示臺灣地區的日軍受降與軍事接收，國

75　八月二十一日〈中國戰區各區受降主官分配表〉中附記臺灣方面之受降主官另行指定。參閱中國陸軍總司令部編，前揭《中國戰區中國陸軍總司令部處理日本投降文件彙編（上卷）》，表一。

76　中國陸軍總司令部編，〈委員長未巧辰令一亨電〉與〈本部致駐華日軍最高指揮官岡村寧次備忘錄〉前揭《中國戰區中國陸軍總司令部處理日本投降文件彙編（上卷）》，頁三二—三五、十九—二二。

77　張瑞成編輯，〈國民政府主席蔣中正特任陳儀維臺灣省行政長官手諭〉前揭《光復臺灣之籌劃與受降接收》，頁一四九。

78　張瑞成編輯，〈中國戰區中國陸軍總司令部致岡村寧次中字第十八號備忘錄〉前揭《光復臺灣之籌劃與受降接收》，頁一八五。

79　日軍在請示日本政府後，日本政府於一九四五年八月二十二日以大陸命第一三九二號命令，將全臺日軍統

府可透過岡村寧次的統制在臺日軍司令官安藤利吉指揮在臺日軍，由另一角度來看，臺灣算是由太平洋戰區轉劃入中國戰區了，國府軍事佔領接收臺灣已呈必然的態勢。

軍事佔領臺灣需將部隊渡海運送至臺登陸，軍隊運送的問題涉及到運輸載具，渡海需要船艦運輸，國府需要美軍的協助。蔣中正於八月二十九日有條諭要軍令部擬具接收臺灣與東北之部隊運輸計畫，[80] 顯然國府先前並無直接軍事接收登陸臺灣的設想，也顯示國府對臺的軍事接收自臺調會開始即無完整的規劃。

九月四日國府軍事委員會核派陳儀兼任臺灣省警備總司令，令其指揮第六十二軍、第七十軍與第二〇八師、第二〇九師與憲兵一團等部隊，並檢發〈台灣省收復計畫大綱〉以進行臺灣及澎湖列島之受降、接收、警備等全權任務。[81] 至此陳儀肩任臺灣省行政長官、臺灣省警備總司令、臺灣及澎湖島嶼受降主官，即負臺灣受降與行政、軍事接收之要

一由支那派遣軍總司令岡村寧次指揮投降事宜。參閱中國陸軍總司令部編，〈關於備忘錄中字第十二號事項〉、〈關於支那派遣軍總司令官之權限〉前揭《中國戰區中國陸軍總司令部處理日本投降文件彙編（上卷）》，頁五九、七〇—七一。

80 張瑞成編輯，〈蔣委員長致軍令部部長徐永昌、次長劉斐囑據報接收臺灣及東北之部隊與運輸計畫條諭〉前揭《光復臺灣之籌劃與受降接收》，頁一八四—一八五。

81 檔號：0034/002.6/4010.2，案由：〈派該長官兼任台灣省警備總司令檢發收復計劃大綱一份〉，檔案管有機關：檔案管理局。

務，未來臺灣「軍政一元」體制儼然成型。

〈台灣省收復計畫大綱〉係由中國陸軍總司令部與駐華美軍總司令部經小組會議與聯席會議共同組織擬定，〈台灣省收復計畫大綱〉擬定後，呈請蔣中正核示，簽呈核示後中國陸軍總司令部以亨簽字第三五九號備忘錄於九月五日發給駐華美軍總司令兼中國戰區參謀長魏德邁（Albert Coady Wedemeyer）將軍。[82]

國府接收臺灣有軍事與行政兩大部分，臺灣省行政長官公署與臺灣省警備總司令部於一九四五年九月一日正式成立，[83]臺灣省行政長官公署負責行政接收，臺灣省警備總司令部則負責臺灣的軍事佔領、接收，國府檢發的〈台灣省收復計畫大綱〉即為接收臺灣的準則。〈台灣省收復計畫大綱〉分為方針、實施要領、軍事、政治、經濟、宣傳六大項共二十五條，其中軍事一項即有八條分述機構、兵力、運輸、佔領、部署、補給、釋俘、遣送之工作執行，為六大項中所佔篇幅最多者，為計畫大綱之重點所在。

〈台灣省收復計畫大綱〉在開頭的方針與實施要領即說明中國政府要在美軍登陸朝鮮

---

82 檔號：0034/002.6/4010.2，案由：〈前與貴部會同研定之收復台灣計劃大綱業奉批准令行茲附送編制表一份請查照洽辦〉與檔號：0034/002.6/4010.2，案由：〈關於收復台灣計劃要點五項摘呈核示由〉，檔案管有機關：檔案管理局。

83 張瑞成編輯，〈臺灣警備總司令部軍事接收總報告（節略）〉前揭《光復臺灣之籌劃與受降接收》，頁二二四。

仁川後，計畫約在十月十五日，在美方的協助下，派遣軍隊進佔臺灣及澎湖列島，解除日軍武裝，進行軍事佔領，在佔領初期採取類似軍政府的制度實施軍事管理。在軍事項目，計畫大綱規劃由臺灣省警備總司令統一指揮來臺部隊與軍事接收人員，由美軍擔任國府來臺部隊之海運與掩護，先以兩軍六師及憲兵一團、海軍及空軍地勤部隊開往佔領，並在福建控置一軍以為應援，各軍軍長兼任警備分區司令並組成司令部。國軍登陸佔領臺灣及解除日軍武裝期間由美軍擔任海空掩護，因此美方需派出聯絡組，保持中、美兩軍間之密切聯繫並提供諮詢，但聯絡組需於臺灣省警備總司令部組成三十天後開始撤回，必要時另由美方派遣軍事代表團來臺，又在臺日軍之海空軍受降由美軍協助辦理。在臺日軍須先自行解除武裝分別集中於指定地區待命，盟俘的釋放遣送與日軍、日僑的遣送由盟方辦理。在政治項目部分，說明為實施軍事管理，臺灣省警備總司令由臺灣省行政長官兼任，各軍軍長所兼之分區警備司令得兼行政特派員。在經濟項目，對於軍用資材除部隊奉准留用外，其他悉運回中國。在宣傳部分，則要求接收臺灣各廣播電台對國軍之軍容實力擴大宣傳。[84]〈台灣省收復計畫大綱〉係以國民政府軍事佔領接收臺灣為主軸，故各項目中均有與軍事接收相關之設想條文，強調以軍領政，並有防範日軍反動之設想，較之國府於半年

[84] 檔號：0034/002.6/4010.2，案由：〈派該長官兼任台灣省警備總司令檢發收復計劃大綱一份〉，檔案管有機關：檔案管理局。

前核定的〈臺灣接管計畫綱要〉差別甚多，補充了〈臺灣接管計畫綱要〉八十二條條文中軍事部分僅有兩條的不足，詳列了國府實際軍事接收臺灣的步驟與方法。

一九四五年九月九日中國戰區日軍投降簽字於南京舉行後，中國戰區最高統帥蔣中正下達岡村寧次第一號命令，國府軍隊正式開始受降工作，[85]次日軍事委員會頒發臺灣省警備總司令部之組織規程及編制表。[86]臺灣省警備總司令部自九月一日在重慶成立至九月二十八日組成前進指揮所，期間主要工作為：批定〈台灣省佔領計畫〉、頒發遣臺部隊官兵守則、定期舉行中美參謀會報商討佔領計畫、編成本部特務連並與海軍、空軍預備接收臺灣之單位、陸軍接收臺灣福建預控部隊密切聯繫，均為預備軍事佔領接收臺灣的籌備工作。[87]十月五日臺灣省警備總司令部、臺灣省行政長官公署與美方合組之前進指揮所由重慶飛抵台北，前進指揮所抵臺後透過戰爭末期完成軍政一體化的臺灣總督府對臺灣進行間接統治並進行臺灣受降、佔領、接收相關事宜，國府對臺灣軍事佔領接收的籌劃工作

---

85 張瑞成編輯，〈中國戰區最高統帥蔣中正下達岡村寧次第一號命令〉前揭《光復臺灣之籌劃與受降接收》，頁一八五－一九〇。

86 檔號：0034/002.6/4010.2，案由：〈派該長官兼任台灣省警備總司令檢發收復計劃大綱一份〉，檔案管有機關：檔案管理局。

87 張瑞成編輯，〈臺灣警備總司令部軍事接收總報告（節略）〉前揭《光復臺灣之籌劃與受降接收》，頁二二四。

在前進指揮所抵臺後即進入現地準備階段。[88]

小結

臺灣自一八九五年割讓給日本後，中華民國在一九三七年以前是將臺灣視為日本的領土而設有駐外官方代表機構。蘆溝橋事件後國府開始對臺灣有了不同的想法，一九四一年底美國也對日本宣戰，美國認識到臺灣在西太平洋的戰略地位，一九四二年美國軍方開始對臺灣進行研究，完成主張戰後臺灣國際管制的備忘錄，此外美國民間也提出臺灣共管國際化的論述，引起中國祖國派臺籍人士的反彈，[89]顯現二戰初期美國對戰後臺灣的前途有著與國府不同的想法。

國府雖於開羅會議獲得盟國允諾戰後可收回臺灣的承諾，但受限於現實條件，以當時的戰況國府很難直接以武力收復臺地，以美軍登陸的想法始終存在於國府收復臺灣的構想

88 關於〈台灣省收復計畫大綱〉、〈台灣省佔領計畫〉與前進指揮所之研究，可參閱楊護源，〈〈台灣省收復計畫大綱〉與〈台灣省佔領計畫〉的簡介與史料價值〉，《台灣史料研究》第四十四期（二〇一四年十二月）頁八八－九六。馬有成，〈臺灣受降籌備組織：臺灣前進指揮所之研究〉，《台灣史料研究》第四十期（二〇一二年十二月）頁二四－六八。

89 如前述祖國派臺籍人士反應非常激烈，但部分祖國派臺籍人士也私下與美國官方進行合作，表裡態度不一。

中。一旦美軍登陸佔領臺灣，如依盟軍協調之原則，中國至少還有行政管理的機會與權力，或可避免國際共管的狀況。為此，國府於開羅會議後設立臺灣調查委員會，從事收集相關資料與草擬臺灣接收與復員計畫，雖有開羅會議之共識，但美軍並未放棄先實質佔領的打算。至二戰結束美軍因戰略規劃改變終未登陸臺灣，美軍所擬定的實質佔領軍管臺灣的設想自然未能執行。[90]

戰後國府根據八月十七日所發佈的「一般命令第一號」取得非屬中國戰區臺灣的受降權，進而與美方聯合規劃登陸佔領臺灣。八月二十七日國府發佈擔任臺灣省行政長官的陳儀於九月三日受命為臺澎受降主官，次日又發佈兼任臺灣省警備總司令，並檢發〈台灣省收復計畫大綱〉以進行臺澎之受降、接收、警備等全權任務。〈台灣省收復計畫大綱〉為中、美共同研議而成，以國府軍事佔領接收臺灣為主軸，詳列了國府實際軍事接收的步驟與方法，較〈臺灣接管計畫綱要〉補充了綱要中軍事執行計畫缺失部分的不足。臺灣省警備總司令部九月一日成立後，九月二十八日警備總司令部、行政長官公署與美軍合組前進指揮所，前進指揮所於十月五日進駐台北，前進指揮所抵臺進行受降、佔領、接收相關現

---

[90] 美國政府在二戰末期已放棄登陸臺灣或不願意涉入臺灣主權問題。參閱黃富三，〈葛智超與台灣主體意識的發展〉《二十世紀台灣歷史與人物：第六屆中華民國史專題論文集》（台北：國史館，二〇〇二），頁一一一一。

地準備事宜，國府對臺接收與軍事佔領的籌劃工作算是告一段落。

二戰期間臺灣接收與軍事佔領的籌劃，原本中、美兩方各有盤算規劃，中國基於國防門戶的理由要收復臺灣，美國也認識到臺灣在西太平洋的戰略地位，然隨著國際局勢與戰況的發展，最終是國府以中、美共同研議籌劃的〈台灣省收復計畫大綱〉來作為進行實質的軍事佔領接收臺灣的計畫，也算是中、美盟軍的聯合產物。這樣的結果顯然與戰後國民黨政權以抗日戰爭與國共內戰的戰爭之框之歷史論述有所差異。關於戰後臺灣的歸屬，對被即將軍事領佔的臺地居民而言，知道開羅會議之宣言而瞭解到臺灣歸屬的臺人應寥寥無幾，但卻必須接受這樣的安排。

第三章　戰後臺灣軍事佔領接收的籌備

二次大戰後，國民政府根據盟軍八月十七日所發佈的「一般命令第一號（General Order no. One）」取得非屬中國戰區臺灣的受降權，然國民政府臺灣調查委員會所規劃的〈臺灣接管計劃綱要〉中，軍事部分僅列有：臺灣應分區駐紮相當部隊，以根絕敵國殘餘勢力；軍港、要塞、營房、倉庫、兵工廠、飛機廠、造船廠及其他軍事設備、器械、原料，接管後應即加整修。[1]顯然在〈臺灣接管計劃綱要〉中無軍事佔領接管臺灣的規劃，沒有實際佔領接收的步驟，而僅是一個籌劃軍事接收的要點原則，這樣一個原則性的綱要，要用來做實際的軍事佔領接收執行，缺乏實際執行的步驟與部署是不可行的。那在戰後國民政府究竟是如何進行臺灣軍事佔領接收的籌劃準備，而在一九四五年十一月一日臺灣省警備總司令部明令開始軍事佔領接收前，國府與負責實際軍事接收的臺灣省警備總司令部對臺灣軍事佔領接收做了哪些籌劃計畫與準備工作，臺灣的軍事佔領接收是否為國

1　張瑞成編輯，〈臺灣接管計劃綱要〉《光復臺灣之籌劃與受降接收》（台北：中國國民黨中央委員會黨史會，一九九〇），頁一一二。

府主導或獨力完成，負責運送國府軍隊來臺的美國軍方在軍事佔領接收臺灣籌備準備過程中扮演何種角色，國府軍事佔領接收臺灣的籌備是否完善？種種國府在一九四五年八月十五日至十月三十一日間對臺灣軍事佔領接收的籌備工作均為本章欲探究者。

一、從〈臺灣接管計劃綱要〉到〈台灣省收復計畫大綱〉

一九四一年十二月九日國民政府正式對日本宣戰，宣戰文聲明：「茲特正式對日宣戰，昭告中外，所有一切條約協定合同，有涉及中日間之關係者，一律廢止，特此布告。」[2]國府雖未直明言要收復臺灣，但已有收復臺灣的企圖。一九四三年十一月的開羅會議後，國府獲得盟國允諾戰後可收復臺灣的協議，[3]一九四四年三月國府於國防最高委員會的中央設計局下成立「臺灣調查委員會」（以下簡稱「臺調會」），作為調查與籌備收復臺灣之機構。[4]

2 〈國民政府對日宣戰文〉收入張瑞成編輯，《抗戰時期收復臺灣之重要言論》（台北：中國國民黨中央委員會黨史會，一九九〇），頁三。

3 張瑞成編輯，〈蔣委員長與美國總統羅斯福、英國首相邱吉爾在開羅會議聯合發表對日作戰之目的與決心之公報（開羅宣言）〉前揭《光復臺灣之籌劃與受降接收》，頁三五。

4 三月十四日中央設計局秘書長熊式輝奉命聘請陳儀擔任臺灣調查委員會主任委員。參閱褚靜濤，《國民政府收復台灣研究》（北京：中華書局，二〇一三），頁二五九與張瑞成編輯，〈附錄：蔣委員長覆行政院

臺調會之主要工作有二：一為收集臺灣相關資料加以編譯整理，二為草擬臺灣接收與復員計畫。[5] 一九四四年臺調會的工作成果主要有擬定〈臺灣接管計劃綱要草案〉、分類編輯臺灣概況、分類翻譯臺灣法令、繪製臺灣地圖、辦理臺灣相關座談會與辦理臺灣幹部人員訓練班。[6] 其中最重要的成果為擬定〈臺灣接管計劃綱要草案〉，接管計劃綱要草案在呈核後修正為〈臺灣接管計劃綱要〉。〈臺灣接管計劃綱要〉包含通則、內政、外交、軍事、財政、金融、教育文化、交通、社會、糧食、司法、水利、衛生、土地等十六項共八十二條；[7] 接管計劃綱要之重點在於內政、金融、教育等項，而軍事部分僅列有兩條，顯然非其重點，考其原由係因對臺灣的軍事接收仍存在著不確定的因素。[8]

秘書處電〉前揭《光復臺灣之籌劃與受降接收》，頁四三。

5 中國第二歷史檔案館、海峽兩岸出版交流中心編，〈三十三年度臺灣調查委員會工作綱要〉《館藏民國台灣檔案匯編（第二十一冊）》（北京：九州出版社，二〇〇七），頁二七一—二七三。

6 張瑞成編輯，〈中央設計局臺灣調查委員會三十三年重要工作項目報告〉前揭《光復臺灣之籌劃與受降接收》，頁五二—五三。有關臺調會編輯、翻譯、繪製臺灣資料之成果與辦理各種臺灣幹部訓練班之成果可參閱褚靜濤，前揭《國民政府收復台灣研究》，頁二六八—三三五。

7 張瑞成編輯，〈臺灣接管計劃綱要〉前揭《光復臺灣之籌劃與受降接收》，頁一一二。〈臺灣接管計劃綱要〉相關分析討論可參閱鄭梓，《戰後台灣的接收與重建》（台北：新化圖書有限公司，一九九四），頁五一—七七、一三九—一四八。

8 一九四五年六月二十七日，臺調會主委陳儀在臺調會黨政軍聯席會議中報告說：「關於臺灣收復，感到許

一九四五年八月十五日，日本昭和天皇宣告接受波茨坦宣言投降，國府根據「一般命令第一號」取得臺灣的受降權，對臺灣進行軍事佔領與接收。國府於八月二十七日發佈原臺調會主委陳儀擔任臺灣省行政長官，後又以陳儀兼任臺灣及澎湖島嶼受降主官。[9]八月三十日，中國陸軍總司令部與駐華美軍總司令部共同擬定〈台灣省收復計畫大綱〉該大綱由軍令部部長徐永昌摘寫收復步驟、軍政組織、派行軍隊、開始日期、警戒措施等五項要點由侍從室高級參謀柯遠芬轉知陳儀並呈請蔣介石核示。[10]徐永昌摘寫之要點大意如下：[11]

（一）收復步驟：令臺灣總督派軍政代表攜帶文件資料及我指定之臺民耆望者至我指定之地點（如南京）接收投降與指示，再由我方派出軍政代表同赴台北監視其

多條件是未知數，就是美軍何時在台登陸？登陸是否完全由美軍？或由我國軍隊參加？有這幾個未知數，我們的計劃就不能圓滿設計。」參閱張瑞成編輯，〈臺灣調查委員會黨政軍聯席會第一次會議紀錄〉前揭《光復臺灣之籌劃與受降接收》，頁一三九。

9 張瑞成編輯，〈國民政府主席蔣中正特任陳儀維臺灣省行政長官手諭〉、〈中國戰區中國陸軍總司令部致岡村寧次中字第十八號備忘錄〉前揭《光復臺灣之籌劃與受降接收》，頁一四九、一八五。

10 檔號：0034/002.6/4010.2，案由：〈本部一亨字三五九號簽呈副稿計劃查核簽呈奉批〔陳長官核辦〕特電請查照由〉，檔案管有機關：檔案管理局。

11 原文參閱檔號：0034/002.6/4010.2，案由：〈關於收復台灣計劃要點五項摘呈核示由〉，檔案管有機關：檔案管理局。

執行，然後派隊掩護行政人員前往解除日軍武裝佔領要地進行接收。

（二）軍政組織：立即組織臺澎警備總司令部，由總司令兼行政長官，軍（師）長兼行政特派員，實施軍事管理，各軍政部門派員統一參加接收。

（三）派行軍隊：擬派第三戰區之二十五軍之四十師、一〇八師、一四八師與七十軍之七十五師、一〇七師及青年軍之二〇八師、二〇九師等七個師及憲兵一團、海軍與空軍地勤部隊若干，分由滬（上海）、寧波（角）、福州（榕）、廈（廈門）中之二或三港啟運，並將二〇八師撥歸七十軍建制。

（四）開始日期：因需搭美國船艦運輸，約於十月十五日開始啟運，半個月內可完畢。

（五）警戒措施：海運及登陸統由美軍海、空軍掩護，臺澎日軍之海、空軍可由美方先行代接收，另於福建控置一軍以為應援，日軍繳械期間地方治安可由武裝臺民與警察維持。

針對〈台灣省收復計畫大綱〉，陳儀認為收復計畫大綱之收復步驟由我方派軍政代表同赴台北監視日軍執行一節，此即為設置前進指揮所，但臺灣警備總司令部尚未設置，組織人員未全無法發揮效力，建議立即組織臺灣警備總司令部，並待臺灣警備總司令部成立且推進至福建與日軍取得聯絡後再行設置前進指揮所。[12] 對於徐永昌的簽呈，蔣介石批示：

---

12 檔號：0034/002.6/4010.2，案由：〈本部一亨字三五九號簽呈副稿計劃查核簽呈奉批〔陳長官核辦〕特電請

「陳長官核辦」，[13] 臺灣省警備總司令部與臺灣省行政長官公署遂迅速於九月一日成立，臺灣省行政長官公署負責行政接收，臺灣省警備總司令部則負責臺灣的軍事佔領、接收。[14]

九月四日，國民政府軍事委員會以亨簽字第三七五號快郵代電派任臺灣省行政長官陳儀兼任臺灣省警備總司令，並檢發修訂後的〈台灣省收復計畫大綱〉給陳儀，命令其指揮第六十二軍、第七十軍與第二〇八師、第二〇九師與憲兵一團等部，負臺灣及澎湖列島之受降、接收、警備等全權任務。[15]

〈台灣省收復計畫大綱〉全文分為方針、實施要領、軍事、政治、經濟、宣傳共六大項二十五條，其方針說明收復計畫的依據與目的：中國政府根據開羅宣言、波茨坦公告及九月二日日本簽定之投降條款，國民政府應於美軍登陸朝鮮仁川之後（約十月十五日）派遣部隊及行政人員由美方協助進佔臺灣、澎湖，解除日軍武裝進行接收一切法定領土、人

---

13 檔號：0034/002.6/4010.2，案由：〈本部一亨字三五九號簽呈副稿計劃查核簽呈奉批〔陳長官核辦〕特電請查照由〉，檔案管有機關：檔案管理局。

14 張瑞成編輯，〈臺灣警備總司令部軍事接收總報告（節略）〉前揭《光復臺灣之籌劃與受降接收》，頁二二四。

15 檔號：0034/002.6/4010.2，案由：〈派該長官兼任台灣省警備總司令檢發收復計劃大綱一份〉，檔案管有機關：檔案管理局。

民、治權、軍政設施及資產。收復計畫大綱之實施要領如前述摘要之收復步驟：根據日本全面投降之條款，令臺灣總督派軍政代表攜帶文件資料偕同指定之臺民耆望前來南京簽訂投降交代之詳細條款，然後由我方派隊掩護行政人員前往臺灣實施佔領及接收。軍事佔領可能發生抵抗及騷亂，應有應戰之準備，為協同軍事恢復確保治安，在佔領之初期擬採類似軍政府之制度，實施軍事管理。

〈台灣省收復計畫大綱〉之軍事部分，分為機構、兵力、運輸、佔領、部署、補給、釋俘、遣送八條。為全計畫大綱最精要之部分，主要規劃為：由臺灣警備總司令部統一指揮遣臺部隊及軍事接收人員，各軍（師）長兼任分區警備司令，先以由六十二軍、六十四軍、七十軍中選定兩軍六師及憲兵一團與海軍、空軍地勤部隊開往佔領，並於福建控置一軍以為應援。遣臺部隊約於十月十五日由美方負責運輸、掩護，分別由上海、寧波、福州、廈門中之二或三港啟運。啟運時部隊應攜帶充分之糧食，抵臺佔領後以就地補給為原則。國軍登陸佔領臺灣及解除日軍武裝期間由美軍擔任海空掩護，因此美方需派出聯絡組，保持中、美兩軍間之密切聯繫並提供諮詢，但聯絡組需於臺灣省警備總司令部組成三十天後開始撤回，必要時另由美方派遣軍事代表團來臺，又在臺日軍之海空軍受降由美軍協助辦理。在臺日軍須先自行解除武裝分別集中於指定地區待命，地方治安可由武裝臺民與警察維持，盟俘的釋放遣送與日軍、日僑的遣送由盟方辦理。

〈台灣省收復計畫大綱〉在政治部分分為機構、人事、日人、臺警、法制與除奸六條。在政治上為實施軍事管理，臺灣省警備總司令由臺灣省行政長官兼任，設置長官公署由曾受臺灣訓練及中央單位推薦之精幹人員與臺人之忠實幹部組成，以接替臺灣總督府及所屬之業務；各軍軍長所兼之分區警備司令得兼行政特派員組成行政公署，以承行政長官公署之命令，接替地方行政。為維持秩序，防制反側，中央宜派出精良警察幹部加入臺警並配合特務人員建立情報網，禁止私相報復，認真清除奸宄以維治安。司法院需派員接收臺灣之法院與監獄，對於臺灣抵觸三民主義與國民政府現行法令之法規應予改訂。在臺日人官吏一律解職，在臺日人一律遣回，其財產以沒收抵充賠款為原則。在經濟項目，對於軍用資材除部隊奉准留用外，其他悉運回中國，民用資材由中央統籌處理。財政以自給為原則，迅速整理幣制，恢復金融網與內部運輸貿易以維民生經濟。在宣傳部分，在臺灣日軍投降條款簽訂後，應立即以飛機向臺民發散傳單，指示臺民光榮幸福之前途及應採取的態度及行動；另派員接收臺灣各廣播電台對國軍之軍容實力擴大宣傳。

〈台灣省收復計畫大綱〉係以國府軍事佔領接收臺灣為主軸，故各項目中均有與軍事接收相關之設想條文，詳列了國府實際軍事接收臺灣的步驟與方法，強調以軍領政，並有防範日軍反動之設想。〈台灣省收復計畫大綱〉為中、美共同研議而成，研議時間自八月十七日至發佈之時，不到半個月的時間，顯然相當急促，但其補充了〈臺灣接管計畫綱要〉中軍事部分的不足，成為國府指導陳儀佔領接收臺灣的重要指南。

二、戰後盟軍人員來臺

依據〈台灣省收復計畫大綱〉之規劃，國府對臺灣之接收，須待美軍登陸朝鮮仁川以後，即約十月十五日後方能派遣部隊及行政人員由美方協助進佔臺灣。因收復計畫大綱中將盟俘的釋放遣送與在臺日軍之海空軍受降由美軍協助辦理，故在國府部隊與行政人員抵臺前，已有少數美軍來臺。根據前日本臺灣軍參謀安藤正的記錄，在戰後即有多次美軍飛行員駕機自菲律賓降落臺灣機場，降落後美軍飛行員搶奪日軍軍官配刀，為避免發生意外事故，臺灣日軍在常發生問題的機場設置派駐翻譯人員的招待所，準備一些印有太陽旗的扇子，取代軍刀送給美軍飛行員作為紀念禮物。[16]

一九四五年九月一日，有中、美軍政人員由廈門搭乘日艦抵臺，其目的在調查並解放英美戰俘；[17] 其中有國民政府軍政人員福建省政府顧問黃澄淵、中美合作所黃昭明、三民

---

16 安藤正，〈日本第十方面軍（台灣軍）的記錄〉收入財團法人日本文教基金會編譯，《秘話・台灣軍與大東亞戰爭》（台北：文英堂出版社，二〇〇二），頁三四－三五。這些美軍飛行員可能是由菲律賓飛往日本、朝鮮途經臺灣降落。

17 Georgr Keer著、陳榮成譯，《被出賣的台灣》（深耕出版，一九八九），頁六六－六七。日本外務省管理

主義青年團張士德。[18] 黃澄淵、黃昭明、張士德均非國民政府正式派遣來臺者，但日方將其視為盟軍代表，安排住入豪華的居所，並應其所請提供活動費用。[19] 福建省政府顧問黃澄淵曾任福州市市長，在國府正式人員尚未來臺前，他被視為國民政府代表，各地像「請媽祖」一般爭相請其出席會議與演講。[20] 美國戰略服務處福爾摩沙特遣單位認為他是蔣介石的私人代表，來臺任務是企圖建立農民、中央、交通、中國四家銀行以先行接收臺灣的金融資產，當時來臺空軍官員及其他人員只聽命於他。[21] 葛超智（George H. Kerr）

局總務部南方課所編的〈臺灣ノ現況〉則記八月下旬數名美國與中國軍人非正式來臺。參閱蘇瑤崇主編，《最後的臺灣總督府：一九四四—一九四六年終戰資料集》（台中：晨星出版有限公司，二〇〇四），頁一七四。美國戰略服務處福爾摩沙特遣單位的機密電報稱之為「美英任務小組」。參閱Nancy Hsu Flemimg著、蔡丁貴譯，《狗去豬來：二二八前夕美國情報檔案》（台北：前衛出版社，二〇〇九），頁六一。

18 李純青，〈台北一月—台灣訪問記之一〉原刊於天津《大公報》收入洪卜仁主編，《台灣光復前後（一九四三—一九四六）》（廈門：廈門大學出版社，二〇一〇），頁一五五。但葛超智（George H. Kerr）記張士德為九月五日抵台，參見Georgr Keer著、陳榮成譯，前揭《被出賣的台灣》，頁一二〇。

19 Georgr Keer著、陳榮成譯，前揭《被出賣的台灣》，頁六七—六八。

20 曾健民，《一九四五破曉時刻的台灣》（台北：聯經出版事業股份有限公司，二〇〇五），頁八九。杜聰明的回憶錄亦有提及黃澄淵來台時台北市長有熱烈歡迎他，杜聰明也陪同黃澄淵四處應酬。參閱杜聰明，《回憶錄》（台北：杜聰明博士獎學金管理委員會，一九七三），頁一一四。

21 美國戰略服務處福爾摩沙特遣單位的機密電報記為黃先生（Huang Tin Yen）或汪市長（Wong）。參閱Nancy Hsu Fleming著、蔡丁貴譯，前揭《狗去豬來：二二八前夕美國情報檔案》，頁六六、七四。

另說黃澄淵與張士德具軍統系統特務身分，來臺任務之一是要鼓動臺人，策劃於十月二十七日對在臺日人自動展開起義屠殺。[22] 張士德為臺籍人士，其抵臺時之職稱應為臺灣義勇隊上校副隊長，來臺後以三民主義青年團中央直屬臺灣區團籌備處總幹事之職稱進行組團工作。張士德與中美合作所閩南區指揮部上校參謀的黃昭明同為軍統系統，[23] 顯然在國民政府正式接收人員未抵臺前，具軍統特務身分中美合作所的人員已抵臺進行情報工作；而美國戰略服務處福爾摩沙特遣單位也於九月八日抵臺設點進行情搜，[24] 中、美盟國共同規劃〈台灣省收復計畫大綱〉，計畫還沒進行，就不約而同的在臺灣進行監控情報工作，檯面下互有動作。

九月二日盟軍最高統帥麥克阿瑟將軍在日本東京接受日本無條件投降總簽字後，中國戰區日軍投降簽字於九月九日於南京舉行，根據〈台灣省收復計畫大綱〉國府要求臺灣總督派軍政代表攜帶文件資料偕同指定之臺民耆望林獻堂、許丙、辜振甫等人參加受降典

22 Georgr Keer著、陳榮成譯，前揭《被出賣的台灣》，頁八八。

23 曾健民，前揭《一九四五破曉時刻的台灣》，頁八九。

24 美國戰略情服務處（OSS）其主要任務在於提供情報，以配合海陸軍進行作戰任務，為日後中央情報局（CIA）的前身。

禮。[25]同日蔣介石發布中國戰區最高統帥命令第一號，要求中國戰區受降之日軍完全受其節制指揮，日軍部隊長原有之司令部，均改為地區日本官兵善後連絡部，地區日本官兵善後連絡部長在傳達地區受降主官之命令，辦理地區日軍投降善後事項，不得主動發佈任何命令。[26]據此命令，在臺日軍司令官安藤利吉改稱為臺灣地區日本官兵善後連絡部長。[27]九月十三日中國陸軍總司令部發佈軍補字第三號命令，以空軍第一路司令張廷孟負責接收中國戰區之日本陸軍航空、海軍航空（機上艦除外）與民航之各部門及一切配屬設施。[28]負責接收日軍空軍的張廷孟司令，於九月十四日率參謀、處長、股長、譯員、報務員等十七人由南京飛抵台北進行在臺日軍空軍接收準備事宜，十六日飛抵澎湖，十八日返回南京，張廷孟司令在台北期間進行戰後首次中華民國國旗之升旗典禮。[29]中國陸軍

25 日本外務省管理局總務部南方課所編，〈臺灣ノ現況〉收入蘇瑤崇主編，前揭《最後的臺灣總督府：一九四四－一九四六年終戰資料集》，頁一七四。

26 中國陸軍總司令部編，〈中國戰區最高統帥命令第一號〉《中國戰區中國陸軍總司令部處理日本投降文件彙編（上卷）》（南京：中國陸軍總司令部，一九四六），頁七三－七九。

27 張瑞成編輯，〈中國臺灣省行政長官公署警備總司令部命令 署部字第一號〉前揭《光復臺灣之籌劃與受降接收》，頁二四四－二四五。

28 中國陸軍總司令部編，〈中國陸軍總司令部命令軍補字第三號〉《中國戰區中國陸軍總司令部處理日本投降文件彙編（下卷）》（南京：中國陸軍總司令部，一九四六），頁二三。

29 參見〈接收台北空軍基地 張廷孟等飛抵台灣〉上海《文匯報》一九四五年九月十六日、〈有史以來創舉

總司令部又於九月十六日發佈以空軍中校張柏壽為臺灣南部第二十二區空軍司令、空軍中校林文奎為臺灣北部第二十三區空軍司令；[30]九月中旬，空軍第二十二、二十三司令部先遣人員先後抵達台南、台北，依計劃分別接管台南、台北兩基地，以利空運。[31]同時期，美國陸軍派出一組專責人員到臺灣各地，搜尋死亡美軍、美俘的遺體、墳墓或美國飛機的殘骸。[32]

在國民政府正式接收部隊尚未到達之前，非正式的中、美軍政人員已登陸臺灣，中國軍統特務系統中美合作所人員來臺情搜，美國來了調查解放英美戰俘、美國戰略服務處、搜尋美軍遺體殘骸三組人馬，這些人員均非盟軍的接收代表，並無被授權與在臺日軍洽談受降接收事宜。

---

30 中國陸軍總司令部編，〈中國陸軍總司令部命令軍字第十六號〉前揭《中國戰區中國陸軍總司令部處理日本投降文件彙編（下卷）》，頁七。

31 臺灣警備總司令部接收委員會發行，《臺灣軍事接收總報告書》（台北：正氣出版社，一九四六），頁二五二或參見檔號：0034/1811.1/4010，案由：〈台灣軍事接收總報告〉，檔案管有機關：檔案管理局。

32 Georgr Keer著、陳榮成譯，前揭《被出賣的台灣》，頁七〇－七一。

我機昨飛抵澎湖〉上海《文匯報》一九四五年九月十七日、〈萬民同歡慶光復〉福建《東南日報》一九四五年十二月三日，收入洪卜仁主編，前揭《台灣光復前後（一九四三－一九四六）》，頁七四、七五、八五。關於張廷孟司令在台北進行戰後首次中華民國國旗之升旗典禮一事，《文匯報》記為九月十四日，《東南日報》記為九月十五日。

三、〈台灣省佔領計畫〉與前進指揮所

盟軍授權受降接收臺灣的單位為國民政府的臺灣省行政長官公署與臺灣警備總司令部，負責軍事接收的臺灣省警備總司令部自九月一日於重慶成立後開始辦公，初期因編制尚未奉頒，本部由參謀長柯遠芬主持，人員僅有參謀長柯遠芬、秘書邱濬、人事課長劉義和、參謀王廷棟、副官杜準五人；九月十日頒發本部組織章程及編制表，九月十七日奉頒關防印信，至十月九日赴臺前，人員增至共有官佐屬八十三員。臺灣省警備總司令部在渝期間主要之準備工作有：派員參加中國戰區受降典禮、批定〈台灣省佔領計畫〉、頒發遣臺部隊官兵守則、舉行中美參謀會報、組織編成人事補充考核、交涉海陸空各項交通運輸工具、與本部指揮部隊聯繫、商辦補充及補給事宜、成立前進指揮所籌備部隊登陸受降事宜。[33] 由上述可知，臺灣省警備總司令部在渝之準備工作有配合中央之活動、有事務性部外橫向聯繫、部內所屬指揮連絡與計畫批定等不同性質的工作進行，其中當以前進指揮所的設置與〈台灣省佔領計畫〉的批定最為重要。

臺灣省警備總司令部自成立後即與美軍連絡組（American Liaison Group）定期召開中

---

[33] 張瑞成編輯，〈臺灣警備總司令部軍事接收總報告（節略）〉前揭《光復臺灣之籌劃與受降接收》，頁二二四－二二七。

美參謀聯合會報，[34]在一九四五年九月份的中美參謀聯合會報會議中討論事項，關於前進指揮所的組成即為會議雙方討論的重點。在九月十九日的中美參謀聯合會報會議中，中、美雙方同意合組前進指揮所；九月二十二日的會議中則討論了合組前進指揮所的人數、前進指揮所的通信器材與前進指揮所的衛兵諸項問題；九月二十五日的會議中方提出前進指揮所的人員名單給美方，也決定前進指揮所赴臺的路線；在前進指揮所赴臺前十月一日的會議上，中方要求美方派軍機前去提取前進指揮所之經費並提出前進指揮所中方赴臺第二批的人員名單。[35]

九月二十八日，臺灣省警備總司令部、臺灣省行政長官公署與美方合組之前進指揮所設立，臺灣省行政長官公署秘書長葛敬恩兼任前進指揮所主任，臺灣省警備總司令部副參謀長范誦堯兼任副主任，共計有官佐四十七員。[36]前進指揮所兼任主任葛敬恩於九月二

---

34 一九四五年九月十九日的中美參謀聯合會報決議每周一、四上午十時召開會報。檔號：0034/003.7/4010，案由：〈第四次中美參謀聯合會報紀錄〉，檔案管有機關：檔案管理局。

35 檔號：0034/003.7/4010，案由：〈第四次中美參謀聯合會報紀錄〉、〈第五次中美參謀聯合會報紀錄〉、〈第六次中美參謀聯合會報紀錄〉、〈第七次中美參謀聯合會報紀錄〉，檔案管有機關：檔案管理局。

36 張瑞成編輯，〈臺灣警備總司令部軍事接收總報告（節略）〉前揭《光復臺灣之籌劃與受降接收》，頁二二七。十月四日中國陸軍總司令部命令臺灣省行政長官公署前進指揮所於十月五日至八日逕飛台北參閱中國陸軍總司令部編，〈中國陸軍總司令部命令軍字第十六號〉前揭《中國戰區中國陸軍總司令部處理日本

十五日事先由台北地區空軍林文奎司令密譯電轉日軍臺灣軍參謀長諫山春樹與林獻堂，要求代辦準備前進指揮所之人員辦公處所、交通工具、生活用具、廚司差役等事項。[37] 十月五日，前進指揮所官兵七十一名與美軍連絡組人員共一一五人，分乘五架美軍運輸機，由重慶經上海飛抵台北。[38] 次日在臺灣總督官邸前舉行升旗典禮，[39] 前進指揮所辦公室設於圓山町的南方資料館，其之主要任務有：派遣參謀偕美軍連絡官赴港口調查狀況、基隆成立辦事處、調查營房容量與台北金融經濟、監視日軍調動。[40] 前進指揮所的設置，為臺

投降文件彙編（下卷）》，頁十七。

37 檔號：0034/002.6/4010.2，案由：〈本指揮所本日赴台請先代辦數事〉，檔案管有機關：檔案管理局。

38 日本外務省管理局總務部南方課所編，〈臺灣ノ況〉收入蘇瑤崇主編，前揭《最後的臺灣總督府：一九四四－一九四六年終戰資料集》，頁一七五。

39 檔號：0034/002.6/4010.2，案由：〈電報本所人員到達台北後之工作情形〉，檔案管有機關：檔案管理局。

40 張瑞成編輯，〈臺灣警備總司令部軍事接收總報告（節略）〉前揭《光復臺灣之籌劃與受降接收》，頁二二七－二二八。南方資料館為一九四〇年九月六日，由後宮信太郎捐贈款給臺灣總督府所成立。戰後國府來臺後由中國旅行社接收改為台北招待所（Taipei Guest House）。一九五五年四月二十五日美國在臺灣設立美國福爾摩沙防衛司令部（U.S. Formosa Defense Command）後改稱為美國臺灣防衛司令部（U.S. Taiwan Defense Command），由美國海軍第七艦隊司令兼任臺灣防衛司令，總部就設在原南方資料館，中、美斷交後撤離。該處土地上的建物已拆除，現為台北市政府工務局公園路燈工程管理處圓山公園管理所民族苗圃，一部分作為中山計程車服務站。

灣省警備總司令部軍事佔領接收臺灣的先遣單位，亦為〈台灣省佔領計畫〉之規劃實施。

〈台灣省佔領計畫〉的擬定，係因國府在九月四日檢發計畫給陳儀後，臺灣省警備總司令部參謀長柯遠芬遂於九月十二日指示速擬佔領計畫。[41] 臺灣省警備總司令部即著手規劃擬定佔領計畫，佔領計畫以〈台灣省收復計畫大綱〉為原則，但更著重於實際執行部分，由臺灣省警備總司令部與美軍連絡組共同研擬，也是中、美合作的產物。九月二十五日，臺灣省警備總司令部將所擬定之〈台灣省佔領計畫〉翻譯送交美方，九月二十七日，中美參謀聯合會報報告部隊來臺之海運計畫；[42] 十月四日，臺灣省警備總司令部將此份列為「極機密」的計畫頒發給規劃將來臺進行軍事佔領接收的六十二軍與七十軍遵照實施，十月七日又將佔領計畫呈送軍事委員會委員長蔣介石與陸軍總司令何應欽備核。[43]

〈台灣省佔領計畫〉分為方針、指導要領、佔領部署、解除日軍武裝、接收、警戒搜索、交通通信、補給衛生、謀略宣傳、戰俘戰犯十大項共四十條。〈台灣省佔領計畫〉明

41　檔號：0034/002.6/4010.2，案由：〈派該長官兼任台灣省警備總司令檢發收復計劃大綱一份〉，檔案管有機關：檔案管理局。

42　檔號：0034/003.7/4010，案由：〈第六次中美參謀聯合會報紀錄〉、檔號：0034/003.7/4010，案由：〈第七次中美參謀聯合會報紀錄〉，檔案管有機關：檔案管理局。

43　檔號：0034/002.6/4010.2，案由：〈須發台灣省佔領計劃一份希參照擬具計劃實施報核〉，與檔號：0034/002.6/4010.2，案由：〈呈報台灣省佔領計劃請核備〉，檔案管有機關：檔案管理局。

言佔領之最後目的在於掩護接收，其規劃計畫重要預定執行期程如下：

（一）十月八日以前，前進指揮所抵臺，擔任傳達、連絡、監視、調查、部署、準備之業務。

（二）十月十二日，開始向臺灣輸送正規部隊，台北地區指揮官第七十軍軍長陳孔達率部於鎮海開始登船向淡水輸送。

（三）十月二十日以前，臺灣省警備總司令部人員到達台北市，臺灣省警備總司令視情況於日軍簽降前到達。

（四）十月二十五日以前，臺灣省警備總司令部直屬部隊到達台北市，依狀況擔任台北市區之警戒任務。

（五）十一月，台南地區指揮官第六十二軍軍長黃濤率部於海防開始登船向高雄輸送登陸。

（六）日軍投降儀式預定於後啟運之軍（六十二軍）登陸後在台北舉行。

〈台灣省佔領計畫〉計畫在國軍啟運登陸前，要求日軍先撤出市區二十公里至指定地點，以利國軍登陸佔領部署；為震懾日軍，除啟運前將各部隊之番號改為代號保持機密外，並擴大宣傳中國將由國內續來之兵力。在臺灣日軍舉行受降時，應以命令規定日本陸海空軍之集中地點，於日軍司令官簽降後開始解除日軍武裝。解除日軍武裝分由臺灣省警備總司令部直屬部隊、七十軍軍長、六十軍軍長、馬公要港司令、台北空軍地區司令、台南空軍地區司令主持進行，日軍持有之車輛馬匹由國軍部隊收繳後轉交軍政部接收，如要留用需向中央請准後方得留用。[44]

前進指揮所抵臺後，交付給在臺日軍司令官安藤利吉〈臺軍字第一、二、三號備忘錄〉與前進指揮所兼副主任范誦堯和日軍諫山春樹參謀長的兩次談話記錄，均是以〈台灣省佔領計畫〉規劃之國軍登陸預備工作為重點。[45] 陳儀雖未抵臺，其於十月八日也因〈台灣省佔領計畫〉之規劃來臺之七十軍的軍律不佳、軍紀欠嚴等事項，特別電文交代前進指揮所兼主任葛敬恩要詳加注意。[46]

---

44 檔號：0034/002.6/4010.2，案由：〈派該長官兼任台灣省警備總司令檢發收復計劃大綱一份〉，檔案管有機關：檔案管理局。

45 備忘錄與談話記錄參閱張瑞成編輯，〈臺灣警備總司令部軍事接收總報告（節略）〉前揭《光復臺灣之籌劃與受降接收》，頁二三三－二四五。前進指揮所要求在臺日軍停止敵對行為；不得向非台灣省警備總司令指揮之部隊投降；所有武器、船艦、車輛及交通通信設施、機場、海港，應保存聽候呈繳；海陸障礙物限期清理；盟國戰俘，應恢復其自由妥善保護。並準備各種圖冊資料，包括：各種比例的軍用海圖地圖、兵力配備要圖、軍官名冊、軍品存放數量位置圖表、工廠詳細資料、艦艇及其存料清冊、損毀情形圖表等，總數多達二十四種，另命令日軍準備軍糧七十二萬公斤，以供國軍到達臺灣初期之用。

46 檔號：0034/002.6/4010.2，案由：〈電知本署抵台日期及七十軍軍紀欠嚴等事項〉，檔案管有機關：檔案管理局。

臺灣省行政長官公署與臺灣省警備總司令部官員二百餘人，於十月九日分乘八架運輸機自重慶飛抵上海，十二日登美艦次日抵寧波，十五日隨同七十軍由寧波開往基隆，十七日上午登陸基隆，轉乘火車抵台北，十八日開始辦公，七十軍登陸後進行軍事佔領之部署。十月二十三日，臺灣省警備總司令部特務團與海軍第二艦隊司令部抵臺，次日陳儀與憲兵團團部抵臺，二十五日舉辦臺灣地區日軍受降儀式，因本部人員抵臺，階段性間接統治任務完成，前進指揮所宣告撤銷結束。[47]

前進指揮所在十月五日至二十五日來臺設置期間，除辦理首次國慶慶典外，主要偵察基隆港口與機場的狀況，並設立了基隆前站，作為執行〈台灣省佔領計畫〉國軍部隊登陸的前哨。[48] 前進指揮所先後發了三次公告，強調現行貨幣流通、事業安心經營、學校繼續上課；前進指揮所辦公時間還設有公務接見、特約接見、新聞訪問、普通訪問之時間，安定了當時臺灣的民心。[49] 陳儀抵臺後，於十月二十八日頒發〈行政長官公署署字一號

47 檔號：0034/109.3/4010，案由：〈本部成立經過、前進指揮所之派遣、兼總司令及總部人員來臺經過工作報告書〉，檔案管有機關：檔案管理局。

48 前進指揮所在七〇軍登陸前安排日軍部隊撤退與登陸國軍之運輸相關事宜。參閱檔號：0034/002.6/4010.2/2，案由：〈本屬及七十軍人員即將抵台將有數項希交日方實施〉、檔號：0034/002.6/4010.2，案由：〈前進指揮所收發文登記簿二本〉，檔案管有機關：檔案管理局。

49 檔號：0034/002.6/4010.2，案由：〈通告本指揮於民國卅四年十月五日到達任所六日開始辦公並公佈各項事

命令〉並舉行臺灣地區軍事接收委員會會議，討論臺灣地區軍事接收委員會之組織章程與接收辦法，另於十月三十日頒佈〈台灣地區軍事接收委員會組織規程〉[50]與〈臺灣省警備總司令部軍字第一號命令〉，明令十一月一日起開始，進行軍事佔領接收，戰後臺灣地區軍事佔領接收的籌備準備階段宣告結束。[51]

小結

戰後中國對於臺灣佔領接收的規劃，最初源於臺調會所擬定的〈臺灣接管計劃綱要〉，但因受限於擬定當時的現實狀況，國民政府很難以直接以武力收復臺灣，因此〈臺

項〉，檔案管有機關：檔案管理局。

50 檔號：0034/002.6/4010.2，案由：〈頒發台灣地區軍事接收委員會組織規程仰遵照〉，檔案管有機關：檔案管理局。〈台灣地區軍事接收委員會組織規程〉與〈台灣省行政長官公署警備總司令部軍事接收委員會組織規程〉內容有部分不同，〈台灣地區軍事接收委員會組織規程〉為台灣省警備總司令部所擬，專為軍事接收。〈台灣省行政長官公署警備總司令部軍事接收委員會組織規程〉參閱張瑞成編輯，〈台灣省行政長官公署警備總司令部軍事接收委員會組織規程〉前揭《光復臺灣之籌劃與受降接收》，頁五〇九－五一一。

51 檔號：0034/701.1/4010.2，案由：〈臺灣區日本物資接收處理案〉，檔案管有機關：檔案管理局與張瑞成編輯，〈臺灣省行政長官公署署字一號命令〉、〈臺灣省警備總司令部命令軍字第一號〉前揭《光復臺灣之籌劃與受降接收》，頁二四四－二四五、二四六－二五〇。

灣接管計劃綱要〉中未有任何登陸、佔領臺灣的規劃。一九四五年八月十五日，日本宣告投降二戰結束，國府根據「一般命令第一號」取得非屬中國戰區臺灣的受降權，對臺灣進行軍事佔領與接收。為對臺灣實施軍事佔領接收，中國陸軍總司令部與駐華美軍總司令部遂共同擬定〈台灣省收復計畫大綱〉，以作為國民政府進佔臺灣、澎湖，解除日軍武裝進行接收一切法定領土、人民、治權、軍政設施及資產之行動計畫。

〈台灣省收復計畫大綱〉分為方針、實施要領、軍事、政治、經濟、宣傳六大項，係以國民政府軍事佔領接收臺灣為主軸，故各項目中均有與軍事接收相關之設想條文，詳列了國府實際軍事接收臺灣的步驟與方法，強調以軍領政，並有防範日軍反動之設想。據此，負責臺灣的軍事佔領接收的臺灣省警備總司令部於九月一日成立，臺灣省警備總司令由臺灣省行政長官兼任，在政治上實施軍事管理。〈台灣省收復計畫大綱〉為中、美共同研議而成，研議時間不到半個月，顯然相當急促，但其補充了〈臺灣接管計畫綱要〉中軍事部分的不足，成為國府指導陳儀佔領接收臺灣的重要指南。

在國府正式接收人員尚未到達之前，非正式的中、美軍政人員卻已登陸臺灣，中國軍統特務系統中美合作所人員來臺情搜，美國軍方派遣調查解放英美戰俘、美國戰略服務處、搜尋美軍遺體殘骸三組人員抵臺，這些人員均非盟軍的接收代表，並無被授權與在臺日軍洽談受降接收事宜。

負責臺灣軍事接佔領收的臺灣省警備總司令部自九月一日成立後開始辦公，臺灣省警備總司令部在重慶期間主要之準備工作，以前進指揮所的設置與批定〈台灣省佔領計畫〉最為重要。臺灣省警備總司令部自成立後即與美軍連絡組定期召開中美參謀聯合會報，會報中中美雙方同意合組前進指揮所，遂於九月二八日由臺灣省行政長官公署、臺灣省警備總司令部與美方顧問團合組前進指揮所。前進指揮所為臺灣省警備總司令部軍事佔領接收臺灣的先遣單位，其之主要任務包含調查港口狀況、調查營房容量、基隆成立辦事處、監視日軍調動等，為國軍登陸做準備工作。

臺灣省警備總司令部亦根據〈台灣省收復計畫大綱〉，進而與美軍連絡組共同研擬〈台灣省佔領計畫〉。〈台灣省佔領計畫〉分為方針、指導要領、佔領部署、解除日軍武裝、接收、警戒搜索、交通通信、補給衛生、謀略宣傳、戰俘戰犯十大項，佔領計畫以〈台灣省收復計畫大綱〉為原則，但更著重於實際執行部分，但同樣均為中、美合作的計畫。〈台灣省佔領計畫〉明言佔領之最後目的在於掩護接收，而前進指揮所的設置與日後日軍之受降、國軍之登陸均為〈台灣省佔領計畫〉之規劃實施。

前進指揮所存在期間雖僅二十日，但其在國府未軍事正式佔領接收臺灣之前，在政權交接青黃不濟之時，不僅執行了〈台灣省佔領計畫〉的規劃，也對當時局勢感覺未明的臺灣人民，有安定象徵意義的功用。

戰後由中、美雙方對臺灣軍事佔領接收的籌備準備過程來看，可以察覺國府對軍事佔領接收臺灣在終戰前並無實際規劃。國府在設立臺灣調查委員會之前，有設立收復臺灣籌備委員會或臺灣設省籌備委員會的意見，臺調會設立後亦有請設臺灣接收委員會的建議，但國府始終未接受，而將對臺灣的政策主軸先設定在調查。[52]臺調會規劃的〈臺灣接管計劃綱要〉無法實際施用於登陸佔領臺灣，中、美合作的〈台灣省收復計畫大綱〉、〈台灣省佔領計畫〉規劃時間匆促，衍生出後續執行的問題，如接收的多頭馬車、軍種間不協調等。

非正式盟軍人員來臺進行活動與情報建置，反映出戰後初期國府對臺灣接收並無一整體規劃，當時國府將光復區之接收重點置於中國東北，相較於東北，臺灣沒有共軍與俄軍，佔領接收問題較為單純，〈台灣省佔領計畫〉也在頒發實施後才呈軍事委員會備核。〈台灣省佔領計畫〉在十月四日即頒發給規劃將來臺進行軍事接收佔領的陸軍六十二軍與七十軍遵照實施，卻到十月二十二日才電知負責臺灣空軍接收的空軍第二十二、二十三司令，而空軍人員卻是在九月中旬早已登陸臺灣，頒發的時間差說明臺灣的軍事佔領接收

52 張瑞成編輯，〈行政院秘書處上蔣委員長有關收復台灣政治準備工作及組織人事等具體辦法呈文〉、〈國民參政會參政員李荐廷等六人提「請即設立臺灣接收委員會案」〉前揭《光復臺灣之籌劃與受降接收》，頁四一－四二、一〇－一一。

上，臺灣警備總司令部對各軍種並未等同視之，各軍種間的聯繫亦存在著隔閡，此為日後各軍種產生接收糾紛的原因之一。[53] 行政長官陳儀雖兼任警備總部司令，但來臺進行佔領接收的軍隊非其所選擇，故陳儀對來臺軍隊軍紀問題相當憂心，海、空軍的受降接收又有美軍的插手，相較於行政部分接收的籌備，國府對臺灣軍事佔領接收的籌備準備顯得相當倉促且充滿中美合作的色彩。〈台灣省佔領計畫〉注意到收復臺灣需著重於人心收復，陳儀也注意到部隊之軍紀，但由日後發生的省籍衝突來看，國府執行的〈台灣省佔領計畫〉顯然沒有考慮到在地臺人的感受，對收復人心是失敗的。

---

53 檔號：0034/002.6/4010.2，案由：〈為電知空軍廿二廿三地區司令擬定之台灣省佔領計劃業經核准由〉，檔案管有機關：檔案管理局。如陸軍與海軍在接收後即發生接收砲台之爭議。參考檔號：0035/587/4010，案由：〈為再請迅飭高雄要塞司令部將左營荒鷲二高射砲台交還海軍第三基地司令部接管以保全軍港價值而利國防由〉，檔案管有機關：檔案管理局。另如早被空軍接收的高射砲，陸軍卻指控日軍隱匿不願交出等。參閱蘇瑤崇主編，《台灣終戰事務處理資料集》（台北：台灣古籍出版有限公司，二〇〇七），頁九三—九四。

第四章　國民政府對臺灣軍事接收的執行

受降、接收、復員為戰後國民政府當務之急的工作，所謂受降為接受日本的軍事投降，重點在於受降軍隊繳械[1]；所謂接收為接管日本在中國的控制區，包含收復區與光復區；所謂復員不僅是復原，除恢復戰前的情形外，更要有進一步的建設與新的規劃。[2] 受降、接收、復員三事項，依程序而言，應為先受降再接收，接收後進行復員，以執行層面來看，受降屬軍事事務為主，接收約略可分為軍事接收與行政接收，軍事接收以軍事佔領構成行政接收的必要條件，復員則範疇廣大，亦包含軍事復員在內。受降工作除受降儀式外，解除日軍武裝往往被規劃為軍事接收佔領的前置工作，成為軍事接收工作的一部

1 參閱各地區日軍投降時應注意事項，中國陸軍總司令部編，〈中國陸軍總司令部命令軍字第九號〉《中國戰區中國陸軍總司令部處理日本投降文件彙編（下卷）》（南京：中國陸軍總司令部，一九四六），頁四－五。

2 林桶法，《從接收到淪陷──戰後平津地區接收工作之探討》（台北：東大圖書公司，一九九七），頁一－二與林桶法，《戰後中國的變局──以國民黨為中心的探討（一九四五－一九四九年）》（台北：臺灣商務印書館，二〇〇三），頁七。

分，是以戰後國府的接收工作無不以軍事接收為優先，軍事接收未完成，其他接收工作無法有效進行，更遑言復員，故軍事接收實為戰後國府對佔領臺灣最重要的工作。

終戰前後國民政府對臺灣的接收籌備，歷經了一段波折的歷程。一九四五年八月十五日，日本宣告接受波茨坦宣言投降，戰後國民政府取得原非屬中國戰區臺灣地區的受降權，落實了國府軍事佔領、接收臺灣的可能，為此中國陸軍總司令部與駐華美軍總司令部，共同擬定了〈台灣省收復計畫大綱〉，[3]補充了〈臺灣接管計劃綱要〉軍事接收部分的之不足。國府檢發的〈台灣省收復計畫大綱〉即為接收臺灣的準則。

臺灣省警備總司令部與美軍連絡組（American Liaison Group）依據〈台灣省收復計畫大綱〉規劃〈台灣省佔領計畫〉，[4]作為進行臺灣軍事接收部隊的佔領執行計畫。[5]十月二十八日，行政長官兼警備總司令陳儀舉行臺灣地區軍事接收委員會會議，討論臺灣地區軍事接收委員會之組織章程與接收辦法，十月三十日頒佈〈台灣地區軍事接收委員會組

3 檔號：0034/002.6/4010.2，案由：〈派該長官兼任台灣省警備總司令檢發收復計劃大綱一份〉，檔案管有機關：檔案管理局。

4 檔號：0034/002.6/4010.2，案由：〈頒發台灣省佔領計劃一份希參照擬具計劃實施報核〉，檔案管有機關：檔案管理局。

5 楊護源，〈〈台灣省收復計畫大綱〉與〈台灣省佔領計畫〉的簡介與史料價值〉，《台灣史料研究》第四十四期（二〇一四年十二月）頁九二。

織規程〉[6]，並明令十一月一日起，進行臺灣的軍事接收佔領。[7]

臺灣軍事接收的歷程，臺灣省警備總司令部於一九四六年六月有編輯刊印《臺灣警備總部接收總報告書》（簡稱總報告書），總報告書分為臺灣軍事接收準備、臺灣地區降敵之概況、臺灣軍事接收經過概要、俘虜管理、俘虜之遣送、接收軍品之點驗及集中處理六篇。總報告書內容涉及受降、接收、點驗、集中與日俘等議題，為目前記述戰後臺灣軍事接收的重要史料，也是本章研究引用的基礎史料之一，然該書因編輯方式為採執行軍事接收各單位之報告書統合編輯而成，除體例不一外，亦顯得零散且無系統，也有資料殘缺或錯亂的狀況。[8]因總報告書之內容多為分門之資料編輯與表格，閱讀後並無法得知國府對臺灣的軍事接收整體是在怎樣的架構下進行，軍事接收過程法規實施後是否能達成預定目標，各軍種組別在軍事接收實務上是否有因認知差異產生的糾紛，總報告書並無法解決上

---

6 檔號：0034/002.6/4010.2，案由：〈頒發台灣地區軍事接收委員會組織規程仰遵照〉，檔案管有機關：檔案管理局。

7 張瑞成編輯，〈臺灣省警備總司令部命令軍字第一號〉，前揭《光復臺灣之籌劃與受降接收》，頁二四六－二五〇。

8 如臺灣軍事接收的分組實為陸軍三組、海軍、空軍、軍政、憲兵共七組，總報告書有些部分則將空軍再分為兩組而以八組計。臺灣省警備總司令部接收委員會，《臺灣警備總部接收總報告書》（台北：正氣出版社，一九四六），頁十七。

述動態類的問題，而這也是本章試圖探究的重點。

一、戰後在臺日軍的情勢

一九四五年八月十日深夜，臺灣總督兼第十方面軍司令安藤利吉經由幕僚杉浦成孝報告得知，日本政府決定接受同盟國對日本招降的波茨坦宣言，之後安藤對杉浦說：「你有沒有想過戰敗是怎麼一回事？……歷史在證實戰敗的意義非常重大，對以後的影響也非常大，目前，日本正面著這種重大的體驗，今後將來臨的困難一定比戰爭更嚴重。」[9] 八月十五日的玉音放送廣播，昭和天皇明白的告知臣民大日本帝國戰敗，在臺之軍民聞訊，一時之間多無法置信，接而或悲憤慷慨、號泣或呆然自失。[10] 參謀部情報班成員春見二三男回憶，當日被集合聆聽天皇廣播，部隊長在精神講話後，下達如遭美軍攻佔必須全員玉碎的命令；駐紮關廟的第十二師團，師團長人見秀三中將為戰敗負責引刃自盡；密碼班

9 諫山春樹等原著、財團法人日本文教基金會編譯，《秘話・台灣軍與大東亞戰爭》（台北：文英堂出版社，二〇〇二），頁七三。

10 諫山春樹等原著、財團法人日本文教基金會編譯，前揭《秘話・台灣軍與大東亞戰爭》，頁九〇、一〇〇。蘇瑤崇主編，〈大詔渙發後ニ於ケル島內治安狀況並警察措置（第一報）〉、〈台灣統治終末報告書〉《最後的總督府：一九四四—一九四六年終戰資料集》（台中：晨星出版有限公司，二〇〇四），頁一一九、二六〇。

成員常光定吾，記錄八月十七日軍司令部發生舉槍自盡的事件；[11] 同日駐守台北松山機場第八飛行師團的特攻隊員高喊著要繼續戰鬥，經總督府安撫後才沒釀成暴動。[12]

一般軍官對日本戰敗頗不服氣，總覺得是敗於美軍火力強大與原子彈，非敗於戰略、戰術或戰鬥，更不是敗於中國官兵之手；[13] 部分少壯軍人不相信日本戰敗，拒絕投降，揚言臺灣軍至今未損一兵一卒，打算必要時與登陸軍隊單獨作戰。[14] 終戰時在臺日軍，依據統計方式的不同，在十七至二十二萬人上下（參閱表4-1），[15] 因在臺徵召入伍的台

---

11 諫山春樹等原著、財團法人日本文教基金會編譯，前揭《秘話・台灣軍與大東亞戰爭》，頁一一九、九一、一〇六。

12 鈴木茂夫著、陳千武譯，《台灣處分一九四五年》（台中：晨星出版有限公司，二〇〇三），頁一九〇、二六〇與蘇瑤崇主編，〈第十方面軍復員史資料〉《台灣終戰事務處理資料集》（台北：台灣古籍出版有限公司，二〇〇七）頁七一。

13 劉鳳翰，《日軍在臺灣（下）》（台北：國史館，一九九七），頁六五二—六五三。

14 周婉窈主編，《臺籍日本兵座談會并相關資料》（台北：中央研究院臺灣史研究所籌備處，一九九七），頁一二一與鍾逸人，《辛酸六十年》（台北：前衛出版社，一九九三），頁二七六。

15 終戰時在臺日軍為第十方面軍，第十方面軍為一九四四年九月原臺灣軍擴編而來，防衛區域也將琉球之南西諸島與位巴士海峽的巴丹島、巴布揚島劃入，故戰後第十方面軍的兵員統計是有包含非臺灣地區的日軍在內，如表4-1內之《秘話・台灣軍與大東亞戰爭》的兵員統計即為一例。防衛廳防衛研究所戰史室，《沖繩台灣硫磺島方面陸軍航空作戰》（東京：朝雲新聞社，一九七〇），頁一九三。

表4-1　戰後在臺日軍人數表

資料來源	陸軍人數	海軍人數	合計人數	備註
《臺灣警備總部接收總報告書》頁26-32	165,219	49,768	214,987	以軍管區、五個師、六個獨立旅團、一個飛行師與高雄警備府（含軍屬）統計
《日軍在臺灣》頁648-652	167,474	54,776	222,252	以軍管區、五個師、六個獨立旅團、一個飛行師與高雄警備府（含軍屬）統計
《秘話・台灣軍與大東亞戰爭》頁9-10	128,080	46,713	174,793	以軍管區、五個師、七個獨立旅團、一個飛行師與高雄警備府（不含軍屬）統計

灣人在日本戰敗後可立即復員回鄉，故戰後在臺日軍人數應在十五至十七萬人左右。[16] 陳逸松曾指出：「日本軍方更難接受投降的事實，……主戰派認為臺灣還有十七萬裝備精良的日軍，三十多萬日本居民，足夠的存量

16 阿部賢介，《關鍵的七十一天—二次大戰結束前後的臺灣社會與臺灣人之動向》（台北：國史館，二〇一三），頁一〇九。

及武器，他們要為臺灣獨立而戰，寧為玉碎，誓死奮戰到底。」林獻堂也在八月底的日記中透露出對於在臺日軍動向的隱憂。[17]

臺灣總督兼第十方面軍司令官安藤利吉在八月十五日玉音放送後，也於晚間七點二十分以廣播的形式公布總督「諭告」，除宣告天皇的御旨外，肯定臺灣軍民在戰爭中的盡忠至誠，其將貫徹援助復興戰災、增產糧食、確保經濟秩序、維持治安、穩定島民生活，要全島軍民信賴軍官的措施，不要輕舉妄動，強調要奉行大詔，粉身碎骨地開創國運。[18]八月十六日安藤利吉在司令部召開參謀長會議，次日召開總督府部局長會議，在軍、政會議中安藤都一再強硬的確認「承詔必謹」，無條件遵從天皇的命令的決心，以防止軍隊暴動，也要求部隊維持作戰體制以防萬一，強力壓制消除日本軍民對戰敗的不滿。[19]安藤利吉在十七日的會議中曾對總督府的官員訓示：「我自己在第一次世界大戰之後，擔

17 陳逸松口述、吳君瑩記錄、林忠勝撰述，《陳逸松回憶錄》（台北：前衛出版社，一九九四），頁二九五。林獻堂著、許雪姬編註，《灌園先生日記（十七）一九四五年》（台北：中央研究院臺灣史研究所，二〇一〇），頁二五九。

18 《臺灣總督府官報》〈號外〉（昭和二十年八月十五日）與阿部賢介，前揭《關鍵的七十一天——二次大戰結束前後的臺灣社會與台灣人之動向》，頁七六。

19 阿部賢介，前揭《關鍵的七十一天——二次大戰結束前後的臺灣社會與台灣人之動向》，頁一一三與蘇瑤崇主編，〈第十方面軍復員史資料〉前揭《台灣終戰事務處理資料集》，頁七〇—七一。

任駐英大使館的武官，由當時的經驗來看，進駐台灣的軍隊或許會留用必要的人，但原則上所有的日本人都會被遣送回國，因此諸君必須冷靜的擔任此項任務，對於平穩的完成遣送而盡力。」[20]顯然安藤以軍人服從的精神，決心完成天皇命令的執行，妥善的處理戰敗的後續事務，對於戰敗的不滿或誓死奮戰到底甚至臺灣獨立，並不是他可以作的選項。但其實安藤心中也有「台灣二十多萬軍隊，未交一戰即告投降，內心甚為痛苦」的無奈。[21]

在台灣軍政最高官員安藤利吉確認「承詔必謹」的方向後，軍政單位立即著手進行投降事務相關的文書作業，[22]在臺日軍也開始焚燬內部文件，如密碼本、人員名冊等。[23]八月二十日安藤召開兵團長會議，安藤再度要求全軍一體執行天皇命令，防止離隊逃亡事

20 富沢繁，《台湾終戦秘史》（東京：いずみ出版株式會社，一九八四），頁八六。
21 《臺灣新生報》（民國三十五年三月十八日）。
22 相關的文書事項非常的多，工作人員以四苦八苦、與猛暑疲勞警張戰鬥來形容工作情形。參閱富沢繁，前揭《台湾終戦秘史》，頁八三—八六。
23 黃有興編，〈日本馬公海軍工作部對澎湖的影響—以考、訓、用澎籍員工為例〉《日治時期馬公要港部：臺籍從業人員口述歷史》（馬公：澎湖縣文化局，二〇〇四），頁三三—三四與諫山春樹等原著、財團法人日本文教基金會編譯，前揭《秘話・台灣軍與大東亞戰爭》，頁一〇四、一一九—一二〇。

件，靜待後續處置。[24]為連絡投降事宜安藤利吉於八月二十二日與二十五日派遣第十方面軍參謀長諫山春樹與總督府鉱工局長森田俊介分別至中國南京與日本東京進行聯繫。

諫山春樹在南京參加了中國戰區受降典禮，並與陳儀的幕僚長葛敬恩進行會談，葛敬恩要求日方先需準備有關在臺日軍之相關簿冊、在臺日軍集中三處靜候繳械並可自行從事給養生產事宜。[25]為佔領軍駐臺前之準備，安藤利吉也選任了五位參謀：杉浦（總務）、西浦（作戰、運輸）、澀谷（航空）、安藤（接收、後方）、中村（對美軍之連絡、俘虜），處理接收業務並製作第一次軍用品接收目錄。[26]隨著在臺日軍接受日本戰敗的方針明朗與局勢的穩定，在九月中旬的兵團長會議決定，依據諫山參謀長帶回的中方指示，在臺日軍遵照天皇詔敕，本持著「我等不是俘虜的觀點」，全體將士將自主性的解除武裝與進行「自活」[27]，武器不是被敵人繳械，而是為減少與進駐軍（佔領軍）間的磨差，積極的協助進駐軍，此為最有利雙方的判斷，故將自動解除之武器，整理妥善後集中於全島

24 蘇瑤崇主編，前揭〈第十方面軍復員史資料〉《台灣終戰事務處理資料集》，頁七一—七二。
25 檔號：0034/003.7/4010，案由：〈第六次中美參謀聯合會議〉，檔案管有機關：檔案管理局。
26 諫山春樹等原著、財團法人日本文教基金會編譯，前揭《秘話・台灣軍與大東亞戰爭》，頁三三—三四。其中參謀杉浦應為杉浦孝成，西浦應為西浦節三，安藤應為安藤正。
27 自活為軍隊自行生產糧食等補給物品。

數百個地點放置，並製成目錄以待進駐軍接收。[28]在自動解除武裝的過程中，以軍人身分面臨最大的困難，是軍旗與天皇御像的焚燬，在進駐軍未登陸前，軍方將全島各部隊的軍旗與天皇御照集中於台北市富田町司令部西側廣場，在晚上七時三十分左右，由安藤利吉大將主持奉燒。[29]海軍上校安延多計夫回憶：「在終戰後的某一個夜裡，我在宿舍附近看到正在燒台灣軍部隊的幾面軍旗，站在旁邊的旗手和團長臉上都流著眼淚。雖然，我不是陸軍，但是我卻能了解官兵們誓死保護這一面代表天皇的軍旗的歷史。我也深深感覺到我們的確已經戰敗了。」[30]軍旗的奉燒雖是軍令的執行，但也反映出在安藤承詔必謹的態度下，在臺日軍在心態上已漸接受戰敗的事實；將視為部隊精神的軍旗焚燒，象徵著部隊軍魂的喪失，失去軍魂與武器，不再具有帝國軍人的榮耀，成為徒具部隊編制，背負著戰敗恥辱、失望、挫折、不滿，自活等待著佔領軍進駐遣返的喪家之犬。

戰敗的混亂中，有些軍官將大批軍用物資盜賣，以不淨之財過著夜夜酒池肉林的生活。部分士兵逃亡或以在臺灣有家眷、親戚或職業為由，申請復員，然離開軍營後投靠無門，在物價高漲的台北或其他都市過著流浪的生活，陷入三餐不繼的困境中，有的淪為街

28 蘇瑤崇主編，前揭〈第十方面軍復員史資料〉《台灣終戰事務處理資料集》，頁八三。
29 蘇瑤崇主編，前揭〈第十方面軍復員史資料〉《台灣終戰事務處理資料集》，頁七六－七七。
30 諫山春樹等原著、財團法人日本文教基金會編譯，前揭《秘話・台灣軍與大東亞戰爭》，頁七九－八〇。

頭販賣包子、香菸的小販或板車拉夫，有的又再度歸隊等待遣返。[31]

二、戰後國府軍事接收臺灣的準備

戰後國府軍事接收臺灣的準備如前所述，因日本投降過於迅速，使國民政府連迎接勝利的準備時間都沒有，[32]接收千頭萬緒，國府至八月二十七日才發佈以陳儀擔任臺灣省行政長官，又兼任臺灣及澎湖島嶼受降主官。[33]九月四日，國民政府軍事委員會派任陳儀兼任臺灣省警備總司令，負責臺灣地區的軍事接收，命令其指揮第六十二軍、第七十軍與第二〇八師、第二〇九師與憲兵一團等部，負臺灣及澎湖列島之受降、接收、警備等全權任務。[34]

31 諫山春樹等原著、財團法人日本文教基金會編譯，前揭《秘話・台灣軍與大東亞戰爭》，頁四〇－四一與劉鳳翰，前揭《日軍在臺灣（下）》，頁六五二。

32 邵毓麟，《勝利前後》（台北：傳記文學出版社，一九七七），頁七五。

33 張瑞成編輯，〈國民政府主席蔣中正特任陳儀維臺灣省行政長官手諭〉、〈中國戰區中國陸軍總司令部致岡村寧次中字第十八號備忘錄〉《光復臺灣之籌劃與受降接收》（台北：中國國民黨中央委員會黨史會，一九九〇），頁一四九、一八五。

34 檔號：0034/002.6/4010.2，案由：〈派該長官兼任台灣省警備總司令檢發收復計劃大綱一份〉，檔案管有機關：檔案管理局。

臺灣地區之接收與中國其他地區接收有一點很大的不同，就是陳儀要求臺灣的接收，不論在行政或軍事上，均需統一接收。[35] 軍事統一接收的原則即是在臺日軍之海、陸、空、憲各單位統一由警備總部統籌接收，故前進指揮所抵臺後，十月八日前進指揮所兼副主任范誦堯在與諫山春樹參謀長第一次談會中即強調「海陸空軍統一接收」。[36] 相對於軍事統一接收由警備總部統籌，行政接收則由長官公署統籌，如此接收事權統籌單位單一，以避免產生多頭馬車爭相接收的混亂現象。海陸空軍統一接收立意良善，但初設之臺灣省警備總司令部人員編制僅能負責接收工作之統籌，根本無法執行實際接收之工作，實際接收仍須委由來台進行軍事佔領的部隊執行，因此警備總部的統籌認知與接收部隊執行間的落差，將是臺灣軍事接收問題與混亂產生的根源之一。

在日本宣告投降之後，國府軍事委員會旋即在八月十九日指示負責日軍投降的何應欽總司令接收日本空軍器材辦法要旨：「為求補償我空軍損失，凡在我淪陷區及東北各省，

35 行政長官公署秘書長葛敬恩與任職於臺灣省警備總司令部的蔣授謙，在撰述回憶文章時均有提及此點，葛敬恩還強調此為蔣中正對陳儀所核許的。葛敬恩，〈接收臺灣紀略〉，收入李敖編著，《二二八研究三集》（台北：李敖出版社，一九八九），頁一六六與蔣授謙，〈台灣接收前後〉，收入王楚英等著，《受降內幕》（北京：中國文史出版社，二〇一〇），頁三一五。

36 張瑞成編輯，〈臺灣警備總司令部軍事接收總報告（節略）〉前揭《光復臺灣之籌劃與受降接收》，頁二四二。

與臺灣香港及越南北緯十六度以北等我轄區內，所有日本空軍之軍械油彈裝備及器材與航空工業，及直接與航空有關之一切財產設備器材等，應一律交由空軍接收。」[37] 九月十三日又發佈：「在中國戰區（東三省除外）、越南北緯十六度以北地區及臺灣、澎湖列島地區之日本航空、陸軍航空、海軍航空（除艦上機）、民航（即商航）各部門及一切配屬設施，已令空軍之第一路司令張廷孟負責接收，凡接收人員已到達者，著自即日起開始交接。」[38] 九月十六日即派任空軍中校張柏壽與林文奎為負責接收臺灣南北的第二十二、二十三地區空軍司令。[39] 受命後張廷孟與相關人員於九月下旬先後抵臺，先行接收台北、台南機場。[40] 空軍接收人員在前進指揮所仍未成立前已赴臺進行接收，雖為依據國府指示，然已讓陳儀所設計的統一接收破局。[41]

37 中國陸軍總司令部編，〈委員長八月十九日電（指示接收日本空軍器材辦法要旨）〉《中國戰區中國陸軍總司令部處理日本投降文件彙編（上卷）》（南京：中國陸軍總司令部，一九四六），頁二二。

38 中國陸軍總司令部編，〈中國陸軍總司令部命令軍補字第三號〉《中國戰區中國陸軍總司令部處理日本投降文件彙編（下卷）》（南京：中國陸軍總司令部，一九四六），頁二三。

39 原文記為張柏爵為誤植，是為張柏壽。中國陸軍總司令部編，〈中國陸軍總司令部命令軍字第十六號〉前揭《中國戰區中國陸軍總司令部處理日本投降文件彙編（下卷）》，頁七。

40 檔號：0034/1811.1/4010，案由：〈台灣軍事接收總報告〉，檔案管理局：檔案管理局。

41 在前進指揮所抵臺前已有多批非正式接收人員的中、美軍政人員來臺，可參閱前章所述。

臺灣省警備總司令部自成立後，即與美軍連絡組定期召開中美參謀聯合會報，戰後國府在東北及華北的接收，面臨蘇聯、中共的阻撓，成為國府接收的最大阻力，「台灣的移交相形之下只是個小問題，算是戰後收拾一下戰場而已。雖然如此，蔣介石和陳儀還是需要幫助。中國既沒有船又沒幾架飛機，可是到台灣卻得面對那麼多訓練有素的日本人。」[42]接收台灣需要美方提供船艦運輸中國部隊來臺進行佔領，中美雙方以參謀聯合會報來協調軍事接收臺灣的程序與措施。[43]在九月下旬的中美參謀聯合會報，美方曾提出由美軍先行代為接收臺灣日軍之空軍機場、倉庫的提議，但受警備總部堅持臺灣敵軍應全部向國軍投降而作罷。[44]然美國戰略服務處福爾摩沙特遣單位早於九月八日即抵臺設點進行情搜，其任務之一即是調查在臺日軍之飛機、機場與跑道，在臺中國空軍官員否決了美方想要檢查臺灣機場的要求，空軍第二十三地區司令林文奎一度阻擋美方取得日本軍機與飛行員進行任務，中方的刁難使得提供美方合作的日軍左右為難。[45]

---

42 Georgr Keer著、陳榮成譯，《被出賣的台灣》（深耕出版，一九八九），頁九二。

43 一九四五年九月十九日的中美參謀聯合會報決議每周一、四上午十時召開會報。檔號：0034/003.7/4010，案由：〈第四次中美參謀聯合會報紀錄〉，檔案管有機關：檔案管理局。

44 檔號：0034/003.7/4010，案由：〈第五次中美參謀聯合會報紀錄〉，檔案管有機關：檔案管理局。

45 Nancy Hsu Fleming著、蔡丁貴譯，《狗去豬來：二二八前夕美國情報檔案》（台北：前衛出版社，二〇〇九），頁六一、六八－七三。

戰後日本海軍的接收，原由陸軍總部兼辦，後又改由海軍自行辦理，[46]辦理方式的變更，影響海軍接收的期程，相較於空軍接收的積極，國府規劃海軍來臺接收則顯得遲緩。國府於九月十日發佈以海軍總司令部參謀長曾以鼎中將負責海軍之接收，[47]然至九月二十八日陳儀還去函海軍總司令部，詢問海軍對臺灣接收之計畫及派何人負責？顯然在前進指揮所成立後，陳儀對海軍如何接收臺灣之計畫仍一無知悉。[48]海軍總司令部在九月二十八日，電令已在廈門進行接收的馬尾要港司令李世甲少將派任為第二艦隊司令，並赴臺主持海軍接收。[49]李世甲與接收部隊，於十月十六日乘海平砲艇與帆船二十艘來臺；因機械故障與海象不佳，海平砲艇至十月二十日才至基隆港，帆船則一度失聯至二十

46 微捲檔號：2020.4/4450.01，案由：〈革命文獻拓影—戡亂時期（戡亂軍事概況—整軍建軍）〉下，《蔣中正總統檔案》第二十七冊，檔案管有機關：國史館。

47 中國陸軍總司令部編，〈中國陸軍總司令部命令軍字第二號〉前揭《中國戰區中國陸軍總司令部處理日本投降文件彙編（下卷）》，頁一。

48 「為請將貴部接收台澎日方海軍計畫及派何人負責見示」，檔號：0034/701.1/4010，案由：〈臺灣區日本海軍資產接收案〉，檔案管有機關：檔案管理局。

49 嚴壽華，〈抗戰勝利前後接收日本海軍的經過〉收入中國人民政治協商會議福建省委員會文史資料研究委員會編，《福建文史資料（第十一輯）》（福州：中國人民政治協商會議福建省委員會文史資料研究委員會，一九八五），頁六六。

八日才抵臺，李世甲抵臺後設置海軍第二艦隊司令部於台北，基隆設海軍辦事處。[50]海軍辦事處主任嚴壽華來臺後，想立即接收日本船艦，卻遭日方拒絕，嚴壽華向李世甲報告，李告知須待統一接收。[51]但除船艦外，海軍人員自十月二十三日起已開始在基隆、台北等地，接收了基隆防備隊、高雄海軍設施部台北支部等單位。[52]時警備總部已抵臺，成為日方接受中方軍事接收命令的指示單位，警備總部特別行文給海、空軍，要求「不得擅自接收為要」[53]。

來臺的陸軍與憲兵直接受命於警備總部，十月八日憲兵第四團第五連官兵一〇六員自福州乘帆船來臺，為警備總部首批先遣部隊。[54]負責佔領臺灣北部的七十軍於十月十七日在基隆港登陸，向宜蘭、台北推進，另一部於二十六日登岸向新竹推進；負責南臺灣佔

50 李世甲，〈我在舊海軍親歷記（續）〉收入中國人民政治協商會議福建省委員會文史資料研究委員會編，《福建文史資料（第八輯）》（福州：福建人民出版社，一九八四），頁四一－四二。
51 嚴壽華，前揭〈抗戰勝利前後接收日本海軍的經過〉，頁六七。
52 「電送接收目錄清冊並海軍接收預定表呈請核定實施由」，檔號：0034/701.14010.2，案由：〈臺灣區日本物資接收處理案〉，檔案管有機關：檔案管理局。
53 檔號：0034/002.6/4010.2，案由：〈臺灣光復案專輯〉，檔案管有機關：檔案管理局。
54 張瑞成編輯，〈中國陸軍總司令部致岡村寧次將軍軍字第三十九號命令〉前揭《光復臺灣之籌劃與受降接收》，頁一九四。

領的六十二軍則在統一接收開始後，於十一月十八、二十二、二十六日，在左營軍港與高雄港登陸。[55] 準備國軍登陸之各種應行準備事宜，為警備總部前進指揮所的主要工作，為此，前進指揮所以備忘錄之形式，發給安藤利吉，要求在臺日軍只能向警備總部指揮之部隊投降，並準備軍事接收之相關資料與佔領軍之預備糧食。[56]

前進指揮所兼副主任范誦堯與諫山春樹參謀長，於十月八、十一日進行兩次會談，會談中諫山報告了在臺日軍的配置，希望能將現有日軍集中一處，但期望不要移動過遠，並提及日軍在臺有自活計畫，且為求自力更生及免軍隊閒散無事，已令一部日軍分駐未開墾區，顯示日軍在臺的指揮系統仍有效運作。[57] 十月十三日，前進指揮所要求台北地區之日軍在十月十五日以前，由大園庄、桃園街、鶯歌庄、土城庄、新店庄、平溪庄、貢寮庄、三貂角相連之線以北地區撤出；二十日以前，由中港、頭分庄、北埔庄、內灣、角板山、阿王山、員山庄、二結、三結相連之線以北地區撤出，為七十軍之登陸佔領北臺預作

---

55 臺灣省警備總司令部接收委員會，前揭《臺灣警備總部接收總報告書》，頁十三－十四。

56 張瑞成編輯，〈中國戰區臺灣省警備總司令部備忘錄 臺軍字第一號〉、〈中國戰區臺灣省警備總司令部備忘錄臺軍字第二號〉、前揭《光復臺灣之籌劃與受降接收》，頁二三三－二三八。

57 張瑞成編輯，〈范副主任與諫山參謀長第一次談話記錄〉、〈范副主任與諫山參謀長第二次談話記錄〉前揭《光復臺灣之籌劃與受降接收》，頁二三九－二四四。

準備。[58]美國戰略服務處福爾摩沙特遣單位於十月十五日記錄，六萬名大多已解除武裝的日本軍隊，在中國方面的命令下，移師至橫貫全島東西的北緯二十五度線以南，又說中國人企圖將所有的日軍推擠到島中央的山區。[59]在七十軍登陸後，迅速推進佔領日軍撤退前之區域，此為遵照國府對投降日軍撤退與收繳武器之步驟執行。[60]十月二十二日何應欽指示陳儀，無須等六十二軍到臺後才舉行受降與繳械，七十軍可以開始對日軍進行繳械，繳械的方式以令日軍自行解除武裝送往指定倉庫為宜。[61]

日軍在十月間提供了包含部隊人員編制、武器、倉庫等相關文件資料，警備總部得以

58 張瑞成編輯，〈中國戰區臺灣省警備總司令部備忘錄 臺軍字第三號〉、前揭《光復臺灣之籌劃與受降接收》，頁二三八—二三九。

59 Nancy Hsu Fleming著、蔡丁貴譯，前揭《狗去豬來：二二八前夕美國情報檔案》，頁八二。這個日軍移動的訊息，美方在十月十二日的報告上已有記錄，但中方的命令是十月十三日發出的〈中國戰區臺灣省警備總司令部備忘錄臺軍字第三號〉，顯然在前進指揮所命令發出前，美軍的情報單位已探知訊息。

60 國府九月發佈對各地區日軍投降時應注意之事項，其中有關日軍撤退與收繳武器之步驟。中國陸軍總司令部編，〈中國陸軍總司令部命令軍字第九號〉前揭《中國戰區中國陸軍總司令部處理日本投降文件彙編（下卷）》，頁四—五。

61 檔號：0034/002.6/4010.2，案由：〈為繳械之方式已令日軍自行解除武裝送往指定地點之倉庫〉，檔案管有機關：檔案管理局。

據之掌握在臺日軍狀況，規劃後續的佔領接收計畫。[62] 十月二十八日陳儀發佈署部字第一號命令，聲明接受日本海陸空軍及其補助部隊之投降，併全權統一接收臺灣、澎湖列島之領土、人民、治權、軍政設施及資產，第十方面軍司令官安藤利吉改稱為臺灣地區日本官兵善後連絡部長，受其指揮，不得對外發佈命令。[63] 十月二十九日第十一次中美參謀聯合會議中，中方提出〈台灣地區軍事接收委員會組織規程草案〉供美方參考，並確認軍事接收時程為台北地區自十一月一日開始、基隆為十一月三日、淡水為十一月五日、宜蘭為十一月八日、新竹為十一月十一日、花蓮港為十一月八日以後陸續接收。[64] 十月三十日，警備總部發佈軍字第一號命令，成立臺灣地區軍事接收委員會，規定在臺日軍所屬各軍事機關部隊解除武裝及移交之部署，宣告十一月一日開始統一軍事接收。[65]

---

62 由《臺灣警備總部接收總報告書》中所附之各圖附記資料來源可得知。臺灣省警備總司令部接收委員會，前揭《臺灣警備總部接收總報告書》，頁二三－四一。

63 張瑞成編輯，〈中國臺灣省行政長官公署警備總司令部命令 署部字第一號〉、前揭《光復臺灣之籌劃與受降接收》，頁二四四－二四五。

64 檔號：0034/003.7/4010，案由：〈第十一次中美參謀聯合會報紀錄〉，檔案管有機關：檔案管理局。

65 張瑞成編輯，〈中國臺灣省警備總司令部命令軍字第一號〉、前揭《光復臺灣之籌劃與受降接收》，頁二四六－二五〇。

三、軍事接收委員會軍事接收臺灣的執行

臺灣地區軍事接收委員會（簡稱軍事接收委員會）於十月二十八日在警備總部召開第一次會議，會議主席陳儀於會議開始即訓示與會人員，以「新」、「速」、「實」與「不說謊」、「不偷懶」、「不揩油」貢獻於工作，會議決議修正後通過〈臺灣地區軍事接收委員會組織規程草案〉，定案接收方法為根據呈報資料詳密調查後制訂計畫，計畫奉核實施完畢後聽候點驗。[66]

〈臺灣地區軍事接收委員會組織規程〉明訂委員會之主任委員由警備總司令兼任，副主任委員由警備總部參謀長兼任，委員由六十二軍軍長、七十軍軍長、軍政部特派員、海軍第二艦隊司令、空軍第二十二地區司令、空軍第二十三地區司令、憲兵第四團團長、警備總部副參謀長及各處處長擔任。軍事接收委員會設辦公處，置處長一人由警備總部副參謀長范誦堯兼任。[67] 軍事接收委員會下分設組別擔任接收執行，軍品接收的實際辦法為

66 「臺灣地區軍事接收委員會第一次會議記錄」，檔號：0034/701.1/4010.2，案由：〈臺灣區日本物資接收處理案〉，檔案管有機關：檔案管理局。

67 〈臺灣地區軍事接收委員會組織規程〉與〈臺灣地區軍事接收委員會組織規程草案〉有些微的不同，《臺灣警備總部接收總報告書》內所刊載者為草案。檔號：0035/511/1/4010，案由：〈台灣地區軍事接收委員

由日軍移交清冊三份，分由日軍移交人員、該組負責人員與警備總部高級參謀各執一份，一同至軍品放置處揭開原有封條，照冊清點，三方蓋章後再由警備總部重新封存。[68]〈臺灣地區軍事接收委員會組織規程〉中對各組任務劃分如表4-2。

〈臺灣地區軍事接收委員會組織規程〉將接收分為八組，然在執行時空軍因實際編制裁併合為一組，成為分七組執行，但十一月一日統一接收時因六十二軍與軍政部特派員均未抵臺，故只有五組進行第一波的統一接收。

由警備總部人員所組成的陸軍第一組，主持人警備總部參謀長柯遠芬在十月三十日已制定之〈日本第十方面軍司令部、台灣軍管區司令部及所屬一部部隊之繳械規定事項〉致電臺灣地區日本官兵善後連絡部涉外委員諫山春樹，柯遠芬將陸軍第一組負責接收之範圍，分配為武器、車輛、馬騾、通信、營建、文卷，再加十月二十八日上第一次會議中分派接收通信鴿犬的任務，共為八類，各類均有負責接收之專責人員，十一月一日接收開始，日方負責人員即與中方之專責人員進行移交。[69]陸軍第一組之接收進行的相當迅

---

68 會組織規程〉，檔案管有機關：檔案管理局。
黃濤、林偉儔、侯梅，〈國民黨第六十二軍赴台灣接受日軍投降紀實〉，收入中國人民政治協商會議廣東省委員會文史資料研究委員會編，《廣東文史資料（第二十三輯）》（廣州：廣東人民出版社，一九七九），頁一二一—一二二。

69 陳鳴鐘、陳興唐主編，〈柯遠芬為制定「日本第十方面軍司令部、台灣軍管區司令部及所屬一部部隊之繳

表4-2　臺灣地區軍事接收各組業務劃分表

組別	主持人	組成人員	組織規程原訂接收範圍	變動增加之接收範圍
陸軍第一組	警備總部參謀長柯遠芬	警備總部各處室人員及直轄部隊長	第十方面區及台灣軍管區司令部原自用營建、器材、文卷、書類。 213自動車中隊、34通信大隊及教育隊武器車輛器材營建等。	161、162野戰高砲聯隊。 臺灣日本兵事部之軍品。 日軍通信鴿、通信犬後復補接收。
陸軍第二組	62軍軍長黃濤	軍及所屬師司令部等人員	12師團、50師團、71師團、75旅團、100旅團、42獨立步兵聯隊、16獨立重砲連隊、64獨立工兵聯隊、30船舶工兵聯隊、33電信聯隊、345自動車中隊、9鐵道大隊。 台中、台南、高雄、台東要塞部隊。	205自動車中隊 台中、台南、高雄、台東各部憲兵部隊。
陸軍第三組	70軍軍長陳孔達	軍及所屬師司令部等人員	9師團、66師團、67旅團、102旅團、112旅團、42獨立工兵聯隊、28船舶工兵聯隊、214與308自動車中隊、野戰築城隊。 台北、新竹、花蓮港要塞部隊。	台北、新竹、花蓮港各部憲兵部隊。
海軍組	海軍第二艦隊司令李世甲	司令部等人員	高雄警備府司令部所屬海軍部隊之武裝艦艇、軍港、營建、廠庫、器材、物資及軍警公用船舶、文卷、書類。 澎湖陸軍澄刺部隊之武器裝材等。	

組別	主持人	組成人員	組織規程原訂接收範圍	變動增加之接收範圍
空軍第一組	空軍第23地區司令林文奎	司令部等人員	日本陸軍第8飛行師團及海軍航空部隊及民用航空之武裝飛機場倉庫、營建、設備物品、器材、文卷、書類之在台北地區者。	
空軍第二組	空軍第22地區司令張柏壽	司令部等人員	同空軍第一組之在臺南地區者。	
憲兵組	憲兵第四團團長高維民	團營部等人員	臺灣日本憲兵隊所屬之武裝器材等（除在台北、台中、台南、高雄、台東、花蓮港六地者外由陸軍部隊協助接收）。	
軍政組	軍政部特派員李進德	特派組等人員	陸軍工廠、陸軍貨物廠、陸軍病院、兵事部俘虜收容所、倉庫、營建、裝備、被服、醫藥、器材、物資、設備、文卷等。	兵器補給廠。

資料來源：檔號：0035/511.1/4010，案由：〈台灣地區軍事接收委員會組織規程〉，檔案管有機關：檔案管理局與臺灣省警備總司令部接收委員會，《臺灣警備總部接收總報告書》（台北：正氣出版社，1946），頁19-21。

速，其後一六一、一六二野戰高砲聯隊與臺灣日本兵事部之軍品亦交由陸軍第一組進行接收。[70]接收項目單純如馬騾及乘馱輓具接收者，在三日之內即已完成，通信器材的接收也在半個月內完成；然被服裝具及配給品的接收耗時甚久，至一九四六年二月十二日才結束，陸軍第一組的接收也於當日完成。[71]

陸軍第三組為陸軍七十軍所組成，七十軍為負責佔領北臺之部隊，為達成軍事接收之任務，其擬定〈陸軍七十軍解除臺北區日軍武裝實施計畫〉，用以於接收開始之時，分期解除台北、基隆、宜蘭、蘇澳、花蓮港、淡水、新竹之日軍武裝，再解除台北、新竹、花蓮港之日軍憲兵與要塞部隊之武裝。陸軍第三組的接收對象多為戰鬥部隊，與陸軍第一組接收對象之性質有所不同，陸軍第三組的接收的執行方式為以必要之兵力開至預定解除

械規定事項」致諫山春樹代電〉《台灣光復與光復後五年省情》（南京：南京出版社，一九八九），頁一四九－一五一。

70 〈臺灣地區軍事接收委員會組織規程〉的業務分派並無此項目，但可由《臺灣警備總部接收總報告書》有關陸軍第一組的電文中對比出。臺灣省警備總司令部接收委員會，前揭《臺灣警備總部接收總報告書》，頁十九、七六－七七。

71 臺灣省警備總司令部接收委員會，前揭《臺灣警備總部接收總報告書》，頁七五－七六。據負責接收該項的特務團接收報告統計，接收乘馬僅三十四。接收之通信器材施行檢查交廠修理或交配發補充部隊使用或交軍政部倉庫保管。檔號：0034/701.1/4010.2，案由：〈臺灣區日本物資接收處理案〉，檔案管有機關：檔案管理局。

武裝之日軍地區外圍集結，部隊專責日軍之繳械，軍械、車輛、馬匹及軍需品之接收由接收組負責，接收組下分軍械、俘虜、軍馬、交通、通信、器材、糧服、衛生八個接管股。為維持接收解除日軍武裝的優勢兵力，需逐次分台北桃園地區、基隆淡水地區、宜蘭羅東地區、新竹附近地區進行繳械與接收，至十二月十六日才完成任務。[72]

海軍第二艦隊司令部為構成海軍組之主體，海軍組因人員較少，在〈解除日軍武裝實施計畫〉中，僅預定以陸戰隊及特務隊次第解除基隆、高雄、左營日海軍之武裝，以收繳海軍警備隊之輕重兵器與海岸之要塞砲、高射砲為主要目標，其餘地區為限期日軍自行解除武裝，以待海軍組派員前去收繳。海軍組之接收分為台北、高雄、澎湖三區辦理，台北地區分武器艦艇、物資器材、通信器材三組進行；高雄地區分武器、機械、軍需、艦艇、車輛五組進行；澎湖分武器、器材、物資組進行。十一月一日起接收位於台北的高雄警備府司令部，十一月六日起高雄地區開始接收，十一月十五日接收澎湖日本海軍，駐紮澎湖之陸軍潑剌部隊亦由海軍組代為接收，另因陸軍要塞人員未到，警備總部於十一月二十日發文，請海軍組先代為接收臺灣沿海砲台，高雄海軍設施部台北支部的資材最多，至十二

72 臺灣省警備總司令部接收委員會，前揭《臺灣警備總部接收總報告書》，頁一八一—一九一。關於接收的詳細時程與單位《臺灣警備總部接收總報告書》內有刊載，本書整理製表作為附錄，正文不再贅述。

月十一日完成接收點驗，海軍組之接收亦告結束。[73]

空軍最早來臺進行接收，統一接收前已接管台北、台南兩處基地，分別作為空軍第二十三地區與空軍第二十二地區之司令部。九月中旬至十月上旬，逐次停止日軍使用連絡飛機，十月開始未經許可整備中之飛機亦不可進行地上試車。統一接收時，劃分大港口至南濁水溪以北，由空軍第二十三地區司令部負責接收，為空軍第一組，以南由空軍第二十二地區司令部管轄，為空軍第二組。空軍第一組轄下分為台北、桃園、新竹、公館、台中、宜蘭、花蓮七區，空軍第二組轄下又分虎尾、嘉義、台南、岡山、屏東、台東六區，每一區由地區司令部派一接管組進行接收管理。空軍第二十三地區司令部於十二月十六日奉令併入第二十二地區司令部，空軍接收遂成為一組。[74]

統一接收前空軍在臺官士人數非常少，除台北、台南基地外，各地區駐在官士均在三人以下。[75]因日軍軍制並無空軍軍種，故空軍組接收之對象為日本陸海軍中分設之航空

73 臺灣省警備總司令部接收委員會，前揭《臺灣警備總部接收總報告書》，頁二四〇－二四八與檔號：0034/701.1/4010.2，案由：〈臺灣區日本物資接收處理案〉，檔案管有機關：檔案管理局。關於接收之日期進度可參閱陳咨仰，前揭〈戰後台灣地區海軍的接收與重整（一九四五－一九四六）〉，頁六五－八六。

74 臺灣省警備總司令部接收委員會，前揭《臺灣警備總部接收總報告書》，頁二五二－二五九。

75 全臺駐在官士僅七九人，人數由「接收前我空軍部署要圖」統計而來。檔號：0034/701.14010.2，案由：〈臺灣區日本物資接收處理案〉，檔案管有機關：檔案管理局。

部隊，如陸軍第八飛行師團、海軍航空部隊及民用航空飛機、武器裝備、基地廠所、廠庫常建設備、器材、物資、文書等。接收規定日方需整備各種飛機及兵器與油料、彈藥以備使用，航空委員會亦有命令要求調查在臺接收妥善之轟炸機與驅逐機數量，並依中央指示「臺灣接收之日機其可以使用者應盡量飛返國內備用」，空軍組遵照辦理，將一部分航機飛至中國。[76]

空軍組接收的實施，為空軍第二十二地區司令部所轄南部之六區，自十一月一日開始進行，先以〈空軍第二十二地區司令部處理所應接收日方之兵器與物資及財產初步辦法〉實施完畢，至十二月二十五日起派員進行接收，北部之七區為自一九四六年一月五日始分別派員接收管理。空軍組總計接收日軍陸航機五五四架、海航機三五六架、民航機二十五架。[77]航空委員會又於十二月十一日命令第三飛機製造廠廠長雲鐸中校率部來臺接收在臺日本航空工廠，並由空軍第二十二地區司令部代接移交。雲鐸於次年一月七日抵臺，主要接收為陸軍第五野戰航空修理廠與海軍六十一航空廠之總廠、分廠、獨立整備隊、獨立派

---

76 「週來奉委座面諭知事項如下」，檔號：0034/761.3/6010，案由：〈台灣飛機接收〉，檔案管有機關：檔案管理局。

77 「臺灣省軍事設施會議經過紀要乙冊」，檔號：0036/003.8/4010.2，案由：〈臺灣省軍事設施會議案〉，檔案管有機關：檔案管理局。

遣隊，空軍組於一月三十日結束在各分區與航空工廠的接收。[78]

憲兵組由來臺之憲兵第四團組成，十月三十日憲兵第四團團長高維民上校根據〈臺灣地區軍事接收委員會組織規程〉的業務劃分表，擬定〈駐台省憲兵第四團接收投降日軍憲兵武器彈藥車馬營建一切器材文卷書類計畫〉作為憲兵組執行接收工作之根本。憲兵組以接收臺灣日本憲兵隊於台北、台中、台南、高雄、台東、花蓮港六區所屬之部隊、武器、資材，上述六區者外由陸軍部隊協助接收。憲兵組依接收之任務需求分為總務、軍械、軍需（醫）、文書、交通器材等五組，針對各區之兵器、彈藥、被服、糧秣、醫藥、文書、交通、通訊等進行接收，接收方式由中日雙方接收清楚後會銜蓋章於點清冊上，日軍憲兵官佐徒手至主持人之指定地點集中，接收物資由主持人集中嚴密封存派兵看守，候命呈繳。憲兵組自十一月一日開始接收，以隨國軍前進為原則，至十二月十八日完成任務。[79]

軍政組與陸軍第二組的接收人員因十一月一日前尚未抵臺，故為自十二月才開始進行，為第二波之接收。軍政組由軍政部特派員辦公處所組成，該處人員十一月十九日才抵

78 檔號：0034/701.14010.3，案由：〈臺灣區日本航空隊資產接收處理案〉，檔案管有機關：檔案管理局。

79 檔號：0034/701.1/4010.2，案由：〈臺灣區日本物資接收處理案〉，檔案管有機關：檔案管理局與臺灣省警備總司令部接收委員會，前揭《臺灣警備總部接收總報告書》，頁二七一。

臺，軍政部特派員李進德兼任後勤總部臺灣供應局局長[80]，軍政組的接收工作分為直接接收與間接接收，凡臺灣地區各陸軍工廠、貨物廠、病院、倉庫、軍事營建等，由軍政組直接接收，其他由陸海空軍各組接收之軍品、物資，集中處理後由軍政組間接接收。為完成接收任務，軍政組訂定〈軍政部臺灣區特派員辦公處接收委員會組織辦法〉，組成接收組用以接收日軍之人馬、車輛、武器、彈藥、器材、文書、營建、廠庫與軍需物資。軍政組接收組以卓蘭、大小雪山為界，分為台北、台南兩區，各區均設兵器、經理、交通、通信、醫務、營建六班，自十二月一日開始進行接收，至一九四六年一月底宣告工作完成。[81]

陸軍第二組由六十二軍所組成，六十二軍於十一月十八、二十二、二十四日分三波登陸高雄，分駐台中、台南、高雄、台東等地，執行佔領任務。警備總部原規劃陸軍第二組於十二月一日開始進行軍事接收，但因故遲至十二月四日才開始。陸軍第二組制定有〈臺灣地區軍事接收委員會陸軍第二組降敵實施計畫〉與〈臺灣地區軍事接收委員會第二組組

---

80 軍政部後勤總部臺灣供應局為一九四六年一月一日成立的新單位，主要工作在於處理接收日軍之軍用物資、彈藥內運、復員士兵之收容遣送、各部隊之經常補給。「臺灣省軍事設施會議經過紀要乙冊」檔號：0036/003.8/4010.2，案由：〈臺灣省軍事設施會議案〉，檔案管有機關：檔案管理局。

81 檔號：0034/701.1/4010.2，案由：〈臺灣區日本物資接收處理案〉，檔案管有機關：檔案管理局與臺灣省警備總司令部接收委員會，前揭《臺灣警備總部接收總報告書》，頁二〇九－二三九。十二月底另軍政部有派要塞調查組來臺視察，軍令部則派員來臺接收測量器材。

織辦法〉用以執行接收任務。陸軍第二組在台中以南分為五大單位辦理接收，在辦理接收期間日軍官兵不得擅自外出，並將日軍部隊集中於指定區域，除憲兵與要塞部隊外，日軍十二師團集中於新化、關廟以東，五十師團集中於潮州、溪洲東南，七十一師團集中於斗南、斗六以東，七十五旅團集中於苗栗附近。為預防解除武裝時可能發生的騷動，六十二軍直屬部隊與九十五師一八五團負責警備台南地區，一五一師負責警備高雄、鳳山、屏東地區，九十五師負責警備嘉義地區，台中地區則由一五七師負責警戒。陸軍第二組組內分設投降日軍管理、馬騾、軍械、交通、通信、器材、糧服、衛生等八股分別辦理接收事務，辦理接收地區依序為由台南、高雄（含屏東）、嘉義、台中。解除日軍之武裝與物資集中於倉庫，至十二月三十完成台中地區，是為第一次接收，第二次接收日軍留借物品，接收集中之倉庫分布零散，至一月十八日接收完畢，陸軍第二組之軍事接收任務結束。[82]

一月十日陸軍第二組之軍事接收進行時，警備總部已向南京陸軍總部報告，臺灣之日軍已全部繳械完畢。[83]臺灣地區軍事接收委員會各分組在執行接收的時程，以海軍組、憲

---

82 「臺灣地區軍事接收委員會陸軍第二組接收概況報告」，檔號：0034/701.1/4010.2，案由：〈臺灣區日本物資接收處理案〉，檔案管有機關：檔案管理局與臺灣省警備總司令部接收委員會，前揭《臺灣警備總部接收總報告書》，頁一五四—一六七。

83 「本省日軍業已全部繳械完畢仰各部隊應就警備區內嚴加監視由」，檔號：0034/002.6/4010.2，案由：〈台

兵組在十二月上旬即告完成最早結束，軍政組遲至十二月才開始執行，亦至二月中旬最晚結束，陸軍第二組以最短時程完成任務，亦為唯一沒有超過陳儀限令四十日完成期限之組別。[84]

四、軍事接收委員會軍事接收的結束

臺灣地區軍事接收委員會之分組接收於一九四六年二月十四日完成，在各組接收的過程中，軍事接收委員會約莫半個月會召開一次會議，在軍事統一接收開始後所召開的軍事接收委員會第二次會議，會議討論之重點：[85]

（一）六十二軍之來臺進度與日人之遣送。

（二）檢討半個月來的工作。

（三）軍事接收範圍劃分之問題。

（四）防止接收錯誤之辦法。

灣光復案專輯〉，檔案管有機關：檔案管理局。

84 實際上六十二軍的整體接收工作一直到一九四六年三月間才告一段落。參閱黃濤、林偉儔、侯梅，〈國民黨第六十二軍赴台灣接受日軍投降紀實〉前揭《廣東文史資料（第二十三輯）》，頁一二四。

85 檔號：0034/002.6/4010.2，案由：〈第一、二三次軍機接收委員會會議記錄〉，檔案管有機關：檔案管理局。

軍事接收進行半個月來，各組在工作執行上常見之問題除日人偷賣藏匿軍品外，主要在於各部隊對接收軍品未按照規定而自行提用，且接收系統紊亂，常有自行接收非歸管倉庫的情形發生，也常有軍人以搜查軍品為藉口擾民。關於軍事接收範圍劃分之問題，主要系因於十一月九日空軍接收組以「日海陸空軍組織與我迥異，其補給系統自亦不同，刻我海陸空軍分別接管所有物資，除性質分明者可以分別接收外，其餘所有共同性之物質，似有劃分接收範圍之必要。」[86] 提出接收範圍劃分意見書。空軍強調提出劃分意見，目的在防止各軍事接收組因接收相互兼有關係之兵器、物資、財產等可能發生之糾紛。警備總部對於空軍所提之意見書，簽呈意見為軍事接收之範圍劃分已有前令，且各組接收已進行多日，故後決定提至軍事接收委員會會議中討論，然會議中的決議為「日方移交物品中，有關兩個以上接收組時，應由各組派人共同接收以後再行劃分。」[87] 又為防止接收錯誤，軍事接收委員會需派員視察糾正錯誤，在接收完畢後需組織點驗委員會進行點驗。[88]

86 檔號：0034/002.6/4010.2，案由：〈為呈接收範圍劃分意見書請核示〉，檔案管有機關：檔案管理局。

87 這樣的決議，等同變相否決空軍的請求，因空軍來臺接收原本人手不足，要派員共同接收實有困難，各組自行接收非歸管或共管倉庫，為接收混亂與糾紛的原因之一。檔號：0034/002.6/4010.2，案由：〈第一、二三次軍機接收委員會會議記錄〉，檔案管有機關：檔案管理局。

88 檔號：0034/002.6/4010.2，案由：〈第一、二三次軍機接收委員會會議記錄〉，檔案管有機關：檔案管理局。

關於視察工作由警備總部制定〈臺灣警備總司令部視察計畫綱要〉與〈中國戰區臺灣地區軍事接收視察組之編成實施辦法〉，視察組由警備總部、憲兵團與軍政部特派員辦公處派員合組，主要視察各組接收任務是否確實、順利進行，接收之軍械堪用度如何？保管是否合宜，有無隱報調換之情事；部隊風紀良否？軍民感情如何？有無擾民與不法之情事，接受與調查民眾之控告亦為視察組視察之任務，視察工作亦於十一月隨著統一接收工作而展開。[89]

一九四六年二月軍事接收委員會各組軍事接收告成，警備總部呈文給重慶的蔣中正委員長與南京的何應欽總司令，擬請於三月一日撤銷臺灣地區軍事接收委員會與其下分組。[90] 二月二十三日陳儀於警備總部召開軍事接收結束會議，陳儀於會議致詞時說其認為接收工作出人意外的順利，柯遠芬則指出職權不清為接收過程之一小小的問題，並指示在結束工作後對於日軍前借用之軍品、埋藏盜賣的物資需繼續處理，另軍需品需集中處理、需實施清鄉、部隊盡可能整訓、需編纂接收總報告書。在軍事接收結束會議中本部各

89 檔號：0034/002.6/4010.2，案由：〈謹擬就視察工作計劃綱要一份呈請鈞核〉、〈茲訂定軍事接收巡迴視察組織之編成及實施辦法與本部視察計劃綱要各一份隨電檢覆〉，檔案管有機關：檔案管理局。

90 「為電呈本省接收工作已告一段落軍事接收委員會擬自寅東撤銷謹由核備」，檔號：0034/701.1/4010.2，案由：〈臺灣區日本物資接收處理案〉，檔案管有機關：檔案管理局。

處與各組多有提案，所提之案均為各單位在接收過程中無法解決或未能解決之問題，如本部請軍政部特派員辦公處儘速點收陸軍各組所接收之軍品、海陸軍接收之軍品哪些需移交給軍政部？軍政組則提案要求各接收組檢送一份接收軍品物資清冊。抵臺較晚的陸軍第二組，提案要求越權接收日軍軍用品者應予以嚴究，然決議為「時間已過，隨時追繳或報請交回可也」並未嚴辦或追究越權接收者。空軍組的提案還是如其前述之接收範圍劃分意見書：「空軍海軍會同接收之物資，應即劃分清楚，以辦整理保管而利便使用」，決議為要雙方會擬辦法呈核施行。[91] 會議宣告軍事接收委員會結束，但由會議中的提案來看，臺灣地區的軍事接收顯然還有未完成的部分，特別是在接收軍品的處理上，如以時間程序來看，臺灣地區的軍事接收甚至連點驗都尚未結束。

五、軍事接收臺灣的問題與檢討

警備總部軍事接收委員會宣告以不到四個月的時間完成臺灣地區的軍事接收，並迅速的於一九四六年六月間編輯刊印了《臺灣警備總部接收總報告書》，作為臺灣地區的軍事接收成果的證明。總報告書資料豐富但卻存在著資料殘缺或錯亂的狀況，也說明軍事接收

[91] 「台灣地區軍事接收委員會結會議紀錄」，檔號：0034/701.1/4010.2，案由：〈臺灣區日本物資接收處理案〉，檔案管有機關：檔案管理局。

委員會軍事接收臺灣的歷程，仍有未盡之功，亦存在著因接收而產生的問題。如前所述，軍事接收委員會在召開會議時亦針對接收過程中產生的問題進行檢討，但由軍事接收結束會議的提案來看，存在的問題有些仍未解決，如空軍的接收範圍劃分提案，且有些問題甚至不去追究，如接收紊亂、越權接收之問題。

在軍事接收委員會各組的接收報告中，對於日軍隱匿或盜賣軍用物資均列為專節，陳儀也在軍事接收結束會議中指示，日方遺留或埋藏物資的搜索為日後之工作重點。據七十軍一〇七師自十一月二十九日至十二月二十一日在新竹一地即呈報查獲日軍隱匿之軍用物資十七件，隱匿之軍用物資有彈藥、照明彈、毒氣罐、醬油、汽油、發動機甚至還有飛機，[92] 七十軍七十五師在基隆查獲十座藏匿之日軍特攻艇器械倉庫，[93] 空軍組也曾將盜賣軍品武器的日軍第八飛行師團丹下大尉提部法辦。[94] 日軍隱匿或盜賣軍用物資的問題的確存在，但也曾發生六十二軍指稱台中地區的日軍有私自處理或盜賣交通器材的情事，

---

92 「陸軍七十軍司令部代電參乙字〇九九九號」，檔號：0034/706/6010.2，案由：〈日遺物資發掘處理案〉，檔案管有機關：檔案管理局。

93 「函請派員率同憲兵搜查基隆市特攻艇並清查已破獲之倉庫由」，檔號：0034/706/6010.2，案由：〈日遺物資發掘處理案〉，檔案管有機關：檔案管理局。

94 「為令將丹下大尉提解來部并將盜賣部分造冊呈繳由」，檔號：0034/701.1/4010.3，案由：〈臺灣區日本航空隊資產接收處理案〉，檔案管有機關：檔案管理局。

但後來空軍組出函證明該批通信器材是為其所接收的狀況。[95] 原第十方面軍參謀安藤正曾回憶說：「中國軍官一開始就對日軍不信任，一抵臺即向南京發電說日軍有隱匿武器之陰謀，但電報的真正目的在於自我保護……早已被空軍接收的高射砲，陸軍卻指控日軍隱匿不願交出。」[96] 安藤的回憶，正說明不信任與接收範圍劃分不明為造成接收紊亂的原因之一。

接收範圍的劃分不明除了造成空軍、海軍接收的困擾外，後勤總部臺灣供應局在移交要塞物資給馬公要塞時，雙方亦因權責與立場之關係，對於交接物資之劃分不同而導致移交無法進行。[97] 接收範圍的劃分不明也易造成單位間搶先接收或越權接收的狀況，如日軍之部隊訓練演習場所於台北市內為陸軍第一組負責接收，位於台北市水道町的臺灣軍教育場，卻被負責台北州的陸軍第三組駐軍一〇七師自行接收強佔營舍，陸軍第一組負責接

95 「為破獲日軍盜賣或私自處理交通器材希即查明辦理具報由」、「為請將台北市幸町一六〇號之積集器材仍由本部接收由」，檔號：0034/701.1/4010.2，案由：〈臺灣區日本物資接收處理案〉，檔案管有機關：檔案管理局。

96 蘇瑤崇主編，前揭〈第十方面軍復員史資料〉《台灣終戰事務處理資料集》，頁九三—九四。

97 「監交馬公要塞接收報告書」，檔號：0034/701.1/4010.2，案由：〈臺灣區日本物資接收處理案〉，檔案管有機關：檔案管理局。

收之官員至臺灣軍教育場，卻遭陸軍第三組的七十軍軍長要求離開。[98]海軍機械處負責之接收物資，因帳料不符細查，發現為遭其他單位利用職權擅自接收，成為劫收。[99]

軍事接收的人員不足，又因時間限制，導致接收進行淪於表面或簿冊紙上作業，此種情形以海軍與空軍為最。海軍每個要塞與倉庫僅能派駐三、四個士兵，大的倉庫加派一名班長或排長，實際上接收後仍委由日軍代為保管，有些倉庫因看守人員不足，只好把倉口封牢，因而導致倉中通氣不順而物資發霉生鏽。[100]為此軍政部特派員辦公處曾行文請求陸軍支援步兵一連給海軍進行澎湖倉庫保管之責。[101]空軍的來臺人員更少於海軍，空軍以分區設組的方式進行接收，然各區之接收物資分散，無法集中看管困難，故採嚴加查封方式，但仍發生飛機機件遭偷拆之事件，[102]空軍除聘用大量臺灣員工協助接收工作

98　「報告十一月二十三日於第三處」，檔號：0034/701.1/4010.2，案由：〈臺灣區日本物資接收處理案〉，檔案管有機關：檔案管理局。

99　韓仲英，〈接收日軍在台物資見聞〉，收入王楚英等著，前揭《受降內幕》，頁三二三。

100　嚴壽華，前揭〈抗戰勝利前後接收日本海軍的經過〉《福建文史資料（第十一輯）》，頁七〇、七三。

101　「為請令飭六十二軍派步兵一連歸海軍李司令指揮擔任保管澎湖列島武器物資責任可否乞示由」，檔號：0034/701.1/4010.2，案由：〈臺灣區日本物資接收處理案〉，檔案管有機關：檔案管理局。

102　「電呈鹿港機場部隊發現見該機場西南端有殘破飛機貳十餘架被盜竊機件情形請核由」，檔號：0035/701.8/6010，案由：〈日本移交殘留飛機處理案〉，檔案管有機關：檔案管理局。

外，[103]也直接請求當地陸軍駐軍協助警衛工作。[104]接收人手不足，除造成接收物資因缺乏保管而損耗外，亦產生有飛機殘件數月無人聞問的狀況，[105]更有在統一接收結束後，發現還有空軍基地倉庫尚未接收的狀況。[106]

軍事接收委員會軍事接收臺灣強調統一接收，事實上卻分波進行，接收各組為求時效而未求確實，除臺灣省警備總司令部外，航空委員會、海軍總部、軍政局亦有命令介入軍事接收，形成中央與地方多頭馬車指示的接收情況，亦造成接收各組間的不協調。軍事接收委員會對各組接收範圍雖有大致規劃，但接收範圍的劃分仍混淆不明，如原為第十方面軍管轄之宮古島、石垣島是否屬海軍組接收範圍，警備總部至十一月下旬才確認為美軍接收。[107]各軍種來臺時間不同，造成有接收後再移交或接管的情形，單位交接間即可能產

---

103 曾明財，〈少將廠長雲鐸—回顧戰後初期的接收〉，http://www.thinkingtaiwan.com/content/4119（查詢時間二〇一五年七月三十一日）

104 「為報請轉飭有關部隊迅予派遣警衛部隊前往各工廠區域負責警衛由」，檔號：0034/701.1/4010.2，案由：〈臺灣區日本物資接收處理案〉，檔案管有機關：檔案管理局。

105 「陸軍七十軍司令部代電參甲字第一八八一號」，檔號：0035/701.8/6010，案由：〈日本移交殘留飛機處理案〉，檔案管有機關：檔案管理局。

106 周鳳梧，〈赴台灣接收的片段見聞〉，收入王楚英等著，前揭《受降內幕》，頁三二七。

107 「關于石垣及宮古兩島之警備部隊即派由我國接收」、「復知宮古石垣兩島已由美軍接收我海軍暫不前往」，檔號：0034/002.6/4010.2，案由：〈台灣光復案專輯（接收權責）〉，檔案管有機關：檔案管理局。

生問題；高雄要塞司令彭孟緝曾表示日本投降之初，他來臺視察各要塞之設備相當完善，但迄高雄要塞司令部成立後辦理移交時，電線水管已被拆去、火砲附件半不齊全，與其當初所見相差甚遠。[108]

在臺灣軍事接收的過程中，存在著中央與地方兩種單位層級的對優先事務不同的觀點，中央關注於臺灣物資的接收與處理，地方警備總部則在意先解除日軍的武裝與武裝佔領，優先事務的不同觀點，自然造成命令重點上的差異。[109]臺灣地區軍事接收委員會的結束，僅能視為日軍集中解除武裝、國軍武裝佔領完成、軍品初步轉移，後續日俘的遣送、軍品的集中處理與在臺軍隊的復員整軍均為軍事接收未完成的部分。陳儀認為接收工作出人意外的順利與柯遠芬認為接收過程僅有職權不清之小問題，事實顯然並非如此，然軍事接收委員會的結束，也象徵著中美合作臺灣軍事接收佔領計畫的結束，美國戰略服務處的在臺單位與美軍連絡組也於一九四六年四月離開臺灣，[110]臺灣算是標示進入國府軍事佔領

108 高雄要塞先由海軍代為接收再交陸軍接管。「臺灣省軍事設施會議經過紀要乙冊」檔號：0036/003.8/4010.2，案由：〈臺灣省軍事設施會議案〉，檔案管有機關：檔案管理局。

109 中央關注於臺灣物資的接收與處理，可由前述國府所擬〈台灣省收復計畫大綱〉對臺灣物資由中央統籌處理貨運回中國的處理原則窺知。

110 Nancy Hsu Fleming著、蔡丁貴譯，前揭《狗去豬來：二二八前夕美國情報檔案》（台北：前衛出版社，二〇〇九），頁一六六與Georgr Keer著、陳榮成譯，前揭《被出賣的台灣》，頁一四六。

與行政統治時期，此亦為軍事接收委員會有未盡之功但仍快速宣告結束之因。

小結

戰後臺灣的軍事接收計畫為中美共同規劃的成果，從〈台灣省收復計畫大綱〉、〈台灣省佔領計畫〉到合組前進指揮所，前進指揮所抵臺後，進行臺灣受降、佔領、接收之籌劃。在軍事佔領臺灣的設計中，由美國提供運輸載具將國府軍隊運送至臺灣進行軍事佔領。因日本投降的過於迅速，國府面對龐大的淪陷區與光復區的接收，臺灣接收事務延宕至八月下旬才確認由陳儀主其事，臺灣省警備總司令部負責軍事接收。

在臺日軍也因投降消息出乎意料而有非戰之敗的情緒，然在臺日軍最高指揮官安藤利吉雖然內心痛苦無奈，但決心遵守天皇的御旨，壓制安撫日本軍民對戰敗的不滿，妥善處理戰敗的後續事務。九月第十方面軍參謀長諫山春樹在南京與陳儀的幕僚長葛敬恩進行會談，會後依據中方的指示，遵照天皇詔令，在臺日軍自主性的進行武裝解除，準備接受佔領軍的接收。顯然在戰敗一個月後，在臺日軍的行政管理仍為有效，且已漸接受戰敗的結果，在佔領軍未進駐前，準備移交相關事務。

臺灣地區接收之特點，就是陳儀要求臺灣要統一接收，但在前進指揮所未抵臺前，空軍已奉令來臺進行接收，十月下旬抵臺的海軍也自行逕行接收，後雖被要求不得擅自接收而停止，但陳儀的統一接收其實已破局。警備總部規劃的軍事接收為分組接收，然十一月一日開始的統一接收僅有五組開始接收，尚有二組因未抵臺而延至十二月才開始接收，使陳儀的統一接收又變成兩波段的統一接收，各軍種接收的時間差產生代接收與移交的問題。統一接收第一波行動的包含陸軍第一組、陸軍第三組、海軍組、空軍組、憲兵組，其中陸軍第三組實際負責北臺之佔領與區域日軍之武裝解除，負責南臺佔領的陸軍第二組須待十二月才會行動，但海軍組、空軍組、憲兵組之接收區域遍及全臺，憲兵組隨著陸軍行動，海軍組、空軍組要前往日軍尚未進行全面武裝解除的中南部臺灣執行任務，看似危險，但由海、空軍兩組的接收狀況來看，在臺日軍並無反動之情況，但中國對日軍不信任的問題並未消除。

受限於來臺進行接收的人力，各組多採用分區分股（班），次第接收的方式，陸軍第二、三組任務著重於日軍戰鬥部隊的繳械與區域佔領，海軍組、空軍組、軍政組除營地、基地、廠房的接收外，軍用物資的接收遂成為工作重點。原則上各組在接收軍用物資後，需再移交給軍政局統一處理，但各組在接收軍用物資後，往往會不循程序自行提用物品，物資的接收成為造成接收混亂的誘因。因日軍無空軍編制，故空軍組在物資接收上易與其他軍種發生混淆的狀況，且因空軍在臺進行接收的人數甚少，易遭他組越權接收，故空軍提出接收範圍劃分意見書，航空委員會對在臺接收之空軍亦會下達命令，造成接收各軍種間的本位主義與接收命令在中央與地方多頭馬車的情況。

軍事接收各組在工作執行上常見之問題，除各部隊對接收軍品未按照規定而自行提用外，常有自行接收非歸管倉庫的情形發生，也常有軍人以搜查軍品為藉口擾民與日人偷賣藏匿軍品。對於越權接收這種易引起各組間糾紛的情事，軍事接收委員會並不積極處理，因而產生職權不清、擅自接收甚至劫收的狀況。為解決接收軍品產生的問題，軍事委員會制定有巡迴視察與軍品點驗之辦法，藉以減少接收軍品產生之錯誤，但在一九四六年三月軍事接收委員會結束時，軍品點驗之工作仍未完成。

警備總部軍事接收委員會以不到四個月的時間宣告完成臺灣地區的軍事接收，陳儀認為接收工作出人意外的順利，但事實顯然並非如此，然軍事接收委員會的結束，宣示著中美合作臺灣軍事接收佔領計畫的結束，但事實上僅能視為日軍集中解除武裝、國軍武裝佔領完成、軍品初步轉移。臺灣的軍事接收並未完成，後續日軍俘的遣送、軍品的集中處理與在臺軍隊的復員整軍均未完成，但已足以作為行政接收的基礎。在臺灣軍事接收期間，接收各組為求時效而未求確實，接收範圍的劃分不清、接收紊亂、越權接收、接收人員不足、紙上接收、接收物資處置均為埋下臺灣軍事接收後續的糾紛。[111]

111 有關軍事接收軍用物資的處理，實為造成接收混亂與糾紛的重要原因，將於下章討論。

第五章　戰後臺灣軍用物資的接收處理

國民政府將臺灣定位為光復區，在行政與軍事接收部分採統一接收，有別於其他收復區，軍事統一接收的原則，即是在臺日軍之海、陸、空、憲各單位統一由警備總部統籌接收。[1]海陸空軍統一接收立意良善，如此接收事權統籌單位單一，以避免產生多頭馬車爭相接收的混亂現象。十月二十八日，行政長官兼警備總司令陳儀召開臺灣地區軍事接收委員會會議，討論臺灣地區軍事接收委員會之組織章程與接收辦法，十月三十日頒佈〈台灣地區軍事接收委員會組織規程〉[2]，以軍事接收委員會作為臺灣軍事接收的任務編組，並明令十一月一日起，統一進行臺灣的軍事接收。[3]

---

1 張瑞成編輯，〈臺灣警備總司令部軍事接收總報告（節略）〉《光復臺灣之籌劃與受降接收》（台北：中國國民黨中央委員會黨史會，一九九〇），頁二四二。光復區之敵偽軍用物資接收係由陸軍總部組織之黨政接收計畫委員會主導，但臺灣並沒有設立此組織。

2 檔號：0034/002.6/4010.2，案由：〈頒發台灣地區軍事接收委員會組織規程仰遵照〉，檔案管有機關：檔案管理局。

3 張瑞成編輯，〈臺灣省警備總司令部命令軍字第一號〉，前揭《光復臺灣之籌劃與受降接收》，頁二四

軍事接收委員會下分設陸軍第一組、陸軍第二組、陸軍第三組、海軍組、空軍組、憲兵組、軍政組等七組執行軍事接收任務，受限於來臺進行接收的人力，各組多採用分區分股（班）、次第接收的方式。統一接收是臺灣地區軍事接收之特點，但在警備總部抵臺前，空軍已奉令來臺進行接收，十月下旬海軍也自行逕行接收，故統一接收在未開始前，其實已有接收之狀況。警備總部規劃十一月一日開始的軍事統一接收，僅有五組開始接收，陸軍第二組與軍政組因人員未抵臺，延至十二月才開始接收，使統一接收又變成兩波段的統一接收。

負責接收軍用物資的軍政組，為由軍政部特派員辦公處所組成，軍政部特派員李進德又兼任後勤總部臺灣供應局局長。[4]軍政部的人員十一月十九日才抵臺，以〈軍政部臺灣區特派員辦公處接收委員會組織辦法〉組成接收組，接收日軍之人馬、車輛、武器、彈藥、器材、文書、營建、廠庫與軍需物資。[5]軍政組的接收工作分為直接接收與間接接

六—二五〇。

4 軍政部後勤總部臺灣供應局為一九四六年一月一日成立的新單位，主要工作在於處理接收日軍之軍用物資、彈藥內運、復員士兵之收容遣送、各部隊之經常補給。「臺灣省軍事設施會議經過紀要乙冊」檔號：0036/003.8/4010.2，案由：〈臺灣省軍事設施會議案〉，檔案管有機關：檔案管理局。

5 「軍政部臺灣區特派員辦公處接收委員會組織辦法」，檔號：0034/701.1/4010.2，案由：〈臺灣區日本物資接收處理案〉，檔案管有機關：檔案管理局。

收，凡臺灣地區各陸軍工廠、貨物廠、病院、倉庫、軍事營建等，由軍政組直接接收，其他由陸海空軍各組接收之軍品、物資，則集中處理後由軍政組間接接收，如此使得臺灣軍用物資的接收，在一開始即非統一接收。[6]

接收與復員為國府在臺重建軍政府一體兩面之工作，如何接收日軍之裝備用以整編及復員國軍之戰備為核心之軍事要務。[7]在接收的過程中，最為人所詬病的就是接收人員的貪瀆問題，有謔者謂接收為「劫收」，[8]軍事接收亦然，參與臺灣接收的海軍少將韓仲英曾談到「劫收」說：「勝利後人心開了閘，使詐使巧，相陵相轢，放任到不知底止，尤其是各地『劫收』的情形，有『四化』（良的化為劣的，多的化為少的，有的化為無的，公的化為私的），有『五子』（鈔子、金子、房子、車子、女子），都是駭人聽聞的事情。」[9]把接收物資「四化」才會有「五子」，故日軍之軍用物資的接收正是臺灣軍事

6 臺灣省警備總司令部接收委員會，前揭《臺灣警備總部接收總報告書》，頁二〇九。

7 鄭梓，〈戰後臺灣的接收、復員與重建——從行政長官公署到臺灣省政府〉《戰後初期的臺灣》（台北：國史館，二〇一五），頁八。

8 林桶法，《從接收到淪陷——戰後平津地區接收工作之探討》（台北：東大圖書公司，一九九七），頁二三五。

9 韓仲英，〈接收日軍在台物資見聞〉收入王楚英等著，《受降內幕》（北京：中國文史出版社，二〇一〇），頁三二〇。

接收糾紛與問題的根源。

臺灣軍事接收的歷程，《臺灣警備總部接收總報告書》分為臺灣軍事接收準備、臺灣地區降敵之概況、臺灣軍事接收經過概要、俘虜管理、俘虜之遣送、接收軍品之點驗及集中處理六篇，為目前記述戰後臺灣軍事接收的重要史料。[10]總報告書中將接收軍品之點驗及集中處理作為專篇，顯然軍用物資之接收為軍事接收之重要事務，但因總報告書的編輯方式，為採執行軍事接收各單位之報告書統合編輯而成，除體例不一外，也有資料殘缺或錯亂的狀況。因總報告書之內容多為分門之資料編輯與表格，閱讀後並無法得知國府對臺灣的軍用物資的接收執行是否能達成預定，各軍種組別在軍用物資接收實務上是否有因認知差異產生的糾紛；在臺灣的軍事接收中，軍用物資是否有越權接收或擅自接收甚至於貪瀆、四化的狀態，總報告書僅部分記錄接收軍品之點驗及集中之狀況，並無法解決上述因軍事接收歷程產生動態類的問題，顯然在臺灣軍事接收甚至於軍用物資接收上，仍有可以討論的空間，歷來對於戰後臺灣軍事接收相關課題之研究，受限於史料而侷限而多以論述歷程為主，故本章不將接收日程作為論述重點，擬進一步試圖根據史料檔案建構戰後臺灣接收軍用物資的處理流程，並以軍事接收委員會下轄之接收各組，在軍用物資接收實務上

---

10 臺灣省警備總司令部接收委員會，《臺灣警備總部接收總報告書》（台北：正氣出版社，一九四六），總報告書另還有一大冊高達九百頁之附錄，為各接收單位接收之軍用物資清冊編纂而成。

所面臨的歷程、困難與糾紛等衍生問題，來析論戰後臺灣軍用物資接收在架構上所產生的缺失，進而檢討戰後臺灣軍用物資接收的成果和後續處理引發之問題。

一、戰後臺灣軍用物資的接收

二戰期間日軍將臺灣視為南方的補給基地，[11]戰爭末期日軍為作戰佈置，在臺灣各地的山區開山闢石、建築山洞，作為營區或倉庫，又為預防美軍包圍封鎖臺灣，為作持久戰計，囤積大量糧食、彈藥、汽油及各種作戰物資於臺灣。[12]駐紮臺灣南部的五十師團參謀山田常，曾回憶其受命設置物資集積地於靠山邊的原住民地區，其調用卡車二八〇輛每晚自鳳山將物資運送至接近集積地點的山麓，再動員三千名士兵以人力背負的方式將物資背上山，背上山的物資光是食鹽就有二十噸，運輸工作完成後，大部分的卡車都因過度

11 小林忠雄，〈對台灣軍的種種回憶〉，收入諫山春樹等原著、財團法人日本文教基金會編譯，《秘話・台灣軍與大東亞戰爭》（台北：文英堂出版社，二〇〇二），頁六四。

12 黃濤、林偉儔、侯梅，〈國民黨第六十二軍赴台灣接受日軍投降紀實〉，收入中國人民政治協商會議廣東省委員會文史資料研究委員會編，《廣東文史資料（第二十三輯）》（廣州：廣東人民出版社，一九七九），頁一三七。該文指稱日軍之糧食物資可支應半年沒有問題，葛超智（Georgr Keer）則指稱日軍囤積之糧食物資可供二十萬人之軍隊支應兩年之久，除軍火與彈藥外之軍用物資估計時價超過二十億美元。參閱Georgr Keer著、陳榮成譯，《被出賣的台灣》（深耕出版，一九八九），頁一一〇。

使用而成為廢車。當國府軍隊來接收這批軍用物資時，要求日軍將物資運回鳳山，據估計卡車運輸需兩萬車次，如以火車運輸需二十車次，貨物堆積滿十幾棟長一百公尺、寬五十公尺的倉庫。[13]。負責接收五十師團的六十二軍黃濤等人也回憶說嘉義、鳳山的倉庫最多最大，有時一連數十間的大小倉庫，密密麻麻的連在一起，足見日軍在臺軍用物資庫存數量龐大。[14]

在國府軍隊進佔臺灣以前，在臺日軍已對軍用物資做了部分的處置。在八月十五日日本宣佈戰敗後，次日臺灣總督兼第十方面軍司令安藤利吉派第十方面軍副參謀長宇垣松四郎至日本大本營連絡，宇垣在八月十九日返臺，並帶回大本營對臺灣軍需品的處理原則指示：

（一）徵用之軍需品，解除徵用直接歸還。

（二）借用者之軍需品，直接歸還。

（三）徵用或借用之軍需品如有損壞遺失，應以替代物歸還，如無替代物應以其他類

---

13 山田常，〈蓬部隊（第五十師團）的記錄—防守國土最南端〉，前揭《秘話・台灣軍與大東亞戰爭》，頁四六—五二。

14 黃濤、林偉儔、侯梅，〈國民黨第六十二軍赴台灣接受日軍投降紀實〉，前揭《廣東文史資料（第二十三輯）》，頁一二二。

似物品歸還。

（四）民生必要之物資，透過有關機關放領給民間（卡車約一百六十輛、重油二千五百噸、衣服與日用雜貨）。

（五）海上挺進部隊的舟艇引擎，可以做為零件欠缺老化之軍用卡車的零件活用。

上述軍需品並不包含兵器與藥物，兵器與藥物需交給佔領軍處置，而放領給民間的物資，規劃於九月一日開始執行，即國府軍隊進行接收時，已有部分民生必要之軍用物資已放領給民間領取。[15] 在國府軍登陸前，亦有發生臺灣人集體搶奪軍用物資的案件。[16]

在中國方面，自日本宣佈投降後，國民政府軍事委員會於十月十八日頒訂〈敵偽軍用物資接收處理補充辦法〉，規定所謂軍用物資包含械彈（包括工兵、防毒、化學器材及各種兵器附件）、糧秣（包括一切軍用食物）、被服裝具、運輸工具器材燃料及附屬油料、通訊器材及軍用犬、衛生器材藥品救護車及裝備、軍用廠場院所庫隊以及各種軍用原料、馬騾及乘駄輓具、特種車輛及器材、營房及陣營具、文卷圖籍、其他有關軍用物資。[17]

15 蘇瑤崇主編，〈第十方面軍復員史資料〉《台灣終戰事務處理資料集》（台北：台灣古籍出版有限公司，二〇〇七），頁七七－七八。物資放領民間後，中國軍方不滿要求追回。

16 蘇瑤崇主編，〈台灣軍軍電部分〉前揭《台灣終戰事務處理資料集》，頁二四七。

17 「為頒訂敵偽軍用物資接收處理補充辦法令仰遵照由」，檔號：0034/701.1/4010.2，案由：〈臺灣區日本物

根據國府的規定，軍用物資之範圍廣闊，包含動產與不動產，各種軍用物資由軍政部派駐各地特派員秉承當地受降主官辦理接收，軍事委員會要求需造冊呈報軍政部統計並隨時補報。[18]負責受降指揮的陸軍總部並不直接辦理接收，其則規定屬於空軍裝備物資者由航空委員會派員接收，屬於海軍船艦物資者由海軍總部接收，[19]然接收之軍用品並不列入接收日產抵賠中國戰爭損失之列。[20]關於日方繳交軍用物資的手續，係由日方繳交清冊一式兩份，一份送接收單位為清點之用，另一份送中國戰區日本官兵善後總連絡部呈陸軍總部以

資接收處理案〉，檔案管有機關：檔案管理局。

18 「福州劉建緒酉梗密」，檔號：0034/701.1/4010.2，案由：〈臺灣區日本物資接收處理案〉，檔案管有機關：檔案管理局。

19 張瑞成編輯，〈受降報告—民國三十五年三月十日陸軍總司令何應欽於六屆二中全會第十三次會議報告〉，前揭《光復臺灣之籌劃與受降接收》，頁二一七－二一八。原報告記海軍船艦物資者由海軍總司令部接收，應為筆誤，海軍總司令部為一九四六年六月國防部成立後所設，時應為海軍總部。

20 「電飭查報接收日產抵充賠償數目仰依限遵辦并轉與遵照由」，檔號：0034/701.1/4010.2，案由：〈臺灣區日本物資接收處理案〉，檔案管有機關：檔案管理局。但在十一月二日何應欽給陳儀的電文卻說所有接收的軍用物資將來均需抵付賠款。參閱「收復一切物資將來均須抵付賠款希不得隱匿少報擅自動用」，檔號：0034/002.6/4010.2，案由：〈臺灣光復案專輯〉，檔案管有機關：檔案管理局。

為核對之用，[21] 後又要求增繕副本兩份，[22] 然在臺灣軍品接收的實際辦法為由日軍移交清冊三份，分由日軍移交人員、該組負責人員與警備總部高級參謀各執一份，一同至軍品放置處揭開原有封條，照冊清點，三方蓋章後再由警備總部重新封存。[23]

十一月一日臺灣的軍事接收統一進行，是日警備總部參謀長柯遠芬與日軍副參謀長宇垣松四郎進行會談，雙方會談之焦點，還是在軍用物資的接收與處理上。如前所述，日軍在國府軍未入駐前已將部分軍用物資放領給民間，柯遠芬要求日方要提出數量表與收單，日方要求請中方於現有物資集積地做配置接收，但柯遠芬對日方之要求回應以研究後考慮善處，但原則上還是要求需要將軍需品集中以便警備。[24]

臺灣軍事接收開始，警備總部即要求日軍之軍用物資必需集中保管，不得有隱匿、少

---

21 中國陸軍總司令部編，〈中國陸軍總司令部命令軍補字第八號〉《中國戰區中國陸軍總司令部處理日本投降文件彙編（下卷）》（南京：中國陸軍總司令部，一九四六），頁二五。

22 「何應欽酉徑未補餘」，檔號：0034/701.1/4010.2，案由：〈臺灣區日本物資接收處理案〉，檔案管有機關：檔案管理局。

23 黃濤、林偉儔、侯梅，前揭〈國民黨第六十二軍赴台灣接受日軍投降紀實〉，《廣東文史資料（第二十三輯）》，頁一二一－一二二。

24 「十一月一日柯參謀長與宇垣參謀副長之交涉會談內容」，檔號：0034/701.1/4010.2，案由：〈臺灣區日本物資接收處理案〉，檔案管有機關：檔案管理局。

報及擅自動用的情形，[25]但仍有日軍隱匿或盜賣軍品的狀況發生。[26]負責接收臺灣南部的六十二軍將領，指稱日軍曾進行大規模的破壞裝備和隱蔽物資活動，日軍將大量的武器彈藥拋入海中，或將整船的米糧、汽油沈入海底，還利用山洞倉庫藏匿大量軍用物資並將洞口密封拒不移交。[27]警備總部訂定〈臺灣省警備總司令部查究日方武器彈藥及物資文件獎懲暫行辦法〉以獎金獎勵檢舉密報，期望能杜絕接收軍品隱匿的情事。[28]據中方統計，負責接收臺灣北部地區的七十軍一〇七師，自十一月二十九日至十二月二十一日，在新竹一地即查獲日軍隱匿之軍用物資十七案，隱匿之軍用物資有彈藥、照明彈、毒氣罐、醬油、汽油、發動機甚至還有飛機，[29]七十軍七十五師在基隆查獲十座藏匿日軍特攻艇器械之

25 「為飭知本收復接收日軍物資不得隱匿少報擅自動用及集中保管由」，檔號：0034/002.6/4010.2，案由：〈臺灣光復案專輯〉，檔案管有機關：檔案管理局。

26 參閱「戰俘犯罪一覽表」、「沒收臺灣日軍隱藏盜賣物資統計表」，臺灣省警備總司令部接收委員會，前揭《臺灣警備總部接收總報告書》，頁三九四－四〇一。

27 黃濤、林偉儔、侯梅，前揭〈國民黨第六十二軍赴台灣接受日軍投降紀實〉，《廣東文史資料（第二十三輯）》，頁一二三。

28 「臺灣省警備總司令部查究日方武器彈藥及物資文件獎懲暫行辦法」，檔號：0034/706/6010.2，案由：〈日遺物資發掘處理案〉，檔案管有機關：檔案管理局。

29 「陸軍七十軍司令部代電參乙字〇九九九號」，檔號：0034/706/6010.2，案由：〈日遺物資發掘處理案〉，檔案管有機關：檔案管理局。

倉庫，[30]空軍也曾將日軍第八飛行師團丹下大尉以盜賣軍品武器提部法辦。[31]

在軍用物資接收的過程，原第十方面軍參謀安藤正曾回憶說：「中國軍官一開始就對日軍不信任，一抵臺即向南京發電說日軍有隱匿武器之陰謀，但電報的真正目的在於自我保護……早已被空軍接收的高射砲，陸軍卻指控日軍隱匿不願交出。」[32]也曾發生六十二軍指稱台中地區的日軍有私自處理或盜賣交通器材的情事，但後來由空軍出函證明該批通信器材是為其所接收的狀況。[33]日軍密碼班成員常光定吾回憶參與接收過程提及，中方人員如發現在庫目錄與接收目錄不同就會追查到底，如軍用犬數目不夠就質疑是日軍吃了好吃的狗，並要部隊長將印章交出，因其認為印章應為用黃金或珠寶所刻成。[34]安藤與常光的回憶說明，除接收範圍劃分不明外，文化差異與不信任，使得接收的雙方認知有所差異。

---

30 「函請派員率同憲兵搜查基隆市特攻艇並清查已破獲之倉庫由」，檔號：0034/706/6010.2，案由：〈日遺物資發掘處理案〉，檔案管有機關：檔案管理局。

31 「為令將丹下大尉提解來部并將盜賣部分造冊呈繳由」，檔號：0034/701.1/4010.3，案由：〈臺灣區日本航空隊資產接收處理案〉，檔案管有機關：檔案管理局。

32 蘇瑤崇主編，前揭〈第十方面軍復員史資料〉《台灣終戰事務處理資料集》，頁九三—九四。

33 「為破獲日軍盜賣或私自處理交通器材希即查明辦理具報由」、「為請將台北市幸町一六〇號之積集器材仍由本部接收由」，檔號：0034/701.1/4010.2，案由：〈臺灣區日本物資接收處理案〉，檔案管有機關：檔案管理局。

34 常光定吾，〈終戰後的種種回憶〉，前揭《秘話・台灣軍與大東亞戰爭》，頁一〇八。

警備總部訂定〈臺灣省警備總司令部查究日方武器彈藥及物資文件獎懲暫行辦法〉的確產生了檢舉密報的效應，即使在偏遠的花蓮吉野鄉（今吉安鄉），一九四六年一月憲兵第四團駐花蓮港憲兵隊即根據民人密報，查扣了日軍隱匿的豬、牛、鴨、鵝。[35]密告者得到最大的一頭豬作為獎勵，其餘牲口憲兵團請示負責軍用物資接收的軍政部臺灣區特派員辦公處如何處置，特派員辦公處以新擬之〈軍政部臺灣區特派員辦公處處理敵軍所繳不合需要物品辦法〉回覆處置。[36]根據〈軍政部臺灣區特派員辦公處處理敵軍所繳不合需要物品辦法〉所謂不合物品指的是豬牛雞鴨等畜類、廠庫內之空瓶空罈、易霉爛不合食用之餅乾罐頭乾糧與其他不合我軍需要之物品，為節省運輸費用與保管人力起見，不合物品以公開變賣為處理原則。[37]原日軍查繳之牛隻原根據前述辦法標賣，後因日軍之牛隻有向民家徵用之狀況，故特派員辦公處針對牛隻之處理，再擬〈軍政部臺灣區特派員辦公處處

35 「為本團駐花蓮港憲兵隊查獲日軍匿藏牲口一批應如何處理祈核示由」，檔號：0034/701.1/4010.2，案由：〈臺灣區日本物資接收處理案〉，檔案管有機關：檔案管理局。

36 「呈復花蓮港憲兵排呈繳之牛豬已飭花蓮港接收處理」，檔號：0034/701.1/4010.2，案由：〈臺灣區日本物資接收處理案〉，檔案管有機關：檔案管理局。

37 「軍政部臺灣區特派員辦公處處理敵軍所繳不合需要物品辦法」，檔號：0034/701.1/4010.2，案由：〈臺灣區日本物資接收處理案〉，檔案管有機關：檔案管理局。

理敵軍所繳不合需要物品補充辦法〉[38]，依補充辦法，前案之牛隻遂交花蓮港縣政府發還農民，[39]顯然因日軍在戰時對民間的徵用，為造成國府在戰後接收物資處理上混亂的原因之一。

在臺灣軍事接收的過程中，因軍政部人員抵臺較遲，也產生日軍原擬交接給軍政組的軍用肉乾，因軍政組交接人員未到，被基隆民人檢舉隱匿、七十五軍諜報員前往偵察的烏龍事件。[40]軍政部臺灣區特派員辦公處除主持軍政組之接收外，對於其他接收組所遭遇到有關軍用物資接收之問題亦需予以解決，軍政組內分為台北、台南兩區，依據接收各項物質之性質，各區均設兵器、經理、交通、通信、醫務、營建六班，其中兵器班兼管軍械庫，經理班兼管糧秣庫。軍政組自十二月一日開始進行接收，因接收人力有限，接收完成之庫房多委由臨時雇員、地方保長、鄉鎮長甚至日人進行保管，軍政組之接收工作至一

38 「軍政部臺灣區特派員辦公處處理敵軍所繳不合需要物品補充辦法」，檔號：0034/701.1/4010.2，案由：〈臺灣區日本物資接收處理案〉，檔案管有機關：檔案管理局。

39 「為電呈花蓮港憲兵隊查獲日軍牛豬處理情形請查核由」，檔號：0034/701.1/4010.2，案由：〈臺灣區日本物資接收處理案〉，檔案管有機關：檔案管理局。

40 「灣連第二十一號關於基隆市律部隊兵監視之日軍所有部隊糧秣之件」、「為報告存儲基隆瀧川天主堂內之日軍待交罐頭食物業經派員接收由」，檔號：0034/701.1/4010.2，案由：〈臺灣區日本物資接收處理案〉，檔案管有機關：檔案管理局。

九四六年一月底宣告完成，但軍政部特派員辦公處後續仍有間接接收、點驗等工作需進行。[41]

二、戰後臺灣軍用物資的點驗、移交、集中與驗收

在臺灣軍事接收的過程中，軍事接收委員會約莫半個月會召開一次會議，在十一月中旬召開軍事接收委員會的第二次會議，會議中檢討半個月來的接收工作指出，各組在工作執行上常見之問題除日人偷賣藏匿軍品外，主要在於各部隊對接收軍品未按照規定而自行提用，且接收系統紊亂，常有自行接收非歸管倉庫的情形發生，也常有軍人以搜查軍品為藉口擾民。該次會議陸軍七十軍提出部隊必要之物品是否儘先於接收軍品中提用，會議主席陳儀裁示，如鞋子、蚊帳等可以先提用，但仍須呈報；軍政部特派員李進德隨後提案制定提用接收物品手續，決議由提用機關呈請批准後通知軍政部特派員辦公處出具收據提

41 「軍政部臺灣區特派員辦公處接收委員會組織辦法」，檔號：0034/701.1/4010.2，案由：〈臺灣區日本物資接收處理案〉，檔案管有機關：檔案管理局與臺灣省警備總司令部接收委員會，前揭《臺灣警備總部接收總報告書》，頁二〇九－二三九與朱匯森主編，〈臺灣省行政長官公署電令鄉鎮長協助保管軍用物資廠庫」〉《政府接收臺灣史料彙編》（台北：國史館，一九九〇），頁二三一－二三二。

用，顯然在會議決議之前，對於台灣接收之軍用物資並無一致性的提用辦法。[42]來臺接收的六十二軍將領曾論及接收軍用物資：「對於這些物資，初時雖叫清點歸公，或叫部隊出具收條領用，後來也有不少地區，不論駐軍、政府、警察，以至於鄉保長等，都自由取用，甚至公開拿到市場發賣，是為接收工作中的最大弊端。」[43]為防止接收發生錯誤與求物之歸公，軍事接收委員會的第二次會議中還決議在接收期間需派員視察，在接收完畢後應進行點驗。[44]

軍事接收委員會原本預定在十一月份辦理接收，十二月份進行點驗，在十二月一日舉行的軍事接收委員會第三次會議排定陸軍一、二、三組分別於十二月六日、次年一月十六日、十二月十六日開始進行點驗。關於點驗的的原則，軍事接收委員會第三次會議決議以抽查方式實施，在處理集中接收物資會議中則決定陸軍各組以分區分組、同區同時點驗以

42 「臺灣地區第二次軍事接收委員會會議節錄」，檔號：0034/002.6/4010.2，案由：〈第一、二三次軍機接收委員會會議記錄〉，檔案管有機關：檔案管理局。

43 黃濤、林偉儔、侯梅，前揭〈國民黨第六十二軍赴台灣接受日軍投降紀實〉，《廣東文史資料（第二十三輯）》，頁一二三。

44 「臺灣地區第二次軍事接收委員會會議節錄」，檔號：0034/002.6/4010.2，案由：〈第一、二三次軍機接收委員會會議記錄〉，檔案管有機關：檔案管理局。

期迅速，海軍以先集中後點驗之方式，空軍則另案處理。[45] 空軍另案處理實因空軍來臺接收人員過少，故在接收過程多僅作表面工作書面接收，未盡澈底，故另案處理不在抽查點驗之列。[46]

來臺進行軍事接收的人員不足，導致接收進行淪於表面，此種情形以海軍與空軍為最。海軍有些倉庫接收後實際仍委由日軍代為保管，或因看守人員不足，只好把倉口封牢，因而導致倉中通風不良而物資發霉生鏽。[47] 空軍的來臺人員更少，加以接收物資分散，雖採嚴加查封，但仍發生飛機機件遭偷拆之事件，[48] 甚至於有空軍基地倉庫，在統一接收結束後才發現尚未進行接收的情事。[49]

在軍事接收委員會第三次會議中，日軍於九月發放給民間的軍用物資被提出檢討，決

45 「臺灣地區第三次軍事接收委員會會議節錄」，檔號：0034/002.6/4010.2，案由：〈第一、二三次軍機接收委員會會議記錄〉與「處理集中接收物資會議紀錄」，檔號：0034/701.1/4010.2，案由：〈臺灣區日本物資接收處理案〉，檔案管有機關：檔案管理局。

46 因此《臺灣警備總部接收總報告書》中關於點驗的部分並無空軍接收之點驗記錄。

47 嚴壽華，前揭〈抗戰勝利前後接收日本海軍的經過〉《福建文史資料（第十一輯）》，頁七〇、七三。

48 「電呈鹿港機場部隊發現見該機場西南端有殘破飛機貳十餘架被盜竊機件情形請核由」，檔號：0035/701.8/6010，案由：〈日本移交殘留飛機處理案〉，檔案管有機關：檔案管理局。

49 周鳳梧，〈赴台灣接收的片段見聞〉，收入王楚英等著，前揭《受降內幕》，頁三二七。

議如為向日軍購買之物資要求原價甚至加價購回，所支付款項由日方負責，並可以扣發日軍副食等費作抵，迫使日軍設法繳回，[50]在中方的要求下，日軍將發放民間之物資追回，最後收回約百分之七十。[51]

十二月召開的軍事接收委員會第四次會議，警備總部參謀長柯遠芬報告說陸軍第一組已點驗完畢，而時已接收完竣的陸軍第三組則預定在一月十日進行點驗，並期望各組對於本部派出的點驗接收人員，如有弊端務必檢舉。[52]軍事接收委員會組織了兩組接收軍品點驗組，於各組接收終了的一九四六年二月開始進行點驗。點驗第一組以本部第一處處長蘇紹文兼任組長，於二月十四日至三月十八日進行台北、基隆、淡水、宜蘭、花蓮、新竹等地軍政組、憲兵組之接收點驗。點驗第二組以本部高級參議周鏡澄兼任組長，於二月五日至三月十日進行台中、嘉義、台南、高雄、屏東、馬公等地之陸軍第二組、軍政組、憲兵組、海軍組的接收點驗，點驗的工作重點在於武器彈藥的數目相符、被服器材以抽點之

---

50 「臺灣地區第三次軍事接收委員會會議節錄」，檔號：0034/002.6/4010.2，案由：〈第一、二三次軍機接收委員會會議記錄〉，檔案管有機關：檔案管理局。

51 蘇瑤崇主編，〈第十方面軍復員史資料〉《台灣終戰事務處理資料集》（台北：台灣古籍出版有限公司，二〇〇七），頁九五－九六。

52 「臺灣地區第四次軍事接收委員會會議節錄」，檔號：0034/002.6/4010.2，案由：〈第一、二三次軍機接收委員會會議記錄〉，檔案管有機關：檔案管理局。

方式、糧秣注意有無霉毒、營建器具採覆察性質指示集中與保管方法。[53] 點驗組之點驗雖分南、北二區，但陸軍第一組、陸軍第三組、空軍組均非點驗組之點驗對象，係因陸軍兩組均已在接收過程中完成點驗，而空軍組如前述為另案處理，故不在點驗組點驗範圍之中。[54]

臺灣地區軍事接收委員會之分組接收於一九四六年二月十四日完成，二月二十三日警備總部召開軍事接收結束會議，陳儀於會議中指示在結束接收工作後，尚有前日軍借用之軍品、埋藏盜賣的物資、軍用物資集中等項需繼續處理。其中軍用物資部分陳儀強調軍用物資的處理辦法有銷毀、利用、配給、拍賣、發還、轉借、集中運輸等，而軍用物資應從速集中以減少監護兵力。在軍事接收結束會議中，本部請軍政部特派員辦公處儘速點收陸軍各組所接收之軍用物資，並釐清海陸軍接收之軍用物資哪些需移交給軍政部？並請軍政

53 臺灣省警備總司令部接收委員會，前揭《臺灣警備總部接收總報告書》，頁十六、四二九－四四五。《臺灣警備總部接收總報告書》中記載點驗第一組點驗包含陸軍第三組為誤，因對比其後之點驗經過單位並無陸軍第三組，陸軍第三組可能於一九四六年二月之前已完成點驗。

54 陸軍第一組、陸軍第三組、空軍組非點驗組之點驗範圍，而《臺灣警備總部接收總報告書》有關點驗之專章僅刊錄點驗組之點驗報告，故該書亦無陸軍第一組、陸軍第三組、空軍組之點驗記錄。《臺灣警備總部接收總報告書》關於點驗之兩組雖有針對各自點驗之接收組進行保管、集中、處理情形之比較，但因非七組進行評比，不具全面性，僅能作為參考。

部特派員與在臺之海、空軍司令共同擬定接收軍品處理集中計畫大綱實施方案。軍政組則提案要求各接收組檢送一份接收軍用物資清冊。[55]由會議中的提案來看，臺灣地區的軍事接收，特別是在軍用物資的接收處理上顯然仍未完成，如接收軍用物資之移交、集中等工作，又如以時間程序來看，臺灣地區的軍事接收甚至連點驗都尚未結束。

軍事接收委員會為防止接收物資失散，於一九四六年一月二十三日召開處理集中接收物資會議。[56]因接收人員缺乏造成接收遲滯，且各組接收之物資星散各地難以監護，故處理集中接收物資會議中提案討論〈接收軍品集中處理計畫草案〉（簡稱計畫草案）。計畫草案明訂各接收單位在接收自行點驗後應逐次施行軍品集中，接收之軍品集中於交通便利處並利用鐵道運至大地區再集中。對於接收軍品之集中處理原則，計畫草案分為堪用、不堪用兩種類別，在堪用部分，武器彈藥需選擇交通便利儲存良好的倉庫分別放置，被服與糧秣除選擇適合的倉儲，儘量發給部隊實用。海軍接收之物資應向高雄、馬公兩要港區之廠庫艦艇集中，空軍接收物資先就選定基地集中。交通器材、通信器材除補充部隊使用

55 「台灣地區軍事接收委員會結會議紀錄」，檔號：0034/701.1/4010.2，案由：〈臺灣區日本物資接收處理案〉，檔案管有機關：檔案管理局。

56 「處理集中接收物資會議記錄」，檔號：0034/701.1/4010.2，案由：〈臺灣區日本物資接收處理案〉，檔案管有機關：檔案管理局。

外，由軍政部特派員辦公處處理；戰車、軍用鐵道及器材，亦統由軍政部特派員辦公處處理。[57]軍政部特派員辦公處則規劃將接收軍用物資，分為軍械、交通、通信、經理、衛生五類門分別集中。[58]

在軍事接收結束會議後，接收軍用物資之移交工作隨之展開，負責接收臺灣北部的陸軍七十軍為辦理接收軍品之併庫移交，制定〈陸軍七十軍移交倉庫軍品實施辦法〉，七十軍據此設置移交組，移交組分兩股，分別負責台北、新竹、淡水地區與基隆、宜蘭地區之併庫移交事宜。[59]四月十五日起，七十軍開始移交軍用物資給後勤總部臺灣供應局，移交自樹林口（今林口）的倉庫貨物運輸至松山倉庫開始，次日七十軍就提出原庫設庫移交的要求，理由為倉庫分散交通工具與人力困難，樹林口距離台北二十餘公里，時道路為羊腸小徑，卡車每日僅能往返一趟，八里倉庫之物資估計有兩千餘噸，需八百車次才能運完，七十軍希望軍政部臺灣特派員辦公處能同意由臺灣供應局派員至原庫接受移交。[60]

---

57 「臺灣地區接收軍品集中處理計畫草案」，檔號：0034/701.1/4010.2，案由：〈臺灣區日本物資接收處理案〉，檔案管有機關：檔案管理局。

58 臺灣省警備總司令部接收委員會，前揭《臺灣警備總部接收總報告書》，頁四四七。

59 「陸軍七十軍移交倉庫軍品實施辦法」，檔號：0034/701.1/4010.2，案由：〈臺灣區日本物資接收處理案〉，檔案管有機關：檔案管理局。

60 「陸軍第七十軍司令部代電參甲移第字三〇〇號」，檔號：0034/701.1/4010.2，案由：〈臺灣區日本物資接

七十軍期望原庫設庫移交除前述問題外，更重要的是七十軍接收日軍軍用物資時，因為求迅速而未能確實，以現存各倉之物資如啟運移交必經詳點，不免有缺少或損壞之情形，現地移交如以抽點查驗，可免責任問題之殊慮。[61]但因現地移交有違軍品集中之原則，且未來將產生警衛與物資運送之問題，故軍政部臺灣特派員辦公處並未同意原庫設庫移交，七十軍只好將接收貨物運至松山倉庫，辦理移交。[62]臺灣供應局派遣該局監護營之官兵負責移交任務，監護營之官兵並無受過訓練，每日接收之移交物資平均不及兩噸，造成移交遲緩，每日運抵軍品數量遠遠超過移交軍品數量，待移交之軍品堆積如山，為此警備總部參與移交監交之人員建議派遣特務團前來協助移交。[63]

負責接收臺灣中南部的陸軍六十二軍，成立軍品集中運輸指揮處，與負責移交接收的臺灣供應局台南辦事處協商，以部隊移防之際集中移交接收軍用物資，依部隊移防日期，

---

61 「簽呈三十五年四月二十三日於于第三處」，檔號：0034/701.1/4010.2，案由：〈臺灣區日本物資接收處理案〉，檔案管有機關：檔案管理局。

62 「為呈復樹林口八里莊倉庫均係槍彈仍懇轉飭七十軍運交松山貨物廠接收由」，檔號：0034/701.1/4010.2，案由：〈臺灣區日本物資接收處理案〉，檔案管有機關：檔案管理局。

63 「簽呈三十五年四月二十三日於于第三處」，檔號：0034/701.1/4010.2，案由：〈臺灣區日本物資接收處理案〉，檔案管有機關：檔案管理局。

依序自台中、嘉義、台南、高雄、屏東進行移交。[64] 四月一日起集中運輸移交台中地區之接收軍用物資，五月份為嘉義、斗南，至六月十五日集中運輸完成。[65] 六十二軍因移防離臺在即，接收軍品集中移交有時間之壓力，期間也有發現處理軍品未報者亦未補報案件的問題產生。[66]

軍事接收委員會原規劃分台北新竹、基隆宜蘭、台中嘉義、台中花蓮、台南、高雄六區進行接收軍品的集中，[67] 計畫於五月份完成接收軍用物資之集中與移交，但執行單位均反應執行上有困難無法達成。七十軍指稱運輸機構不能適時調派車輛，加上臺灣供應局接收移交業務欠整備且移交接收人員太少、移交接收方法不良、手續過於繁瑣，是使致進度延遲的原因。[68] 六十二軍反應亦為運輸工具缺乏、臺灣供應局接收移交事權不統一，

64 「報告三月二十九日」，檔號：0034/701.1/4010.2，案由：〈臺灣區日本物資接收處理案〉，檔案管有機關：檔案管理局。

65 「臺灣地區軍事接收委員會陸軍第二組軍品集中運輸指揮處代電輸字第〇三二號」，檔號：0034/701.1/4010.2，案由：〈臺灣區日本物資接收處理案〉，檔案管有機關：檔案管理局。

66 「報告七月三日於總部」，檔號：0034/701.1/4010.2，案由：〈臺灣區日本物資接收處理案〉，檔案管有機關：檔案管理局。

67 臺灣省警備總司令部接收委員會，前揭《臺灣警備總部接收總報告書》，頁四四六。

68 「陸軍第七十軍司令部代電參甲第字一四〇九號」，檔號：0034/701.1/4010.2，案由：〈臺灣區日本物資接收處理案〉，檔案管有機關：檔案管理局。

另加部隊即將移防改編，為移交困難之處。[69]海、空軍之軍品集中，如前所述，早已集中於海軍要港區與空軍基地，但海軍需將台北、基隆地區接收之物資需再集中，海軍台澎要港司令部以缺乏足供存放之軍品倉庫、搬運所需之車輛有限與人力不足三項，說明無法於五月完成接收物資集中之原因。[70]海軍至六月底才將接收物資集中於高雄、馬公五庫，與基隆、台北、新竹三庫之中。[71]據臺灣供應局的統計，日軍之軍用物資散布全省，接收之倉庫共有四百四十九個處所，每處之庫房不等，有多者至三百多庫，共計有三千餘個庫房。[72]臺灣供應局人手不足以看守接收之倉庫，警備總部雖安排陸軍駐軍支援，但非長久之計，甚至發生臺灣供應局駐台南辦事處負責人潛逃之情事，以致嘉義、台南倉庫接收之軍品有部分散失、有露天堆置，接收軍品因乏人管理久成廢品。[73]

---

69 「陸軍第六十二軍司令部代電接參英字一〇六號」，檔號：0034/701.1/4010.2，案由：〈臺灣區日本物資接收處理案〉，檔案管有機關：檔案管理局。

70 「雄字第六七四號奉電軍品集中限五月底前完成所感困難情形報請亮察由」，檔號：0034/701.1/4010.2，案由：〈臺灣區日本物資接收處理案〉，檔案管有機關：檔案管理局。

71 「臺灣省警備總司令部來電三五譯字第一五七四號」，檔號：0034/701.1/4010.2，案由：〈臺灣區日本物資接收處理案〉，檔案管有機關：檔案管理局。

72 「臺灣省軍事設施會議經過紀要乙冊」檔號：0036/003.8/4010.2，案由：〈臺灣省軍事設施會議案〉，檔案管有機關：檔案管理局。

73 「報告三十六年元月日於第三處」，檔號：0034/701.1/4010.2，案由：〈臺灣區日本物資接收處理案〉，檔

根據〈軍政部收繳降敵武裝驗物資收辦法〉，臺灣為軍政部收繳降軍武裝物資驗收委員會第三驗收委員會之驗收範圍，在臺灣接收軍品集中移交完成後，第三驗收委員會將來臺進行驗收。[74]七月八日軍政部長陳誠電告警備總部，由軍政部臺灣特派員李進德擔任驗收清點之工作，並請警備總部派員協助。[75]軍政部臺灣特派員李進德亦兼任後勤總部臺灣供應局局長，台灣軍用物資的接收、點驗、集中與移交均有參與或主辦，李進德受命後分別於台北、台南召開驗收會議，軍政部要求其需於七月底造冊報部完成驗收。[76]臺灣軍用物資的接收，歷經點驗、移交、集中至驗收報部，算是行政上之程序完成告一段落。[77]

74 「軍政部代電卅五參復字第一二四四號」，檔號：0034/701.1/4010.2，案由：〈臺灣區日本物資接收處理案〉，檔案管有機關：檔案管理局。

75 「臺灣省警備總司令部來電三十五譯字第一六三一號」，檔號：0034/701.1/4010.2，案由：〈臺灣區日本物資接收處理案〉，檔案管有機關：檔案管理局。

76 「請派員參加驗收會議由」，檔號：0034/701.1/4010.2，案由：〈臺灣區日本物資接收處理案〉，檔案管有機關：檔案管理局。

77 一九四六年八月國府根據〈清查接收處理敵偽物資辦法〉，派遣由中央監察委員會、國民參政會與監察院共組清查團至臺灣，清查黨政軍經濟接收機關，此為中央之清查工作，非國防部之軍事接收事務，故國防部之驗收為軍用物資接收行政上程序之完成。參閱「國防部代電參復字第〇一二七號」，檔號：

臺灣軍用物資的接收，應由軍政部特派員承地區受降主官陳儀辦理，陳儀以警備總部作為臺灣軍事接收之執行單位，警備總部以任務編組方式下設軍事接收委員會分為七組執行軍事接收，而軍政部特派員負責軍政組之接收，故軍政部特派員需負責軍政組之接收與軍用物資之接收工作，即其擔任軍事接收委員會與軍政部的雙重角色。軍政部特派員在軍事接收委員會的角色中需執行或參與接收、移交、集中等工作，在軍政部的角色則需主導軍用物資的接收、驗收之工作；但如前所述，軍政部特派員來臺時間較晚，能指揮之人員相對較少，加上雙重角色位階定位混淆，[78]使其在臺灣軍用物資的接收工作上未能作為強勢之主導，也成為臺灣接收軍用物資處理混亂的原因之一。

三、戰後臺灣接收軍用物資的利用與衍生問題

（一）戰後臺灣接收軍用物資的利用

國府對戰後臺灣接收軍用物資的利用，在接收時期即已開始。日本投降後，國府旋於八月一九日宣告：「為求補償我空軍損失，凡在我淪陷區及東北各省，與臺灣香港及越南

0034/701.1/4010.2，案由：〈臺灣區日本物資接收處理案〉，檔案管有機關：檔案管理局。

78 軍政部特派員李進德既負責軍政組之接收，又擔任驗收清點之工作，既受制於警備總部又要查核敷實警備總部，還有球員兼裁判之嫌。

北緯十六度以北等我轄區內，所有日本空軍之軍械油彈裝備及器材與航空工業，及直接與航空有關之一切財產設備器材等，應一律交由空軍接收。」[79]國府非常重視日本的軍用航空裝備接收，在臺灣軍事接收期間，航空委員會曾命令在臺空軍調查接收妥善之轟炸機與驅逐機數量，並依中央指示：「臺灣接收之日機其可以使用者應盡量飛返國內備用」，空軍遵照辦理，將接收航機飛至中國以供備用。[80]

在臺接收之日軍武器裝備，部分由軍政部特派員辦公處，撥發給負責接收佔領的陸軍七十軍與六十二軍，全面充實兩軍之裝備。六十二軍以接收日軍的山砲在軍部配置了野砲營、各師配備了山砲營；以接收來的汽車在軍部配置了汽車營、各師裝備了汽車連。全軍配定所需騾馬一千多匹，軍官上尉以上發配手槍，並按需求配足望遠鏡、觀測器等光學儀器與通訊器材；士兵均配足鋼帽、軍毯、雨衣、乾糧袋、水壺、皮鞋、膠鞋、腰皮帶等物品。六十二軍的將領回憶說：「所有臺灣的裝備，任由我們要什麼就給什麼，表現得非常

79 中國陸軍總司令部編，〈委員長八月十九日電（指示接收日本空軍器材辦法要旨）〉《中國戰區中國陸軍總司令部處理日本投降文件彙編（上卷）》（南京：中國陸軍總司令部，一九四六），頁二二。

80 「週來奉委座面諭知事項如下」，檔號：0034/761.3/6010，案由：〈台灣飛機接收〉，檔案管有機關：檔案管理局。

慷慨……是為六十二軍在廣東建軍以來，未曾有過的完整裝備。」[81]軍政部特派員辦公處對於接收之軍用糧秣，凡能利用之補給品均發配給部隊，易損壞之糧秣發給各部隊食用，能合乎救濟之糧食如蒸米、炒米、餅乾、粉類均交救濟署，接收食鹽則交專賣局。[82]接收之軍秣因恐霉腐與運輸不易，交給善後救濟總署臺灣分署作為救濟使用，善後救濟總署臺灣分署有分撥給各地方政府，各地方政府除救濟外也有標賣與撥付以工代賑的狀況。[83]在臺接收之汽車除編成汽車營運外，也成立台北、台中、台南三個汽車隊，後再編成輜汽二十一團開赴南京。[84]

一九四六年五月臺灣供應局將重達四千公噸的火砲內運中國，同月底軍政部下令將在臺接收械彈除駐軍必須外，其餘一萬餘噸集中運至上海；軍政部六月函請招商局將在臺接

81　黃濤、林偉儔、侯梅，前揭〈國民黨第六十二軍赴台灣接受日軍投降紀實〉，《廣東文史資料（第二十三輯）》，頁一三二。
82　臺灣省警備總司令部接收委員會，前揭《臺灣警備總部接收總報告書》，頁四五二。
83　中國第二歷史檔案館、海峽兩岸出版交流中心編，〈善後救濟總署臺灣分署為各地接收軍糧並飭擬定使用計畫事與總署等往來文件（一九四六年五月－一九四七年二月）〉，《館藏民國臺灣檔案匯編（第九十五冊）》（北京：九州出版社，二〇〇七），頁八、一一六、三三〇。
84　臺灣省警備總司令部接收委員會，前揭《臺灣警備總部接收總報告書》，頁四五二與黃濤、林偉儔、侯梅，前揭〈國民黨第六十二軍赴台灣接受日軍投降紀實〉，《廣東文史資料（第二十三輯）》，頁一三三。

收之戰車與火砲共三一九門約兩千噸啟運。[85]後勤總部奉命於六月中旬將在臺接收之日軍戰車、油料等內運至徐州交裝甲部隊使用，計內運有十四T九七式戰車三十三輛、七T九五式戰車三十輛、二1/2T小戰車三輛與四T履帶牽引車八輛、輕修理車二輛、工兵作業車四輛共八十輛、十六門九〇式野砲與十萬加侖之輕柴油。[86]一九四六年七月國共內戰全面爆發，臺灣接收的軍事物資陸續成為國府投入內戰的資源，十一月聯勤總部要求臺灣將接收日軍之工兵器材，包含地雷之爆破器材、架橋材料、照明器材、土工器具等，提運至上海與遼寧葫蘆島供部隊使用。[87]軍政部特派員辦公處對在臺接收日軍之彈藥，奉命擇素質優良者撥運回中國，[88]至一九四六年底，臺灣陸續內運中國之軍火有各式步槍九萬五千多枝、輕重機槍一萬一千多挺、山砲火砲五百多門、步槍四千兩百多萬發、各式砲彈七

---

85 中國第二歷史檔案館、海峽兩岸出版交流中心編，〈招商局關於運輸臺灣受降軍事物資函電（一九四六年五月—七月）〉，《館藏民國臺灣檔案匯編（第九十四冊）》（北京：九州出版社，二〇〇七），頁一二八、一三八、一七二—一七三、一七三—一七四。

86 張瑞成編輯，〈機械化司司長向軍次請飭將臺灣接收戰車等運至各地交裝甲部隊使用簽呈〉前揭《光復臺灣之籌劃與受降接收》，頁二二一—二二二。此次內運輕柴油五萬加侖運至徐州，其餘五萬加侖運至北平。T為車輛噸數。

87 「轉聯勤總部（卅五）酉豔工儲二代電祈列表賜示俾憑遵辦」，檔號：0034/701.1/4010.2，案由：〈臺灣區日本物資接收處理案〉，檔案管有機關：檔案管理局。

88 臺灣省警備總司令部接收委員會，前揭《臺灣警備總部接收總報告書》，頁四五二。

十多萬發。[89]一九四七年二月，臺灣供應局再受命將九二步槍砲與四萬顆砲彈內運；[90]至三月蔣中正下令在臺接收之日軍軍品除必要囤留外，其餘一律內運，臺灣之軍用物資接收完成不到一年，軍械物資全部被國府運至中國作為國共戰爭國府軍的籌碼。[91]

(二) 戰後臺灣接收軍用物資衍生的問題

陸軍七十軍參謀長曾對警備總部的官員表示：「該軍接收日軍軍品及物資，在過去向日軍接收時，基於情況力求迅速不求確實。」[92]以致在接收行政程序完成後，仍有問題與糾紛產生。如憲兵組在接收台北憲兵隊時，因重複移交造成有物資數量不符情事；[93]臺

---

89 「臺灣省軍事設施會議經過紀要乙冊」，檔號：0036/003.8/4010.2，案由：〈臺灣省軍事設施會議案〉，檔案管有機關：檔案管理局。

90 「奉飭內運步槍砲已另洽船裝運復請照」，檔號：0034/701.1/4010.2，案由：〈臺灣區日本物資接收處理案〉，檔案管有機關：檔案管理局。

91 「存台軍品除必須酌留外餘均掃數運滬」，檔號：0034/701.1/4010.2，案由：〈臺灣區日本物資接收處理案〉，檔案管有機關：檔案管理局。

92 「簽呈三十五年四月二十三日於于第三處」，檔號：0034/701.1/4010.2，案由：〈臺灣區日本物資接收處理案〉，檔案管有機關：檔案管理局。

93 「為本團接收台北日憲兵隊日軍品數量不符緣由呈祈鑒核由」，檔號：0034/701.1/4010.2，案由：〈臺灣區日本物資接收處理案〉，檔案管有機關：檔案管理局。

灣供應局對於六十二軍所接收之倉庫，還有哪些倉庫尚未移交，至一九四六年八月仍無可憑查資料而請警備總部協助。[94]接收日軍之軍用物資的放置與集中，造成部分學校因教室被作為倉庫佔用而無法開學。[95]也發生接收台中的陸軍六十二軍，將接收物資集中於日軍第八部隊營房，後將集中物資就地移交給臺灣供應局，六十二軍移防後入駐之七十軍要求軍政部臺灣特派員，將做作為倉庫的第八部隊營房返還為營區，造成七十軍與軍政部的房舍爭奪的糾紛。[96]關於軍事用地的接收，依照警備總部的軍字第一號命令係由軍政部特派員負責，軍政部特派員李進德雖兼後勤總部臺灣省供應局局長，但因軍政處特派員辦公處人員來臺較遲，且人少事繁、不克兼理，造成各軍自行接收之軍事用地自行保管之情形。一九四六年二月二十三日警備總部召開軍事接收結束會議，對於接收之軍事用地決定海、空軍之軍事用地由海、空軍自行辦理，其餘由警備總部辦理。[97]警備總部於三月一日

94 「後方勤務總司令部臺灣供應局代電台供參字第五七三一號」，檔號：0034/701.1/4010.2，案由：〈臺灣區日本物資接收處理案〉，檔案管有機關：檔案管理局。

95 「簽呈十一月二十四日于總司令部」，檔號：0034/701.1/4010.2，案由：〈臺灣區日本物資接收處理案〉，檔案管有機關：檔案管理局。

96 「陸軍第七十軍司令部代電參甲字第一二二九號」、「為轉台中軍品無適當房屋可容納屯儲懇請鈞核由」，檔號：0034/701.1/4010.2，案由：〈臺灣區日本物資接收處理案〉，檔案管有機關：檔案管理局。

97 「台灣地區軍事接收委員會結會議紀錄」，檔號：0034/701.1/4010.2，案由：〈臺灣區日本物資接收處理

組織了軍用營產管理委員會，處理臺灣之軍用營產，七月改由新成立之聯合後勤總司令部臺灣省軍用營產管理所接辦。[98]關於海、空軍之軍事用地接管部分，產生海、空軍重複接收的現象，衍生軍種相互間、軍種與地方政府間的糾紛。[99]

上述之問題或因產生自接收之慌亂，或因自產生自接收的程序，如為接收物資短少或遭侵佔，則非慌亂與程序所引起，實為接收之貪瀆舞弊。[100]日方的軍用物資有所謂溢品或不在冊之物資，接收臺灣海軍物資的韓仲英轉述交接日人松木泰的說法：「現有物資比底冊多所溢額確屬事實……過去日政府向各廠商訂購物資，廠商為預防在裝卸搬運時候萬一有碰撞傾壓引起損壞情事，照例每多備一兩套送來，若使全部完好到達，這一兩套算是贈品……日本在臺統治了五十年，這樣溢額器物為數自不在少。」[101]陸軍六十二軍的

案〉，檔案管有機關：檔案管理局。

98 〈軍用營產管理委員會公告〉、〈聯合後勤總司令部臺灣省軍用營產管理所公告〉《臺灣新生報》（民國三五年七月九日）第八版。

99 何鳳嬌，〈戰後初期臺灣軍事用地的接收〉《國史館學術集刊》第十七期（二〇〇八），頁一八二—一九四。據何鳳嬌的研究，海、空軍自行接收的彰化北斗機場用地，但卻都沒有派員赴實地接收。

100 貪瀆的種類可分為要求賄賂、期約賄賂、收取賄賂、行求賄賂、盜賣、侵佔、竊取、借端及借勢、強佔及強募、抑留、剋扣、庇護等。參閱林桶法，前揭《從接收到淪陷——戰後平津地區接收工作之探討》，頁二三六。

101 韓仲英，前揭〈接收日軍在台物資見聞〉《受降內幕》，頁三二二。

接收將領也指出在接收過程中，日軍有不列入冊籍接收的物資，日軍聲明為冊外之物，任憑六十二軍處理。[102]韓仲英估算，接收人員對這些冊外之物，應有百分之十至二十的溢額所得，[103]這些溢品可能成為不肖接收人員基本貪瀆自肥的來源。貪瀆舞弊更甚者如交接短少或監守自盜，六十二軍有交接車輛、油料短少的情事；[104]七十軍則發生已接收監護中之油料在一個月內大量短少，油桶中並出現大量水分如同廢油，甚有油桶內全是水的狀況，臺灣供應局前往查驗後還發現帳目不符，即接收帳目已動過手腳再加上監守自盜的貪瀆事件。[105]空軍在松山機場拆毀飛機報廢為廢鐵標賣，負責警備機場的七十軍恐日後受其牽涉，向警備總部舉報。[106]七十軍對於空軍之行為舉報，究竟是因懷疑不法或軍種內鬥甚至是分

102 黃濤、林偉儔、侯梅，前揭〈國民黨第六十二軍赴台灣接受日軍投降紀實〉《廣東文史資料（第二十三輯）》，頁一二四。

103 韓仲英，前揭〈接收日軍在台物資見聞〉《受降內幕》，頁三二二。

104 「臺灣警備總司令部來電三五譯字第一八〇四號」，檔號：0034/701.1/4010.2，案由：〈臺灣區日本物資接收處理案〉，檔案管有機關：檔案管理局。

105 「為基隆供應站接收直沙町油料發現短少加侖及水分報請鑒核由」、「為接收一五一師滑機油二十八桶水多油少報請鑒核由」，檔號：0034/701.1/4010.2，案由：〈臺灣區日本物資接收處理案〉，檔案管有機關：檔案管理局。

106 「為松山機場所有日軍飛機因過期不堪使用經空軍地勤二十六中隊全部拆毀謹電核備由」、「為本部奉令將在台飛機除完好者外其餘一律報廢標賣復請鑒核由」，檔號：0035/701.8/6010，案由：〈日本移交殘留

贓不均不得而知，然對於接收軍隊掠奪物資的貪瀆情形，當時在臺的美人有這樣的描述：

> 搶劫案件是不斷在三個階段發生。從一九四五年九月起至年底的搶劫為最下層的軍人所為。……第二階段搶劫是國民政府高級軍官所為。他們利用自己安排在個港口的先遣人員開始將軍用品與日用品運往大陸。……這些軍官有了士兵的幫助，只要與頂頭上司共同分贓，他們便可利用沒收的日本軍車將強劫財物運去藏在私人倉庫然後再運往上海。……到了十一月底只要尚能開動的車子無一不是載運物赴碼頭的。
>
> ……中國人初到臺灣的最初幾個月中，就開始陸續將這批龐大的囤積品源源不絕的運離臺灣。陳儀的親信們雖聲言，他們為了愛國已迅速將軍用物資運往大陸，補給國民黨軍對抗共產黨，但我們有足夠的理由相信，這些物品在運往前線的途中曾經大量「繞道而行」。[107]

飛機處理案〉，檔案管有機關：檔案管理局。七十軍內調移防後，空軍拒絕來臺接防的整編第二十一師入駐機場，由空軍自行負責警戒任務。「報告三十六年元月日於第三處」，檔號：0034/701.1/4010.2，案由：〈臺灣區日本物資接收處理案〉，檔案管有機關：檔案管理局。

107 Georgr Keer著、陳榮成譯，前揭《被出賣的台灣》，頁一〇二、一〇四、一一〇。

上述的描述指稱國府軍官有貪瀆軍用物資走私的狀況，然並無舉實例說明，但車輛的確是運輸物資的必要工具，之前七十軍與六十二軍在說明接收軍用物資集中困難時，均以運輸工具缺乏作為無法如期完成的理由。車輛在接收過程中的地位如此重要，接收物資集中運輸需仰賴車輛，前述美人所指涉的貪瀆搶劫走私情景亦需要車輛運輸。依照規定接收軍品之集中處理運輸整理應儘量利用部隊，如需用車輛運輸者，由軍政部特派員統籌辦理。[108]實際上被非如此，各單位對車輛的爭奪十分激烈，日人安藤正曾指出：「中國軍隊不只接收武器，對一般軍用物資和車輛的接收也很積極，而似乎到了超出常識之程度。」[109]

在警備總部未抵臺前，來臺的空軍已逕行進行接收，車輛亦在接收之範疇，迄警備總部抵臺後，對日軍車輛進行接收，日軍將已被空軍接收之車輛亦列於清冊之上，造成警備總部向空軍追繳已接收之車輛。[110]空軍除力陳接收車輛原屬空軍應接收外，也行文請警備總部歸還前進指揮所時期所借用之車輛，針鋒相對並不讓步。[111]空軍第二十三地區司令

108 「臺灣地區接收軍品集中處理計畫草案」，檔號：0034/701.1/4010.2，案由：〈臺灣區日本物資接收處理案〉，檔案管有機關：檔案管理局。

109 安藤正，〈太平洋戰爭中的第十方面軍〉，前揭《秘話・台灣軍與大東亞戰爭》，頁四六－五二。

110 「為復本部接收車輛詳情由」，檔號：0034/701.1/4010.2，案由：〈臺灣區日本物資接收處理案〉，檔案管有機關：檔案管理局。

111 「為海軍第六十一廠借由應用之小車二輛請發還由」，檔號：0034/701.1/4010.2，案由：〈臺灣區日本物資

林文奎為保全司令部之車輛，對輪流派兵前來強取汽車的警備總部與行政長官公署，誓死力爭、堅定力拒。[112]

同為陸軍之接收單位對車輛的接收亦不相讓，基隆要塞司令部要求陸軍七十五師，將代為接收基隆要塞的卡車與小汽車歸還。[113] 基隆要塞司令部曾接收七十軍移交之廢品卡車，基隆要塞司令部人員立據接收，並於卡車貼上封條但未立即運走，然七十軍旋卻將該車報警備總部由輜汽二十一團運走，七十軍將一物交兩單位，居心叵測、別有用心，顯然不利於基隆要塞司令部，基隆要塞司令部發覺後也只能向警備總部報告備案。[114]

警備總部來臺初期接收日軍卡車百餘輛，主管軍用物資車輛運輸的軍政部臺灣特派員，亦需請求警備總部撥給卡車才能進行工作，顯然業務是軍政部特派員統籌辦理，但運

接收處理案〉，檔案管有機關：檔案管理局。

112 林文奎，〈台灣見聞錄—林文奎的二二八事件見聞錄〉《台灣史料研究》第十八期（二〇〇二年三月），頁一一八。

113 「為飭請七十五師撥還車輛以便交通而利接收由」，檔號：0034/701.1/4010.2，案由：〈臺灣區日本物資接收處理案〉，檔案管有機關：檔案管理局。

114 「為電呈凡本部過去接收之收據如未蓋本部印信或本人私章蓋行無效請備案由」，檔號：0034/701.1/4010.2，案由：〈臺灣區日本物資接收處理案〉，檔案管有機關：檔案管理局。

輸工具並不歸其統籌接收。[115]警備總部甚至將戰時日軍徵用於戰後發還的卡車當作是日軍資產，嚴令要求台南汽車運輸公司將車輛與引擎繳回。[116]臺灣省專賣局也請曾求警備總部撥與卡車，然遭警備總部拒絕，顯然警備總部是接收日軍車輛的大戶。[117]

軍事接收各單位對於小汽車的接收也相當熱衷，接收期間，陸軍九十五師要求撥給原美軍連絡處撤離後之座車，[118]陸軍七十軍副官處處長擅自取走遣遣返日人之座車，如同強盜，為該管之日產處理委員會只能行文要求交還。[119]甚至連在四輪無輪缺零件的小汽車，也被警備總部之參議視為奇貨可居而由台中運回台北加裝零件與輪胎，但卻造成警備

115 「為轉撥第一二糧秣庫呈請各撥卡車一輛以利工作電請惠予照撥由」，檔號：0034/701.1/4010.2，案由：〈臺灣區日本物資接收處理案〉，檔案管有機關：檔案管理局。

116 「為轉電請飭台南汽車運輸公司車輛及引擎交當乞示復由」、「為請嚴令台南汽車運輸公司將代保管降軍車輛及引擎速交輜汽廿一團並乞示由」，檔號：0034/701.1/4010.2，案由：〈臺灣區日本物資接收處理案〉，檔案管有機關：檔案管理局。

117 「臺灣省專賣局呈專總字第八十七號」，檔號：0034/701.1/4010.2，案由：〈臺灣區日本物資接收處理案〉，檔案管有機關：檔案管理局。

118 「報告四月二十日」，檔號：0034/701.1/4010.2，案由：〈臺灣區日本物資接收處理案〉，檔案管有機關：檔案管理局。

119 「臺灣省接收日產處理委員會代電產（卅五）調字發文第〇八八二號」，檔號：0034/701.1/4010.2，案由：〈臺灣區日本物資接收處理案〉，檔案管有機關：檔案管理局。

總部與臺灣省供應局因該車歸屬，而對車輛之運費與加裝零件輪胎費用產生爭議。[120] 陸軍六十二軍一五七師借用原為資委會接收之臺灣拓殖株式會社所屬小汽車，因六十二師將內調移防，資委會請求歸還所借之車，但一五七師副師長要求資委會需償付借後之車輛修理費，並強硬表示不納款絕不發還，且強調接收工作未完仍需繼續借用，言下之意即為當下不還。[121] 無輪的小汽車被視為珍貴資產，三輪摩托車一樣是熱門接收物資，海軍台澎要港司令部的參謀，將已被日產處理委員會接收，暫放置於派出所之三輪摩托車，以軍方公務為由強行取走。[122]

軍事接收之卡車與小汽車，並非私人所有，均為歸公之軍用物資，除了其為物資運輸而成為各方搶手之資源外，也有接收人員藉之牟利的情形。陸軍第八醫院竹田醫院上尉軍官曾少治將接收車輛借予潮州居民開往台東經商謀利，每次可賺台幣萬餘元由兩人朋

120 「為呈報六十七號雪佛蘭乘車壹輛來歷及經過情形請鑒核由」，檔號：0034/701.1/4010.2，案由：〈臺灣區日本物資接收處理案〉，檔案管有機關：檔案管理局。

121 「為之吾兄參謀長勳鑒」，檔號：0034/701.1/4010.2，案由：〈臺灣區日本物資接收處理案〉，檔案管有機關：檔案管理局。

122 「臺灣省接收日產處理委員會代電產（卅五）處字發文第〇四三六號」，檔號：0034/701.1/4010.2，案由：〈臺灣區日本物資接收處理案〉，檔案管有機關：檔案管理局。

分。[123]憲兵第四團團長高維民更是化公為私，其將駐臺期間接收日軍憲兵隊長之小汽車，於一九四六年六月高維民調職時，將該車作為私產內運中國。[124]一九四六年十二月十一日陸軍整編七十師（原七十軍）二八〇團團長周覺在部隊整編移防內調時，將接收使用之小汽車，竟以台幣十一萬五千元售予嘉義三民主義青年團主任，該車在行駛中被憲警攔查而案發，後竟由臺灣師管區司令部以台幣十二萬元收回結案。[125]來臺接收海軍的嚴壽華曾談到，擔任海軍總司令的桂永清曾要求其將全部車輛運往青島，企圖以修理之名行變賣之實，嚴壽華以請派匠來臺修理可省裝運之繁而事寢。[126]顯然接收軍官化私為公並非特例，在臺國府官員對與此類案件並無積極性的處理。對於這種接收淘空的狀況，美軍曾有這樣的記錄：

123 「紀字第三五二二號」，檔號：0034/701.1/4010.2，案由：〈臺灣區日本物資接收處理案〉，檔案管有機關：檔案管理局。

124 「臺灣省警備總司令部來電三十五譯字第一四七二號」，檔號：0034/701.1/4010.2，案由：〈臺灣區日本物資接收處理案〉，檔案管有機關：檔案管理局。

125 「報告元月十三日於第三處」、「為遵電已備價收回二八〇團售與嘉義青年團之小包車壹輛請准予備案」，檔號：0034/701.1/4010.2，案由：〈臺灣區日本物資接收處理案〉，檔案管有機關：檔案管理局。

126 嚴壽華，前揭〈抗戰勝利前後接收日本海軍的經過〉《福建文史資料（第十一輯）》，頁七〇—七一。

（一九四五年十二月一九日）……福爾摩沙北部的中國空軍指揮官，於十二月一七日來訪金絲雀任務小組，建議中國空軍獨立運作，但這裡的政府企圖取得控制權。他被想要走私東西進出福爾摩沙的下屬催促去採取這個運作。……（一九四六年二月九日）高雄海軍軍港並不受海關檢驗。十一月初，在福爾摩沙的中國海軍司令……親自監督裝載糖、米、油及四輛高級轎車上到一艘稱為「國治號」的船隻，走私到福建省。[127]

戴國煇、葉芸芸合著之《愛憎二・二八》曾記說：

接收海軍的某要員侵吞了一艘海軍運輸艦，把他改名為「台南號」，與福州巨商王梅惠合作經營，常川行駛台福（福州）、台廈（廈門）、台滬間貨運載客，生意興隆（這件事陳儀到杭州後才當作新聞告人）。[128]

127 Nancy Hsu Fleming著、蔡丁貴譯，《狗去豬來：二二八前夕美國情報檔案》（台北：前衛出版社，二〇〇九），頁一二四、一四一。

128 戴國煇、葉芸芸，《愛憎二・二八》（台北：遠流出版事業股份有限公司，一九九二），頁一五八。

美軍在十二月十一日也接到日本海軍情報宣稱：「高階的中國官員走私糖到中國，激怒了正當的糖貿易商。」[129]美軍對於福爾摩沙北部的中國空軍指揮官另有這樣的描述：「他曾經在肥水豐厚的職位上，以空軍的名義進行沒收與充公的行動，但被更高階的中國機構攔阻下。」[130]美方記錄中國海軍司令李世甲，在來臺接收之初即利用特權進行走私活動，一九四六年八月國府派出清查團至臺灣，團長劉文島表示，李世甲是收到控告案件最多的兩位人物之一。[131]

對於接收軍用物資的爭奪，除動產外，房舍等不動產亦為各軍事單位爭相接收重點。空軍為最早抵臺進行接收的軍種，美軍對於來臺空軍評論說：

129 Nancy Hsu Fleming著、蔡丁貴譯，前揭《狗去豬來：二二八前夕美國情報檔案》，頁一一六。

130 Nancy Hsu Fleming著、蔡丁貴譯，前揭《狗去豬來：二二八前夕美國情報檔案》，頁一二二。此處美軍記錄的福爾摩沙北部的中國空軍指揮官應為林文奎，美軍的描繪其與林文奎之關係與林文奎自身的回憶文章有出入，林文奎指稱美軍部分來臺人員也利用職權發了不少勝利財。參閱林文奎，前揭〈台灣見聞錄——林文奎的二二八事件見聞錄〉，《台灣史料研究》第十八期，頁一一八。

131 〈高雄市民檢舉連謀、李世甲〉《民報（晚刊）》（民國三十五年八月二十九日）第二版。屬於李世甲派系的嚴壽華則說清查團來臺未聞有任何成效。參閱嚴壽華，前揭〈抗戰勝利前後接收日本海軍的經過〉《福建文史資料（第十一輯）》，頁七四。

中國空軍在政治上與經濟上極度活躍，從最初的過度放縱索求土地與資產後（此索求引起當地福爾摩沙漢人全然的反感），他們似乎可以安頓下來到地面活動。在台北附近，飛機廠的機棚與掩體維修都在逐漸進行當中，……全島各地機場擠滿被棄置的日本飛機，這些飛機處於不同的解體狀態。[132]

葛超智（George Kerr）更清楚的敘述說：

日本並沒有另外的空軍，當然沒有財產可以交給中國空軍，……在台北的中國空軍軍官真是失望極了，為了彌補這個缺陷，他們貼出佈告說中國空軍，立刻要佔據台北市北部靠近機場的一切財產——這是一片極大的大幢房屋，另外再加上附近郊區與村間的幾百畝地。[133]

前進指揮所並沒有同意來臺空軍的所有要求，但也同意空軍暫時佔有郊區與村間的土地，但空軍並不滿意。空軍第二十三地區司令林文奎曾說陳儀對來臺空軍備加壓迫，將空軍

132 Nancy Hsu Fleming著、蔡丁貴譯，前揭《狗去豬來：二二八前夕美國情報檔案》，頁一五七。

133 Georgr Keer著、陳榮成譯，前揭《被出賣的台灣》，頁七五。

已接收之房舍移讓其他機關或實行強佔，如屏東潮州之空軍大營房、台北北投之援護會館等，並指稱長官公署之省營貿易公司人員，將日軍移交給空軍使用之官舍，撕毀空軍關防、破扉入住，誣稱空軍私佔民防。[134]

陸軍與海軍、空軍也有接收房舍的爭議，陸軍之基隆要塞之部分房舍由空軍先行接收，一九四六年八月基隆要塞請空軍將接收之房舍倉庫造冊移交，空軍未積極回應，基隆要塞只好呈文告狀至國防部。[135]同時期，海軍總司令部駐台澎專員公署也行文要求基隆要塞，將臺灣省供應局移交之基隆入船町之船塢與倉庫撥歸海軍接收，[136]基隆要塞以臺灣省供應局並無移交船塢名稱，且入船町倉庫已由要塞工兵營入駐為由拒絕海軍之要求。[137]至此，雙方爭奪已進入白熱化，海軍總司令部駐台澎專員公署呈文警備總部，說明八月三十

134 林文奎，前揭〈台灣見聞錄——林文奎的二二八事件見聞錄〉，《台灣史料研究》第十八期，頁一一〇—一二二。

135 「呈復空軍未予移交情形謹再列表懇請轉呈國防部轉飭空軍總部轉飭二十二地區移交俾資整建由」，檔號：0034/701.1/4010.2，案由：〈臺灣區日本物資接收處理案〉，檔案管有機關：檔案管理局。

136 「奉電擬請將船塢倉庫撥歸本處接收以資儲存器材及修理船舶之需電請查鑒示遵由」，檔號：0034/701.1/4010.2，案由：〈臺灣區日本物資接收處理案〉，檔案管有機關：檔案管理局。

137 「為電復前供應局移交營舍並無船塢名稱其他營舍已駐用無法移交由」，檔號：0034/701.1/4010.2，案由：〈臺灣區日本物資接收處理案〉，檔案管有機關：檔案管理局。

一日基隆要塞司令部副官率兵強佔入船町倉庫，請警備總部飭令基隆要塞入駐入船町之士兵他移。[138]捲入爭端的臺灣省供應局也行文撇清，該局只有接收移交倉庫，並無接收船塢，形成對基隆要塞有利之局面。[139]基隆要塞再向警備總部，提出入船町該處有「陸軍用地」與「陸軍用海面」之石標，作為該處為日治時期陸軍營地之證據，基隆靠海之入船町營舍歸陸軍管轄。[140]屬於陸軍的基隆要塞司令部，同時期既向空軍追討遭先行接收之房舍，又拒絕移交海軍認為遭強佔的營舍。在戰後軍用營舍的接收上，先行接收、軍種本位主義與移交認定標準不一，為造成各接收單位在軍用物資接收上混亂與問題產生的原因。[141]

---

138 「為請電飭要塞司令部將已佔駐之入船町士兵刻日他移以重職責由」，檔號：0034/701.1/4010.2，案由：〈臺灣區日本物資接收處理案〉，檔案管有機關：檔案管理局。

139 「為申復本局未接收基隆船塢並遵電轉基隆要塞部查照辦理」，檔號：0034/701.1/4010.2，案由：〈臺灣區日本物資接收處理案〉，檔案管有機關：檔案管理局。

140 「為電復前供應局移交營舍確係陸軍要塞用地已撥為本部工兵營舍及教育場所請鑒核准予免撥由」、「為電復入船町之海面營舍有日人時代陸軍使用證明非海軍所用敬請派員會同查勘并准予免撥由」，檔號：0034/701.1/4010.2，案由：〈臺灣區日本物資接收處理案〉，檔案管有機關：檔案管理局。

141 至一九四七年十月臺灣省政府仍電縣市政府遵照行政院之〈軍事機關部隊佔用敵偽產業解決辦法〉，顯示軍隊的不動產糾紛仍持續。參閱朱匯森主編，前揭《政府接收臺灣史料彙編》，頁二三八－二三九。

小結

戰後臺灣的軍事接收，由《臺灣警備總部接收總報告書》來看，是一場雖不完美但成功的任務，陳儀於警備總部召開軍事接收結束會議中也認為臺灣的軍事接收工作出人意外的順利，參謀長柯遠芬則指出職權不清為接收過程之一小小的問題。[142]但由現存之檔案文獻研究，卻可發現軍事接收結束會議並不代表臺灣的軍事接收工作的執行完成，且在接收的過程中，充滿著因職權不清而產生的混亂與糾紛。

戰後臺灣的軍事接收以統一接收為執行原則，然臺灣軍用物資的接收，一開始即非統一接收，亦未見有全盤計畫。軍事接收由臺灣省警備總司令部統籌，但軍用物資卻由中央軍政部負責，軍政部特派員於統一接收開始後才抵臺，各軍種之接收組均先行接收軍用物資，並自行提用，警備總部對軍品提用亦無統一規定，形成貪瀆的溫床。軍政部特派員組織辦公處，並負責軍政組之接收，故軍政部特派員辦公處在接收期間實際負責兩種接收業務，一為第一線的接收，一為移交他組之接收物資，接收結束還有點驗、集中、移交等業務需執行。全臺接收日軍軍用物資倉庫有三千餘個庫房，軍政部特派員還兼任後勤總部臺

142 「台灣地區軍事接收委員會結會議紀錄」，檔號：0034/701.1/4010.2，案由：〈臺灣區日本物資接收處理案〉，檔案管有機關：檔案管理局。

灣供應局局長掌管後勤補給，但軍政部特派員辦公處人少事多，處處需仰賴警備總部的指導與人力、物資之支援，空軍與海軍對接收之軍用物資無確實點驗，軍政部特派員只得另案處置，使得接收軍用物資的接收狀況更為複雜。原應主導軍用物資接收的軍政部特派員，不論在實際接收執行或後續之集中移交，均未表現出有統一計畫或強勢領導之作為，各軍自行其事，顯現出多頭馬車的混亂狀態。

臺灣地區軍事接收委員會之分組接收於一九四六年二月十四日完成，二月二十三日召開軍事接收結束會議，由會議中的提案來看，臺灣地區的軍事接收，特別是在軍用物資的接收處理上顯然仍未完成，如以時間程序來看，臺灣地區的軍事接收甚至連點驗都尚未結束。軍事接收委員會為防止接收物資失散，於一月二十三日召開處理集中接收物資會議，規劃分六區進行接收軍品的集中，於五月份完成接收軍用物資之集中與移交，但執行單位均反應執行上有困難，延至六月底才完成。七月由軍政部臺灣特派員李進德擔任驗收清點之工作，清點後造冊報部完成驗收。臺灣地區的軍事物資點驗、移交、集中的過程，相當混亂，所接收之軍用物資有在接收時進行點驗、有在接收後實施點驗；在接收物資集中部分亦同，有在接收時進行集中、有在接收後進行集中或在點驗後實施集中。[143] 有陸軍接收

143 臺灣省警備總司令部接收委員會，前揭《臺灣警備總部接收總報告書》，頁四四八。

之軍用物資移交給軍政部特派員辦公處或後勤總部臺灣供應局，[144]亦有陸軍接收兵器資材交給後勤總部再移交海軍的情形，[145]有些地區是先移交後集中，有些則是移交與集中並行，並無統一之進度或階段。然臺灣軍用物資的接收，歷經點驗、移交、集中至驗收報部，算是行政上之程序完成告一段落。

日軍因戰爭所需，在臺囤積大量軍用物資，當國府軍隊進駐時，日本官員曾因糧食恐有問題而不願移交全部米糧，經美軍協調國軍保證供應日軍米糧至遣返完成，後中方以扣發日軍副食等費作為要脅，並未依約供給日軍糧食，為此日軍曾向美方反映。[146]日軍集中等待遣送時，美方至基隆視察發現日軍被服過少，日軍恐有凍死之虞，美方無法負責運輸，向中方提出抗議，請中方將所接收之軍毯發放給日軍禦寒。中方以日軍原來即為熱帶裝備返回寒帶被服自然不足與日軍有自行盜賣軍服毛毯為由拒絕，然美軍堅持原議，後經協調中方將各軍原接收之軍毯交還發與日軍，由此可見來臺接收的軍事高層未脫「戰爭之

---

144 「報告七月三日於總部」，檔號：0034/701.1/4010.2，案由：〈臺灣區日本物資接收處理案〉，檔案管有機關：檔案管理局。

145 「聯合後勤司令部第十九軍械補給庫交通器材移交清冊」，檔號：0034/701.1/4010.2，案由：〈臺灣區日本物資接收處理案〉，檔案管有機關：檔案管理局。

146 Georgr Keer著、陳榮成譯，前揭《被出賣的台灣》，頁九八、一一〇。

框（frames of war）」，仍持戰爭遺緒，對日軍表現出不信任與不友善之心態。[147]

在日軍軍用物資的接收過程中，有日軍隱匿軍用物資甚至盜賣的狀況，但也有因中日雙方接收範圍劃分不明、文化差異與不信任所造成的誤會。在臺接收之軍用物資分為動產與不動產，國府對於在臺接收動產之軍用物資，除充實在駐部隊裝備外，也大量內運至中國，接收之日機更在接收初期即命令飛抵中國待命。

在日軍軍用物資中車輛成為各單位爭相接收的熱門物資，軍用物資之接收、集中軍需要運輸工具，就算是走私也需要車輛將貨物載運至碼頭上船，故在現存的相關檔案中，接收各單位有關車輛爭議的史料甚多，警備總部是接收車輛的大戶，甚至連無輪的汽車也要接收，負責車輛管理的軍政部特派員辦公處反需仰賴警備總部供給車輛始能完成任務。有軍官將軍車借給民人牟利，有軍官首長內調時將接收之小汽車內運，甚至直接在臺灣變賣圖利的情形發生。

海陸空各軍種對於接收日軍不動產營區、房舍的爭奪更早在接收時期即已開始，越區

147 「臺灣地區第三次軍事接收委員會會議節錄」，檔號：0034/002.6/4010.2，案由：〈第一、二三次軍機接收委員會會議記錄〉，檔案管有機關：檔案管理局。關於戰後臺灣「戰爭之框」之論述可參閱汪宏倫，〈東亞的戰爭之框與國族問題：對日本、中國、台灣的考察〉，《戰爭與社會：理論、歷史、主體經驗》（台北：聯經出版事業股份有限公司，二〇一四）頁一五七－二一六。

擅權接收或撕毀其他單位封條強行進佔者時有所聞，警備總部在一九四七年一月陸軍整編第七十師與整編第二十一師的移防報告中記錄，對於台中地區師政治部與工兵營所駐房舍據稱為市政府所有，將來能否接管仍屬「懸案」。[148]各軍種因來臺接收時間早晚或接收範圍定義不明，造成各接收單位在軍用物資接收上混亂與問題產生的原因。

對於臺灣接收軍用物資的爭奪，不管是檯面上各軍種或接收單位的角力，或檯面下可能涉及貪瀆的犯罪，警備總部並非完全沒有處理，少將馬德尊因私賣砂糖軍米涉貪瀆而遭槍斃，[149]前述清查團與美軍記載海軍李世甲走私或被檢舉之事，如非李世甲因海軍總司令部與海軍總部之鬥爭去職，恐難曝光。[150]由目前所存之檔案可知，接收官員對於接收

148 「報告三十六年元月日於第三處」，檔號：0034/701.1/4010.2，案由：〈臺灣區日本物資接收處理案〉，檔案管有機關：檔案管理局。

149 薛化元主編，《台灣歷史年表終戰篇I（一九四五－一九六五）》（台北：國家政策研究資料中心，一九九〇），頁十八。但書中記馬氏為軍政部台灣區官員，但查接收總報告書，馬德尊任職於警備總部。

150 軍政部成立海軍處欲取代海軍總部，一九四五年十二月軍政部撤銷海軍總部，海軍總部海軍第二艦隊司令部於一九四六年一月改組為海軍台澎要港司令部，要港司令部於四月奉命裁撤由軍政部海軍處台澎辦事處接管，未幾改組為國防部海軍總司令部駐台澎區專員公署。故屬海軍總部系統的李世甲於六月離台由國防部海軍總司令部派高如峯擔任台澎區專員公署專員。檔號：0034/701.1/4010.2，案由：〈臺灣省海軍週年工作概要報告書〉，檔案管有機關：檔案管理局。

軍用物資有盜賣、侵佔、圖利、賄賂等情事，遑論對於接收清冊外與溢品之處置。[151]另由空軍司令林文奎的回憶記錄中可知，行政長官公署與警備總部之間、各軍之間，均因軍用物資的接收糾紛而處於警張之狀態。楊肇嘉曾論說陳儀接收臺灣只注意到接收機構與物資，忽略接收臺灣的人心，[152]軍用物資的「四化」，人謀不贓的劫收，又何嘗不是如此。一九四七年三月國民政府主席蔣中正下令在臺接收之日軍軍品除必要囤留外，其餘一律內運中國，臺灣接收之軍用物資全部被國府作為國共戰爭之戰爭物資，為臺灣接收軍用物資的處理畫下階段性的句號。

151 軍方人員利用職權強行搶佔民產為另一重大問題，如空軍接收大員林文奎曾搶佔龜甲萬醬油販賣株式會社取締役石黑平八郎的產業，參見曾令毅，〈戰後初期中國空軍在臺灣的接收與派系鬥爭（一九四五－一九四七）〉《臺灣文獻》六十六卷第三期（二〇一五年九月），頁二〇－二一。

152 楊肇嘉，《楊肇嘉回憶錄（下冊）》（台北：三民書局，一九六八），頁三五三。

第六章　戰後臺灣軍事接收新局的開展

二次世界大戰告終，戰後國民政府當務之急的工作為受降、接收與復員，受降、接收、復員三事項，依程序而言，應為先受降再接收，接收後進行復員，受降工作除受降儀式外，解除日軍武裝往往被規劃為軍事接收佔領的前置工作，成為軍事接收工作的一部分，是以戰後國府的接收工作無不以軍事接收為優先，軍事接收未完成，其他接收工作無法有效進行，更遑言復員。

一九四六年二月二十三日陳儀於警備總部召開軍事接收結束會議，宣告國府以不到四個月的時間完成臺灣的軍事接收。然軍事接收結束會並不代表著臺灣軍事接收工作的結束，但國府軍事接收臺灣是行政接收的基礎條件，沒有軍事接收的佔領，行政接收無從開展。國府軍事接收臺灣程序上如前所述為受降、接收、復員，就實質執行之時間序列包含軍事佔領、軍用物資接收與日軍遣送、軍事復員等項。對於日軍遣返與國府對臺灣軍事安排這兩個具連動性的課題，受限於軍方史料使此課題被漠視甚至於未被認知。就軍事接收臺灣而言，軍事復員的首要步驟為在臺日軍的遣返，如騰籠換鳥一般，在臺日軍離開原駐在的軍事設施，由國府軍進駐與進行新的規劃，為戰後國府軍事接收臺灣的完成，亦為國府對臺灣軍事佈局的展開。此研究課題的釐清，將有助於瞭解戰後國府如何對臺灣這個新領地做軍事佈局，如同復員與復原的新局是如何形成與開展，進而對戰後臺灣軍事接收做階段性的史實建構。

一、戰後臺灣日軍的處置

國府對於戰後在臺日軍的管理，在前進指揮所來臺之前，已決定不採集中營隔離式管理，日軍在解除武裝後，由中方負責監視，給予一定限度的活動自由，內部管理由日本官兵善後聯絡部負責。[1] 日軍第十方面軍參謀長諫山春樹九月九日在南京參加受降典禮後與行政長官公署秘書長葛敬恩進行會談，諫山春樹表示在臺日軍在不妨礙盟軍利益及警備治安原則下，期望能夠從事軍隊給養生產事宜。[2] 會談後諫山參謀長帶回的中方指示，九月中旬在臺日軍自主性的解除武裝與進行自活。[3] 前進指揮所抵臺後副主任范誦堯與諫

1 陳亮州，前揭〈政府對臺灣日俘管理之研究—以臺灣省警備總司令部戰俘管理處為分析中心〉，《檔案季刊》十卷二期，頁九七。

2 檔號：0034/003.7/4010，案由：〈第六次中美參謀聯合會議〉，檔案管有機關：檔案管理局。

3 蘇瑤崇主編，〈第十方面軍復員史資料〉《台灣終戰事務處理資料集》（台北：台灣古籍出版有限公司，

山春樹參謀長，於十月八、十一日進行兩次會談，會談中諫山報告了在臺日軍的配置，希望能將現有日軍集中一處，但期望不要移動過遠，也表達在臺日軍願協助臺灣的各項復原工作，並提及日軍在臺有自活計畫，為求自力更生及免軍隊閒散無事，已令一部日軍分駐未開墾區。[4]諫山的報告表示在九月九日南京的會談後，日方回臺已準備並進行相關的自活計畫，顯然日軍在臺的指揮系統仍有效運作，這將有助於國府後續集中處置在臺日軍。

十月十三日，前進指揮所要求北臺地區之日軍在十月二十日以前撤出，為國府之陸軍七十軍之登陸佔領北臺預作準備。[5]在七十軍登陸後，遵照國府對投降日軍撤退與收繳武器之步驟執行，迅速推進佔領日軍撤退前之區域。[6]國府軍對臺灣中南部的佔領由陸軍

二〇〇七），頁八三。

4 張瑞成編輯，〈范副主任與諫山參謀長第一次談話記錄〉《光復臺灣之籌劃與受降接收》（台北：中國國民黨中央委員會黨史會，一九九〇），頁二三九－二四二。

5 張瑞成編輯，〈中國戰區臺灣省警備總司令部備忘錄　臺軍字第三號〉前揭《光復臺灣之籌劃與受降接收》，頁二三八－二三九。

6 國府九月發佈對各地區日軍投降時應注意之事項，其中有關日軍撤退與收繳武器之步驟。中國陸軍總司令部編，〈中國陸軍總司令部命令軍字第九號〉《中國戰區中國陸軍總司令部處理日本投降文件彙編（下卷）》（南京：中國陸軍總司令部，一九四六），頁四－五。

六十二軍負責，六十二軍遲至十一月才抵臺，六十二軍登陸前警備總部亦要求於高雄市、台南市、鳳山街及連接上開三地之交通線附近之日本軍隊除殘留交代監護外，統限於十一月十七日一律撤出。[7] 在國府軍抵臺登陸前，在臺日軍被要求撤離，向島內中央的山區移動集中，以騰出國府軍登陸佔領的空間與中、日雙方軍隊的安全距離。

十月三十日警備總部為十一月一日開始的軍事接收發佈軍字第一號命令，要求在臺日軍各部隊向國府指定之地點人員，移交軍事裝備、軍用物資與文書圖表，因在臺日軍歸國時期未定，故移交時准予保留三個月份的糧食與隨身防寒被服。日軍繳械後之工作，應以打撈沉船修造船舶、清掃水雷地雷、營建房屋、恢復陸上交通、工礦生產為主，以製造鞋襪、種菜、飼養家畜為副。[8]

軍事接收之初，由於在臺日軍遣返期程仍未確定，以當時海運的條件恐難在短期進行，[9] 警備總部為了管理為數眾多解除武裝待遣返的在臺日軍，於十一月十三日以軍字

7 張瑞成編輯，〈中國臺灣省警備總司令部命令（三四）軍字第二十一號〉前揭《光復臺灣之籌劃與受降接收》，頁二三八—二三九。

8 張瑞成編輯，〈中國臺灣省警備總司令部命令軍字第一號〉前揭《光復臺灣之籌劃與受降接收》，頁二四六—二五〇。

9 當時在臺日軍有認為因日本在戰爭中船舶損失嚴重，在臺軍民需等待六、七年才能回日本的想法。諫山春樹等原著、財團法人日本文教基金會編譯，《秘話・台灣軍與大東亞戰爭》（台北：文英堂出版社，二

第十九號訓令發佈〈台灣地區日軍解除武裝後之工作分配原則大綱〉，以待遣返之日軍從事戰爭損害的復原工作，以彌補對中國戰爭的損失。[10]〈台灣地區日軍解除武裝後之工作分配原則大綱〉即為軍字第一號命令中對在臺日軍繳械後之工作做更細緻的規定。根據〈台灣地區日軍解除武裝後之工作分配原則大綱〉在臺日軍從事之復舊工作可略分為五大類：

（一）海運恢復：修理船舶、打撈沉船、修理船廠船塢、修理碼頭倉庫、清掃水雷、恢復航行標誌。

（二）空運恢復：修理飛機、恢復飛機維修廠、修復機場設施、修理空軍營建、油彈器材之集中。

（三）營建整修：恢復市容、修理陸軍營房、地方公共建築物之修理、陸上地雷及臨時防空設施之掃除。

（四）修復陸上交通：修理機車車輛、修理機車工廠材料庫、修理站房月台貨場、修理汽車及車站、修理沿鐵路公路之土方與電線。

〇〇〇），頁八七。

10 「台灣地區日軍解除武裝後之工作分配原則大綱」，檔號：0034/002.6/4010.27，案由：〈台灣光復案專輯〉，檔案管有機關：檔案管理局。

（五）恢復工礦生產：煤礦、紡織、水泥、磚瓦、木料、修理用工具電件之增產。

在臺日軍依據部隊性質與專長分別從事，如空運恢復之復舊工作由日軍之航空部隊擔任，工礦生產恢復則由各項備餘人員及抽調技術人員擔任。各項復舊工作由日方擬訂計畫經送中方核可後執行，完成後再由中方進行驗收。從事復舊之在臺日軍在工作地附近可利用工餘時間從事副業，副業包含製造鞋襪、種植蔬菜與飼養家畜，以達到自給自足，如有餘還可出售。[11]警備總部在日軍自行管理的原則下，讓解除武裝的在臺日軍從事復舊工作，除為協助復原與自給自足外，也有以工作填補等待遣返時間的意味，以免橫生枝節，造成正在進行之軍事接收的阻礙。

國府對臺灣開始進行軍事接收後，為求迅速復員及達到解決糧荒，也為開始建設與鞏固國防之目的，決定在最短時間內將在臺日軍遣返。[12]在臺日人的遣返順序為日軍含部隊家眷、出征軍人之家眷與遺族、日人僑民，軍人的遣返為遣返工作的優先項目。[13]十一月

11 「台灣地區日軍解除武裝後之工作分配原則大綱」，檔號：0034/002.6/4010.27，案由：〈台灣光復案專輯〉，檔案管有機關：檔案管理局。
12 臺灣省警備總司令部接收委員會，前揭《臺灣警備總部接收總報告書》，頁四〇五。
13 「中國台灣省警備總司令部代電（三十五）軍字第六十七號」，檔號：0034/002.6/4010.27，案由：〈台灣光復案專輯〉，檔案管有機關：檔案管理局。

二十日，警備總部召開第十六次中美參謀聯合會議，會中中方報告陸軍總部已指示在臺灣成立戰俘管理處。[14]十二月十六日臺灣戰俘管理處成立，戰俘管理處業務的掌理範圍，可分為集中待遣返日軍之監護管理、調查統計、復舊工作與教育宣傳等方面；[15]業務範圍龐雜，但其之主要工作其實是在臺日軍集中遣送前的管理，且遣送業務的重要性，更甚於管理業務。十一月二十七日舉行的第十七次中美參謀聯合會議，中方表示將於十二月中旬成立高雄、基隆兩運輸司令部；[16]鐵道運輸司令部、基隆與高雄運輸司令部負責運送遣返日軍與戰俘管理處關係密切，中方要求日本官兵善後聯絡部在基隆、高雄兩港口遣返乘船地之集中營儲備四倍以上的待遣返人數，隨運隨補，以資適應運輸。[17]

在十二月四日臺灣地區第三次軍事接收委員會會議中，參謀長柯遠芬報告：因美軍聯絡組通知，將有數萬臺灣人自日本運送返臺，在臺日軍可於船隻返回時進行遣送。[18]警備

14　檔號：0034/003.7/4010，案由：〈第十六次中美參謀聯合會議〉，檔案管有機關：檔案管理局。

15　關於戰俘管理處監護管理、調查統計、復舊工作成果、教育宣傳之業務內容研究可參閱陳亮州，前揭〈政府對臺灣日俘管理之研究—以臺灣省警備總司令部戰俘管理處為分析中心〉，《檔案季刊》十卷二期，頁九四—一一〇。

16　檔號：0034/003.7/4010，案由：〈第十七次中美參謀聯合會議〉，檔案管有機關：檔案管理局。

17　臺灣省警備總司令部接收委員會，前揭《臺灣警備總部接收總報告書》，頁三五四—三五六。

18　「臺灣地區第三次軍事接收委員會會議節錄」，檔號：0034/002.6/4010.2，案由：〈第一、二三次軍機接收

總部於十二月以軍字第玖壹號命令，通知日本官兵善後連絡部，說明在臺日軍有提前遣返回國的可能，要從事復舊工作的日軍加強迅速施行、從事自活工作的日軍停止工作集中準備待運返國。[19]

警備總部對臺灣的軍事接收開始於一九四五年十一月一日，至十二月美軍知會有大批船艦來臺進行遣送日軍，戰俘管理處的報告以復舊工作隨即停工，即在臺日軍從事復舊工作僅十一、十二兩個月。但事實並非如此，在九月下旬即有來臺之空軍要求日本海陸軍從事軍事設施復舊之工程，[20]且至一九四六年二月仍有日軍進行復舊之工作記錄，在日軍進行復舊工作的記錄中，以一九四六年一月出動進行復舊的人數最多。[21]以復舊實際的工作成果來看，由於在臺日軍等待遣返的時間不長，且在復舊物資缺乏的狀況下，多是從事人

委員會會議記錄〉，檔案管有機關：檔案管理局。

19 「中國台灣省警備總司令部命令（三十四）軍字第玖壹號」，檔號：0034/002.6/4010.27，案由：〈台灣光復案專輯〉，檔案管有機關：檔案管理局。

20 「為令飭遵辦事項仰即遵辦具報由」，檔號：0034/701.1/4010.3，案由：〈臺灣區日本航空隊資產接收處理案〉，檔案管有機關：檔案管理局。

21 台灣省警備總司令部戰俘管理處工作報告書中有「台灣日方官兵復舊工作實施情形彙報表」，列出的總出工人數為三十六萬六千四百三十三人／日，然由該表細目加總為四十萬九千兩百五十三人／日。「本部戰俘管理日僑遣送處報告書等件請鑒核備查」，檔號：0034/545/4010，案由：〈台灣區日俘（僑）處理案〉，檔案管有機關：檔案管理局。

力的整理清掃，或軍用物資設施的整理搬運，實質復舊建設的成果有限。

十二月二十八日警備總部告知日本官兵善後連絡部，盟軍總部正計畫調集大批船團來臺，由基隆、高雄兩港載運日軍返國，載運量基隆港每日五千人、高雄港每日四千人共九千人次，請日方於兩港口均集中五日份之待運人員，並將待遣返日軍逐次向兩港口運輸集中並保持此人數。[22]警備總部計畫於基隆港運送二十梯次，於十二月十日開辦；高雄港運送十五梯次，於十二月二十四日開辦，規劃兩港口共運送遣返十六萬一千九百六十二人次。[23]至一九四六年四月因在臺日軍大多已遣返完畢，台灣地區日本官兵善後聯絡部於四月十三日解散，[24]戰俘管理處也於四月三十日撤銷，[25]戰後在臺日軍由中美共同合作運送遣返者計有十六萬五千七百零一人，另有二千二百五十五人為後由國府單獨遣返者。[26]當

22 「中國台灣省警備總司令部命令（三十四）軍字第一一七號」，檔號：0034/002.6/4010.27，案由：〈台灣光復案專輯〉，檔案管有機關：檔案管理局。

23 「呈報遣送日俘歸國事項計劃」，檔號：0034/545/4010，案由：〈台灣區日俘（僑）處理案〉，檔案管有機關：檔案管理局。

24 「為電據台灣地區日本官兵善後連絡部結束情形由」，檔號：0034/545/4010，案由：〈台灣區日俘（僑）處理案〉，檔案管有機關：檔案管理局。

25 「殘留待送之日俘及登冊移交第三處點收完畢由」，檔號：0034/545/4010，案由：〈台灣區日俘（僑）處理案〉，檔案管有機關：檔案管理局。

26 「為台灣日俘遣送情形敬復查照由」，檔號：0034/1865/6010，案由：〈日本投降文獻專輯〉，檔案管有

日人遣送完畢時陳儀心頭鬆下一口氣的說：「這個工作告一段落現在好了！」[27]國府用極短的時間，在臺灣進行軍事接收人力緊迫的同時，迅速的將在臺日軍遣返，除前述復員、糧荒、建設、國防等原因外，更重要的是為國府對臺灣的軍事接收排除日軍在臺可能造成的變因與騰讓出軍事新佈局的空間。

二、國府軍事接收的整軍與開展

警備總部對臺灣的軍事接收始於一九四五年十一月一日，於一九四六年二月二十三日以軍事接收結束會議宣告臺灣軍事接收的結束，但事實上臺灣軍事接收還在進行。軍事接收結束會議結束之時，在軍用物資接收上卻連點驗都尚未完成，後續還有移交、集中等事項，臺灣的軍事接收要到七月驗收報部後，行政上之程序才算是完成告一段落。[28]所以在完成在臺日軍遣返後，警備總部仍為日軍所移交之軍用物資的後續處置而忙碌，雖有進

機關：檔案管理局。

27 佚名，〈陳公洽與臺灣紀略〉收入李敖編著，《二二八研究三集》（台北：李敖出版社，一九八九），頁一八六。

28 「國防部代電參復字第〇一二七號」，檔號：0034/701.1/4010.2，案由：〈臺灣區日本物資接收處理案〉，檔案管有機關：檔案管理局。

行島內部隊局部的換防，但並未立即展開臺灣新的軍事佈局。[29]

國府於日軍投降後，於一九四五年十一月十一日召開為期三天的復員整軍會議，由行政院長與各部首長、陸軍總司令、各行轅行營主任、戰區長官與集團軍總司令出席，臺灣地區由警備總部副參謀長范誦堯代表參加，會議對戰後的復員整軍做業務報告與提案，對於部隊的編制與軍區的建置也有所討論。[30]美軍總部對於戰後中國軍隊的裁編與安置提出復員的建議，建議陸軍在一年內實施裁減計畫，中國陸軍總司令部也訂定三期的裁編計畫。[31]一九四六年在國共和談的背景下，國府實施整軍方案，整軍方案是為達成整編中共軍隊為中華民國國軍的協定，但相對的也裁減了國府軍之員額。[32]國府軍隊將由步兵九十八個軍、兩百三十九個師與騎兵二個軍、十三個師至一九四七年二月裁併成為步兵三十

29　一九四六年四月警備總部對在臺駐軍進行局部換防，主要是原駐宜蘭、花蓮港的七十軍七十五師移駐至台中、彰化，原駐台中、彰化的六十二軍一五七師移至嘉義，宜蘭、花蓮港由原駐台東之六十二軍七十五師進駐，臺灣駐軍並未更動，更動的是局部駐軍的駐地，七十軍一〇七師與六十二軍一五一師均未更動駐地。

30　檔號：0034/003.1/3750.4，案由：〈軍事委員會復員整軍會議案〉，檔案管有機關：檔案管理局。

31　「美軍總部建議中國陸軍裁編及安置審議意見表」，檔號：0034/570.31/7421.6，案由：〈陸軍擴軍建軍及調整案〉，檔案管有機關：檔案管理局。

32　蔣永敬，〈戰後國共和談——從重慶會談到整軍方案〉《國史館館刊》第三十四期（二〇一二），頁一四二。

個軍、九十個師的規模。臺灣劃屬陸軍整編實施方案第二期的華南區內，整併的部隊為六十二軍與七十軍，應於一九四六年五月至六月進行整併。[33]

為因應中央的整軍政策，警備總部於四月十三日召集駐臺部隊之有關人員進行整編座談，務期整編符合中央政策，並妥處編餘官兵。首先進行整編的是警備總部的特務團，整編為一個營。其次為負責接收佔領北臺的陸軍七十軍，七十軍為兩師編制之軍，原下轄七十五、一〇七兩師，依照國防部之規定，改為整編第七十師，下轄一三九、一四〇兩旅，於六月底完成整編，編餘官兵四千四百餘人七成撥補高雄要塞。負責接收佔領臺灣中南部的陸軍六十二軍為三師編制之軍，下轄九十五、一五一、一五七三個師，依照國防部之規定，改編為整編第六十二師，原六十二軍轄下之各師又依國防部裁減三分之一的整編辦法，裁整編為九十五、一五一、一五七三個旅，並於完成整編後九月奉命內調，整編第七十師也於十二月底調往中國參加剿匪作戰。[34]

在遣返日軍完成後，警備總部除持續處理日軍之移交軍用物資外，也奉中央政策對在

---

33 「三十五年度陸軍整編實施方案」，檔號：0034/570.31/7421.6，案由：〈陸軍擴軍建軍及調整案〉，檔案管有機關：檔案管理局。

34 「臺灣省軍事設施會議經過紀要乙冊」，檔號：0036/003.8/4010.2，案由：〈臺灣省軍事設施會議案〉，檔案管有機關：檔案管理局。

臺駐軍進行整編，整編完之軍隊陸續內調參加國共戰爭，臺灣接收之軍用物資在接收點驗後也陸續內運。軍政部特派員辦公處對在臺接收日軍之彈藥，擇素質優良者撥運回中國，在一九四六年六月之前至少運出一千萬發步槍彈。[35]一九四六年七月國共內戰全面爆發，臺灣接收的軍用物資陸續成為國府軍投入內戰的資源，至一九四七年三月國民政府主席蔣中正下令在臺接收之日軍軍品除必要屯留外，其餘一律內運，軍械物資全部被國府內運作為國共戰爭之用，對於無法拆卸內運的軍事設施或要塞大型火砲，警備總部則於在臺駐軍整併後開始進行整理。[36]

日治時期日軍於臺灣地區設有基隆、高雄、馬公三要塞，轄於日本陸軍，戰後原歸中國陸軍接收，但因陸軍要塞接收人員未能即時抵臺，為接收便捷起見，警備總部令海軍先行接收後再交陸軍接管。[37]一九四六年六月一日警備總部新成立基隆、高雄、澎湖三個要塞司令部，以接管海軍接收之基隆、高雄、馬公三個要塞；警備總部也將海軍與軍政部調查

35 臺灣省警備總司令部接收委員會，前揭《臺灣警備總部接收總報告書》，頁四五二。
36 「存台軍品除必須酌留外餘均掃數運滬」，檔號：0034/701.1/4010.2，案由：〈臺灣區日本物資接收處理案〉，檔案管有機關：檔案管理局。
37 檔號：0034/701.1/4010，案由：〈臺灣區日本海軍資產接收案〉，檔案管有機關：檔案管理局。

接收之原日軍要塞之軍武、設施、器材得以轉移給新成立的要塞司令部接收整理使用。[38]

新設立的要塞司令部轄域非常廣大，據戰後首任高雄要塞司令彭孟緝於一九四六年九月呈報給警備總部核備高雄要塞之轄區，北至台中、南至恆春，包含台中、台南、高雄、屏東等地，而本島地區其餘則為基隆要塞之轄域。[39]警備總部有以高雄、基隆要塞轄域取代之前分駐臺灣南北六十二軍、七十軍轄域之意味（參考圖6-1與6-2），即在六十二軍、七十軍移防後，地區軍事防禦即以要塞司令部為核心。因陸軍新設之要塞轄域廣闊，引起在臺海、空軍的兩類型爭議；一為對不同軍種單位轄域重疊界定的爭議，一為對轄域內接收軍事營舍的爭議。

高雄要塞司令部與空軍第二十二司令部即產生不同軍種單位對轄域重疊界定的爭議，高雄要塞司令部據軍政部五騎二字第一六七號巳微代電第二項：「花蓮港迄口松嶺日南西岸中庄以南所有沿海固定砲台通歸高雄要塞接管。」[40]將接管轄域內的台南、虎尾、新

38 臺灣省警備總司令部接收委員會，《臺灣省警備總部週年工作概況報告書》（台北：警備總司令部，一九四六），頁五四。

39 檔號：0035/560.1/1040，案由：〈為呈送本部所轄要塞地區一覽表電請核備由〉，檔案管有機關：檔案管理局。

40 檔號：0035/560.1/1040，案由：〈為復高雄要塞司令部將台南等空軍基地劃入要塞範圍內之根据由〉，檔案管有機關：檔案管理局。

社、台中空軍基地劃入要塞轄區，此舉引起空軍第二十二司令部的質疑與反對，空軍第二十二司令部將之向上呈報給漢口空軍第四軍區司令部，空軍第四軍區司令部認為高雄要塞司令部有干涉空軍二十二司令部行政指揮權之意圖，令空軍二十二司令部呈請高雄要塞司令部所隸之臺灣省警備總司令部核示。[41] 一九四六年十一月，高雄要塞司令部除以前述軍政部的電文說明外，又以（三五）五騎二字第三六九號午寒代電中高雄要塞所核准之火砲數量種類編制表中所詳載之火砲亦含空軍基地之防空高射砲為由，主張高雄要塞司令部既已接管了空軍基地中的防空火砲，根據〈要塞堡壘地帶法〉第三條規定，空軍基地自然不能自外於要塞之外，換言之即主張空軍基地屬要塞之內。[42] 空軍對於高雄要塞司令部此種回覆與說法並不認同，特別是〈要塞堡壘地帶法〉第三條為要塞範圍的說明，且也註明與海、空軍相關之軍港、機場相關區域需與海、空軍協商，[43] 故此空軍與陸軍之爭議

41 檔號：0035/560.1/1040，案由：〈為將本地區所轄台南等基地劃入高雄要塞司令部所轄範圍有何意圖及是否干涉本軍行政指揮權請鑒核示遵由〉，檔案管有機關：檔案管理局。

42 檔號：0035/560.1/1040/，案由：〈呈覆復台南等各空軍基地劃入要塞地區之根据由〉，檔案管有機關：檔案管理局。

43 檔號：0035/560.1/1040，案由：〈為抄呈本部所轄要塞地區及地帶法請轉飭所屬一體遵照由〉，檔案管有機關：檔案管理局。

最後由空軍報請國防部處置。[44]雙方的爭議並無結論，至一九四七年二月空軍遂直接派員接收臺灣各空軍基地可移動的高射火砲，並請得國防部轉警備總部飭令高雄要塞司令部不得接管空軍機場與附近活動之高射火砲，以免妨礙空軍空防指揮系統，算是擱置轄域爭議，暫時解決火砲問題。[45]

對轄域內接收軍事營舍的爭議，則多因接收範圍認定不同而起。台灣省供應局將基隆入船町之船塢與倉庫移交給基隆要塞，海軍駐台澎專員公署認為此處應為其所管轄，故行文基隆要塞要求該處撥歸海軍接收。[46]基隆要塞以臺灣省供應局並無移交船塢名稱，且入船町倉庫已由要塞工兵營入駐為由，拒絕海軍之要求。[47]海軍駐台澎專員公署遂呈文警備總部，說明基隆要塞強佔入船町倉庫，請警備總部飭令基隆要塞入駐入船町之士兵他移。[48]

---

44 檔號：0035/560.1/1040，案由：〈為呈復卅五年總戰一字一四七七九號代電由〉，檔案管有機關：檔案管理局。

45 檔號：0035/560.1/1040，案由：〈為呈復卅五年總戰一字一四七七九號代電由〉，檔案管有機關：檔案管理局。高雄要塞司令部又於一九四七年二月召開的臺灣軍事設施會議中對要塞地帶的劃分提案確認。

46 「奉電擬請將船塢倉庫撥歸本處接收以資儲存器材及修理船舶之需電請查鑒示遵由」，檔號：0034/701.1/4010.2，案由：〈臺灣區日本物資接收處理案〉，檔案管有機關：檔案管理局。

47 「為電復前供應局移交營舍並無船塢名稱其他營舍已駐用無法移交由」，檔號：0034/701.1/4010.2，案由：〈臺灣區日本物資接收處理案〉，檔案管有機關：檔案管理局。

48 「為請電飭要塞司令部將已佔駐之入船町士兵刻日他移以重職責由」，檔號：0034/701.1/4010.2，案由：

然基隆要塞再向警備總部，提出入船町該處有「陸軍用地」與「陸軍用海面」之石標，作為該處為日治時期陸軍營地之證據，基隆靠海之入船町營舍遂劃歸陸軍基隆要塞管轄。[49]

在一九四六年的下半年，警備總部除持續整理接收日軍物資外，也不斷的因中央之令而將軍用物資內運，並為整編駐軍後的臺灣軍事以新成立的單位展開新象。警備總部以要塞司令部取代移防內渡的駐軍，強化要塞作為地區軍事防禦的核心，雖與在臺海、空軍產生糾紛，但警備總部這種以地區軍事單位為防禦主力的作法，除可因應國共內戰的局勢，也可減少外省軍隊移駐臺灣的數量，警備總部後續又成立第四防空支部、臺灣師管區司令部與基隆、台中、高雄三個團管區司令部，為國府軍事接收臺灣開展新的佈局。

三、戰後臺灣軍事接收的新局

警備總部在臺灣成立新的軍事單位開展新佈局的同時，對於日軍遺留之軍事設施也著手復原與進行新的規劃，如高雄地區之高雄港與左營港之疏浚築港計畫。[50]其中左營港為

〈臺灣區日本物資接收處理案〉，檔案管有機關：檔案管理局。

49 「為電復前供應局移交營舍確係陸軍要塞用地已撥為本部工兵營舍及教育場所請鑒核准予免撥由」、「為電復入船町之海面營舍有日人時代陸軍使用證明非海軍所用敬請派員會同查勘并准予免撥由」，檔號：0034/701.1/4010.2，案由：〈臺灣區日本物資接收處理案〉，檔案管有機關：檔案管理局。

50 檔號：0035/941.3/0022A，案由：〈高雄港疏濬案〉與檔號：0035/943/4010.2，案由：〈左營港修建疏濬

日治時期日軍為建設南進基地而構築，後受太平洋戰局影響而工程延宕停止，僅完成百分之三十，戰後國府軍接收後先是疏浚港道、打撈沈船以圖恢復航運，計劃分期先完成修理繫船岸壁、修理給油給水設備、整理浮標及導航燈等，之後為進行新築岸壁，不僅要復舊更有新的建設。[51] 有鑑於臺灣各軍事單位已接收一段時日，各單位在軍事建設上都面臨復舊與新建的問題，為統一計畫與步驟，警備總部籌備於一九四七年的二月上旬召開臺灣軍事設施會議，會議中預定討論的議題有：[52]

（一）關於臺灣國防軍事建設事項。
（二）關於駐臺海陸空軍及要塞防空等之平戰時編制組織及裝備建議事項。
（三）關於今後作戰準備設施事項。
（四）關於駐臺海軍基地建立事項。
（五）關於駐臺海陸空軍所需各種軍需品修造工廠之設置建議事項。

---

51 「海軍台澎區專員公署左營築港計畫書」，0035/943/4010.2，案由：〈左營港修建疏濬案〉，檔案管有機關：檔案管理局。

52 「臺灣省軍事設施會議經過紀要乙冊」，檔號：0036/003.8/4010.2，案由：〈臺灣省軍事設施會議案〉，檔案管有機關：檔案管理局。

（六）關於本省兵役設施及新兵訓練事項。
（七）關於確定各要塞地帶及兵力設施事項。
（八）關於兵力防諜設施事項。
（九）關於全省軍用營建之整理修築及使用事項。
（十）關於軍隊駐地衛生及生活環境改進事項。
（十一）關於駐臺部隊平戰時之補給方法及其機構計畫之改革事項。
（十二）關於軍隊輸送及全般工具之改革事項。
（十三）關於日本時代養成之陸海空優秀幹部之組訓利用建議事項。

由上述會議的提案範圍要目來看，第一項「關於臺灣國防軍事建設事項」就說明了會議的宗旨，臺灣軍事設施會議的召開，為在於對臺灣軍事單位個別與相互間的問題挖掘與解決，做一整體式的體檢，也是象徵日軍遣返後，國府軍方對臺灣軍事接收復原新局開展的會議。

臺灣軍事設施會議於一九四七年二月六日開始一連三日舉行，除主辦的警備總部外，參加單位有基隆、高雄、馬公之要塞司令部、臺灣師管區、整編第二十一師、憲兵第四團、輜汽第二十一團、海軍台澎專員公署、空軍第二十二地區司令部、空軍第三製造廠、

第四防空支部、臺灣供應局、臺灣營產管理所之全臺軍事單位。[53]會議首先安排各單位之業務報告外，之後進行分組之提案討論，各單位之業務報告實為進行臺灣軍事接收以來之成果簡報，各單位的業務報告中以警備總部與台灣供應局最為重要。會議主辦單位警備總部由參謀長柯遠芬進行報告，警備總部為國府軍事接收臺灣的負責執行單位，柯遠芬將警備總部年來的工作分為三期，第一期為受降接收及日俘日僑的遣送、第二期為部隊整編與裝備調換及六十二軍內運、第三期為接收倉庫物資整理及武器彈藥內運與新軍事機構的成立軍事教育訓練的實施，簡略的說明三期內的執行成果，並總結臺灣的軍事工作今後將走上建軍的道路。臺灣供應局則由局長李進德進行報告，李進德在軍事接收執行時期為軍政處臺灣地區特派員兼臺灣供應局局長，關於臺灣軍用物資的接收處理與後勤補給為其主管業務，李進德對於臺灣接收之軍用物資分為糧秣需品、被服、交通通信器材、武器彈藥、衛生器材設施等五類進行報告。新成立未參與軍事接收之單位，如基隆、高雄、馬公之要塞司令部，則報告單位現狀與未來規劃。[54]

---

53 「臺灣省軍事設施會議出席人員報到簿」，檔號：0036/003.8/4010.2，案由：〈臺灣省軍事設施會議案〉，檔案管有機關：檔案管理局。

54 「臺灣省軍事設施會議經過紀要乙冊」，檔號：0036/003.8/4010.2，案由：〈臺灣省軍事設施會議案〉，檔案管有機關：檔案管理局。

會議各單位之提案分為教育訓練、軍風紀、人馬武器、後勤業務、要塞機場五組進行討論與審查，在三天的會議行程中，各單位共提出一百十九案，其中警備總部提案最多，如以案件各組分類統計，則有關後勤補給性質之提案五十二件為最多，大會提案經討論合併為六十九案進行審查。[55]臺灣軍事設施會議之討論提案，如以提案之性質略可分為關於全島軍事防禦整合事務、關於各單位健全事務、其他類事務三大類。關於全島軍事防禦整合事務之提案多為警備總部所提，重要之項目有：

（一）成立軍官講習班與舉辦軍士教育。

（二）舉行駐臺部隊聯合演習。

（三）修建演習場。

（四）作廢機場之土地處理。

（五）庫存物資之保管處理。

（六）成立臺灣省運用營建整修委員會專責辦理練兵場演習場等工程。

（七）統一陸海空軍補給。

---

55 「臺灣省軍事設施會議經過紀要乙冊」，檔號：0036/003.8/4010.2，案由：〈臺灣省軍事設施會議案〉，檔案管有機關：檔案管理局。

（八）實行徵兵先將一部交要塞集訓。

（九）修建以國防著眼之海底電線及地下通信網。

（十）建設本島國防電波警戒網。

上述項目中，前兩項為全臺軍事教育與軍事訓練的開展，與建演習場至成立臺灣省運用營建整修委員會等項為全臺軍用物資的相關事項，後四項事關臺灣軍事建設的開展最為重要。對於上述提案，會議審議通過後續相關執行事項，如大會決議於秋日舉辦駐臺部隊聯合演習，陸、空軍於湖口演練場，海軍在高雄、基隆兩港口辦理。對於全臺軍用物資的相關提案，以分別集中保管、建立分層負責制度交臺灣供應局辦理；關於成立臺灣省運用營建整修委員會，因辦理之事項所需經費龐大達億元以上，故呈請國防部派員主持。有關統一臺灣之陸海空軍補給決議通過向國防部建議由臺灣供應局統一辦理；臺灣預定於一九四七年下半年實行徵兵，為達成以要塞作為地區軍事防禦主力的構想，平戰時之防務均以要塞為主，必須先充實要塞兵力，故常備兵編入要塞為現實之必要。關於修建以國防著眼之海底電線及地下通信網與建設本島國防電波警戒網，事關臺灣島通信與防禦圈之建構，因臺灣之軍事戰略位置，對日本而言為南進基地，對中國而言為東南門戶，兩者有不同的地位，故中國取得臺灣後，臺灣的戰略位置將有改變。警備總部計畫將臺灣與中國的海底連絡線修復，恢復臺灣與福州、廈門、廣州之海底連絡線，並將臺灣至沖繩那霸、九州長崎的海底電線撤收改建至上海、天津以構成配合中國國防需要之通信網。[56]對於全島軍事防禦整合事務之提案，整編第二十一師有提議設置駐臺兵器修造廠與完成臺灣東海岸的軍事交通；[57]基隆要塞司令部則提案以本省為特種兵訓練區，[58]提案均通過或轉呈建議國防部。全島軍事防禦整合事務之提案，可視為國府軍事接收臺灣後，對於臺灣軍事復原新局開展的提案與整合的方向。

關於各軍事單位健全事務的提案，主要有兩個面向，一是單位所遭遇需上級協助的困難，一為單位職權與其他單位有相混爭議需劃分者。以高雄要塞司令部為例，高雄要塞司令部於會議中提案若干，關於需上級協助的提案有：[59]

（一）請將要塞編制內之工兵營提前成立。

---

56 「臺灣省軍事設施會議經過紀要乙冊」，檔號：0036/003.8/4010.2，案由：〈臺灣省軍事設施會議案〉，檔案管有機關：檔案管理局。

57 「呈台灣軍事設施提案」，檔號：0036/003.8/4010.2，案由：〈臺灣省軍事設施會議案〉，檔案管有機關：檔案管理局。

58 「基隆要塞軍事設施會議提案乙冊」，檔號：0036/003.8/4010.2，案由：〈臺灣省軍事設施會議案〉，檔案管有機關：檔案管理局。

59 「高雄要塞司令部台灣省軍事設施會議提案乙冊」，檔號：0036/003.8/4010.2，案由：〈臺灣省軍事設施會議案〉，檔案管有機關：檔案管理局。

（二）請將臺灣要塞偵測隊編制減少待遇提高並早日成立。
（三）請將關於日本統治時代養成之技術人員組訓利用。
（四）請准要塞各總台平時增設技術員工。
（五）請從速整理日人原設電話線路以利平戰時連絡。
（六）請准要塞固定火砲不予拆卸及不能用看守方式。

高雄要塞司令部所遭遇需上級協助之困難，主要在充實要塞短缺之技術人員。高雄要塞司令部成立之初編制有工兵營但卻暫緩成立，故提案主張要塞之工兵與野戰工兵不同，要塞之工兵平時用處多而戰時用處少，高雄要塞之砲塔、掩體、坑道等之修整建築及其他損壞工事，或需計畫補修，或需加強補修者，均以工兵是賴，故提案請求提前成立工兵營。在器材部分，因要塞將火砲一門平時拆存於倉庫需，視工作地點、砲重、距離等因素，拆存要一週至兩個月的時間，一旦戰爭發生，再行裝置亦需相同時間；又要塞火砲全以鋼筋水泥固定裝置，如經拆卸移動其膠著水泥內之砲盤必遭損壞，再裝配時需重新計算抗力，重造砲盤亦為不易。要塞內之火砲因看守之陸軍駐兵非砲兵，不諳性能、不知整理，以致火砲鏽蝕橫生、附件殘餘，故如不改變看守方式則火砲將成廢品，因此高雄要塞司令部提案請准要塞固定火砲不予拆卸。[60] 新成立之軍事單位將所面臨的問題與困難，

[60] 「軍事設施會議案經整理就緒彙總為台灣省軍事設施經過紀要擬按性質分由主管單位承辦」，檔號：

在臺灣軍事設施會議上提案，以期獲得解決；對於單位職權與其他單位有相混爭議需劃分者，亦於臺灣軍事設施會議中提案，如前所述高雄要塞司令部與空軍第二十二司令部對轄域重疊界定的爭議，故高雄要塞司令部有提案對要塞地帶的劃分，馬公要塞司令部亦面臨相同的問題，也提案要求對塞地帶的確立。[61]

臺灣軍事設施會議中提案屬其他類事務者，如臺灣省供應局提案倡導運動、憲兵第四團提案提倡正當娛樂、臺灣師管區提案請求撥與公田等。[62] 臺灣軍事設施會議的舉辦，由各單位的業務報告，對戰後國府軍事接收臺灣年來的成果，進行瞭解；由各單位所提之討論案，可窺知全島軍事防禦事務的整合與各軍事單位面臨的困難。臺灣軍事設施會議的召開完畢未幾，二二八事件即發生，由國防部史政局祕密稿本中對二二八時臺灣軍事之部署記載，時警備總部下之指揮係單位為整編第二十一師、基隆塞司令部、高雄塞司令部、馬公塞司令部、臺灣師管區、憲兵第四團、輜汽第二十一團、海軍台澎專員公署、空軍第

0036/003.8/4010.2，案由：〈臺灣省軍事設施會議案〉，檔案管有機關：檔案管理局。

61 「高雄要塞司令部台灣省軍事設施會議提案乙冊」、「馬公要塞司令部對於臺灣省軍事設施會議提案乙冊」，檔號：0036/003.8/4010.2，案由：〈臺灣省軍事設施會議案〉，檔案管有機關：檔案管理局。

62 「為呈軍事設施會議提案一份請鑒核由」、「為電送軍事設施提案一則覆請鑒核由」、「台灣師管區司令部參加台灣省軍事設施會議提案乙冊」，檔號：0036/003.8/4010.2，案由：〈臺灣省軍事設施會議案〉，檔案管有機關：檔案管理局。

二十二地區司令部、第四防空支部、臺灣供應局，戰列部隊為整編第二十一師、基隆、高雄、馬公要塞司令部之守備大隊，顯然警備總部所規劃臺灣軍事之新佈局已然成型，要塞司令部成為地區防禦的中心，故臺灣軍事設施會議的召開，是為臺灣軍事接收復員與整合新局開展的里程碑。[63]

小結

軍事接收臺灣是行政接收的基礎條件，沒有軍事接收的佔領，行政接收無從開展，警備總部以軍事接收委員會作為臺灣軍事接收的任務編組，並於一九四五年十一月一日起進行臺灣的軍事接收。警備總部以分組進行臺灣的軍事接收，軍事接收之初，由於在臺日軍遣返期程仍未確定，警備總部在日軍自行管理的原則下，讓解除武裝的在臺日軍從事復舊工作。復舊工作包含海運恢復、空運恢復、營建整修、修復陸上交通與恢復工礦生產，除為協助復原與自給自足外，亦有以工作填補等待遣返時間的意味，以免為數眾多解除武裝待遣返的日軍，造成軍事接收進行的阻礙。

一九四五年十二月美方告知中方可提前將在臺日軍遣返回國，中方為求迅速復員及達

63 國防部史政局祕密稿本，〈臺灣（卅五）二二八事變紀言〉收入李敖編著，《二二八研究》（台北：李敖出版社，一九八九），頁十四－二〇。

到解決糧荒、開始建設、鞏固國防之目的，決定在最短時間內將在臺日軍遣返。為此，警備總部設置戰俘管理處、鐵道運輸司令部、基隆運輸司令部與高雄運輸司令部作為執行在臺日軍的遣返管理與運輸配合單位，戰俘管理處由中、美合作成立，其主要工作為在臺日軍集中遣送前的管理，但遣送業務的重要性，更甚於管理業務。為進行在臺日軍的遣送，日軍的復舊工作宣告停止，日軍實際執行復舊之工作為一九四五年九月至一九四六年三月，由於在臺日軍等待遣返的時間不長，且在復舊物資缺乏的狀況下，實質復舊建設的成果有限。至一九四六年四月在臺日軍大多已遣返完畢，戰俘管理處於四月三十日撤銷，統計中美共同合作遣送在臺日軍有十六萬五千七百零一人，國府用極短的時間迅速的將在臺日軍遣返，除前述復員、糧荒、建設、國防等原因外，更重要的是為國府對臺灣的軍事接收排除在臺日軍可能造成的變因與以國府軍入駐原在臺日軍駐地，騰籠換鳥騰讓出國府軍事佈局臺灣的空間。

警備總部於一九四六年二月二十三日召開軍事接收結束會議宣告臺灣軍事接收結束。但事實上當時在軍用物資接收上卻連點驗都尚未完成，臺灣的軍事接收實際要到七月驗收報部後，行政上之程序才算是完成告一段落。所以，警備總部在完成在臺日軍遣返後，仍為日軍所移交之軍用物資處置而忙碌，無法馬上展開臺灣新的軍事佈局。一九四六年在國共和談的背景下，國府實施整軍方案，國府於一九四五年十一月十一日召開復員整軍會議，為因應中央政策警備總部於一九四六年四月十三日召集駐臺部隊人員進行整編座談，為符合整編政策，臺灣駐軍六十二軍與七十軍，於一九四六年五月至六月進行整併。一九四六年七月國共內戰全面爆發，在臺整併完成之整編第六十二師、七十師也陸續奉命內調參加國共戰爭，在臺接收之日軍軍品除必要囤留外，其餘一律內運作為國共戰爭之用。

在臺駐軍與軍用物資內運，對警備總部而言為中央命令，僅能遵從執行無法拒絕。中央移駐減少了在臺的駐兵，調走原三師編制改編的整編第六十二師時由二師編制改編的整編第七十師入駐原防地，整編第七十師內調由整編第二十一師移防來臺，中央駐守臺灣之兵力因應國共戰爭的情勢而縮減，由原兩軍五師駐守，減為一整編師，整編第二十一師移防來臺之初僅一團一營抵臺。警備總部因應中央駐守縮減的情勢，新成立基隆、高雄、澎湖三個要塞司令部，以要塞司令部取代移防內渡的駐軍，並將徵兵之常備兵編入要塞集訓，強化要塞作為地區軍事防禦的核心，以新成立的單位再次騰籠換鳥展開臺灣軍事佈局的新象。[64]

[64] 有論者認為中央駐臺軍隊減少為陳儀不願意負擔太多軍隊駐臺經費，故拒絕增派軍隊駐臺。參閱楊鵬，〈臺灣受降與「二二八」事件〉收入李敖編著，前揭《二二八研究三集》，頁一五一。美軍報告記錄指出在臺陸軍四萬人，對陳儀忠誠度不高，陳儀僅有名義上的控制權。Nancy Hsu Fleming著、蔡丁貴譯，《狗去豬來：二二八前夕美國情報檔案》（台北：前衛出版社，二〇〇九），頁一五七。

新成立的軍事單位面臨轄域界定與建軍諸問題，而原有的各軍事單位在接收一段時日之後，亦面臨復舊與新建的問題，為統一建軍計畫與步驟，警備總部一九四七年的二月六日召開臺灣軍事設施會議。會議之提案可分為關於全島軍事防禦整合事務、關於各單位健全事務、其他類事務三大類。關於全島軍事防禦整合事務多為警備總部所提，也顯示出警備總部作為全臺最高軍事指揮單位的高度與佈局。全島軍事防禦整合事務之提案，也可視為國府軍事接收臺灣後，對於臺灣軍事復原新局開展的提案與整合的方向。關於各軍事單位健全事務的提案，主要有兩個面向，一是單位所遭遇需上級協助的困難，一為單位職權與其他單位有相混爭議需劃分者。提案單位多為新成立之軍事單位反映出現實上所遭遇的困難，警備總部由藉由會議進行整合與解決。

臺灣軍事設施會議的召開，為在於對臺灣軍事單位的問題挖掘與解決，做一整體式的體檢，由會議中各單位之提案，亦可瞭解全島軍事防禦事務的整合與各軍事單位面臨的困難。由國防部史政局祕密稿本中對二二八時臺灣軍事之部署記載，警備總部下之戰列部隊為整編第二十一師、基隆、高雄、馬公要塞司令部之守備大隊，顯然警備總部所規劃臺灣軍事之新佈局已然成型。自國府軍事接收臺灣以來，由國府駐軍取代日軍為臺灣軍事佔領之第一步，以要塞取代駐軍作為地區軍事防禦的核心則為警備總部對臺灣軍事規劃的新局，具有軍事接收復員與復原的新意。而臺灣軍事設施會議的召開，也象徵國府軍隊在入駐臺灣接收後，警備總部對臺灣軍事接收新局的開展。

第七章　結論

在中日戰爭爆發之前，中華民國對於臺灣這塊大清帝國割讓日本的領土依據國家繼承與政府繼承原則，是承認臺灣主權歸屬日本的法律狀態與事實，但一九三七年蘆溝橋事件後國民政府開始對臺灣有了不同的想法。一九四一年十二月九日國民政府對日本正式宣戰後，國民政府雖未直接聲明要收復臺灣，但對日宣戰文所暗喻的意圖，即是國民政府對臺灣有收復的意向。一九四一年底美國也對日本宣戰，一九四二年美國軍方開始對臺灣進行研究，並完成一份主張戰後臺灣國際管制的備忘錄，美國認知到臺灣在西太平洋邊緣的軍事戰略重要性，難許輕易的將臺灣交給中國控制，顯現二戰初期美國對戰後臺灣的前途有著與國民政府不同的想法。

國府雖獲得盟國允諾戰後可收回臺灣的承諾，但因受限於現實條件，以當時的戰況國府很難以直接以武力收復臺灣，因此以美軍登陸臺灣的想法始終存在於國府收復臺灣的構想中。戰後國府根據「一般命令第一號」取得非屬中國戰區臺灣的受降權，進而與美方聯合規劃登陸佔領臺灣。中、美共同研議籌劃〈台灣省收復計畫大綱〉，作為進行實質的軍事佔領接收臺灣的計畫，〈台灣省收復計畫大綱〉以國民政府軍事佔領接收臺灣為主軸，詳列了國府實際軍事接收臺灣的步驟與方法。負責臺灣軍事接收的臺灣省警備總司令部九月一日成立後，警備總部根據〈台灣省收復計畫大綱〉與美軍連絡組進而共同研擬〈台灣省佔領計畫〉，日後日軍之受降、國府軍隊之登陸均為〈台灣省佔領計畫〉之實施。九月二十八日警備總部、行政長官公署與美軍合組前進指揮所，十月五日前進指揮所進駐台北，前進指揮所抵臺進行臺灣受降、佔領、接收相關現地準備，並藉由在二戰末期完成軍政一體化的臺灣總督府進行間接統治。

戰後由中、美雙方對臺灣軍事佔領接收的籌備準備過程來看，可以察覺國府對軍事佔領接收臺灣在終戰前並無實際規劃。戰後非正式盟軍人員來臺進行活動與情報建置，也反映出戰後初期國府對軍事接收臺灣也無整體計劃。行政長官陳儀雖兼任警備總部司令，但來臺進行佔領接收的軍隊非其所選擇，故陳儀對來臺軍隊軍紀問題相當憂心，海、空軍的受降接收又有美軍的插手，相較於行政部分接收的籌備，國府對臺灣軍事佔領接收的籌備準備顯得相當倉促且充滿中美合作的色彩。在軍事佔領臺灣的設計中，由美國提供運輸載具將國府軍隊運送至臺灣進行軍事佔領。因日本投降的過於迅速，國府面對龐大的淪陷區與光復區的接收，以致臺灣接收事務延宕至八月下旬才確認負責主官。在臺日軍也因投降消息出乎意料而有非戰之敗的情緒，然在臺日軍最高指揮官安藤利吉雖然內心痛苦無奈，但決心遵守天皇的御旨，壓制安撫日本軍民對戰敗的不滿，妥善處理戰敗的後續事務。

陳儀要求臺灣軍事接收要統一進行接收，但在前進指揮所未抵臺前，空軍已奉令來臺進行接收，十月下旬抵臺的海軍也自行逕行接收，後雖被要求不得擅自接收而停止，但陳儀的統一接收其實已破局。警備總部規劃的軍事接收為分組接收，然十一月一日開始的統一接收僅有五組開始接收，尚有兩組因未抵臺而延至十二月才開始接收，使統一接收又變成兩波段的統一接收，各軍種接收的時間差產生代接收與移交的狀況，以致後續產生接收認知差異之問題。

受限於來臺進行接收的人力，軍事接收各組多採用分區分股（班），次第接收的方式，各組在接收軍用物資後，需再移交給軍政局統一處理，但各組在接收軍用物資後，往往會不循程序自行提用物品，物資的接收成為造成接收混亂的誘因。亦有自行接收非歸管倉庫的情形發生，對於越權接收這種易引起各組間糾紛的情事，軍事接收委員會並不積極處理，因而產生職權不清、擅自接收甚至劫收的狀況。

臺灣軍用物資的接收，一開始即非統一接收，亦未見有全盤計畫。軍事接收由臺灣省警備總司令部統籌，但軍用物資卻由中央軍政部負責，軍政部特派員於統一接收開始後才抵臺，各軍種之接收組均先行接收軍用物資，並自行提用，警備總部對軍品提用亦無統一規定，形成貪瀆的溫床。原應主導軍用物資接收的軍政部特派員，不論在實際接收執行或後續之集中移交，均未表現出有統一計畫或強勢領導之作為，各軍自行其事，顯現出多頭馬車的混亂狀態。

臺灣地區的軍事物資點驗、移交、集中的過程，相當混亂，所接收之軍用物資有在接收時進行點驗、有在接收後實施點驗；在接收物資集中部分亦同，有在接收時進行集中、有在接收後進行集中或在點驗後實施集中；有些地區是先移交後集中，有些則是移交與集中並行，並無統一之進度或階段。在日軍軍用物資的接收過程中，有日軍隱匿軍用物資甚至盜賣的狀況，但也有因中日雙方接收範圍劃分不明、文化差異與不信任所造成的誤會。

國府對於在臺接收動產之軍用物資，除充實在駐部隊裝備外，也大量內運至中國，接收之妥善日機更在接收初期即命令飛抵中國待命。在日軍軍用物資中車輛成為各單位爭相接收的熱門物資，軍用物資之接收、集中軍需要運輸工具，就算是走私也需要車輛將貨物載運至碼頭上船，接收各單位有關車輛爭議甚多。日軍不動產營區、房舍的爭奪更早在軍事接收初期即已開始，越區擅權接收或撕毀其他單位封條強行進佔者時有所聞。各軍種因來臺接收時間早晚或接收範圍定義不明，造成各接收單位在軍用物資接收上混亂與問題產生的原因。其中也存在著貪瀆的問題，由目前所存之檔案可知，不肖接收官員對於接收軍用物資有盜賣、侵佔、圖利、賄賂等情事，遑論對於接收清冊外與溢品之處置。

陳儀雖為臺灣軍事接收的最高指揮官，但來臺進行軍事佔領的陸軍六十二軍與七十軍卻非其嫡系部隊，在臺陸軍四萬人，對陳儀忠誠度不高，陳儀僅有名義上的控制權，島內軍隊效忠陳儀者僅兩千人，陳儀無法控制國府駐臺部隊。[1]陳儀除無法控制國府駐臺部隊外，國府駐臺部隊的財政負擔也是陳儀欲以強化地方要塞以取代中央駐臺部隊的原因。陳儀兼任臺灣省警備總司令，臺灣省警備總司令部為實際負責執行臺灣軍事接收的單位，警備總部主管多為陳儀之故舊，警備總部事務多由參謀長柯遠芬處理，柯遠芬擔任警備總部參謀長前為軍事委員會侍從室高級參謀，中國陸軍總部與駐華美軍總部共同擬定之〈台灣省收復計畫大綱〉即為尤其轉知給陳儀的，但柯遠芬是軍統人員，非陳儀所屬之政學系，故由軍統人員擔任警備總部參謀長一職，有架空陳儀軍權的意味。[2]陳儀的舊部周一鶚於回憶陳儀在臺的文章中對柯遠芬多所批評，認為柯遠芬欺瞞陳儀為所欲為。[3]負責臺灣地區空軍接收的林文奎曾表示柯遠芬與長官公署秘書長葛敬恩相互攻奸無法合作，也說在臺空軍與陳儀或在臺美軍均有心結，海軍除走私外並與臺民爭利，接收之部隊軍紀已無法維持。[4]臺灣軍事接收在以人為根本的派系問題糾葛下，加上軍種本位主義、各接收單位的

---

1 Nancy Hsu Fleming著、蔡丁貴譯，《狗去豬來：二二八前夕美國情報檔案》（台北：前衛出版社，二〇〇九），頁一五七。

2 陳明通，《派系政治與臺灣政治變遷》（台北：月旦出版社，一九九五），頁七〇。

3 周一鶚，〈陳儀在臺灣〉收入李敖編著，前揭《二二八研究三集》，頁一六〇。

4 林文奎，〈台灣見聞錄—林文奎的二二八事件見聞錄〉《台灣史料研究》第十八期（二〇〇二年三月），

認知差異與軍用物資的爭奪，讓原本複雜的軍事接收風波不斷，與《臺灣警備總部接收總報告書》中所刊載或陳儀在軍事接收結束會議上表示「接收工作出人意外的順利」的狀況有相當大的不同。

警備總部軍事接收委員會宣告以不到四個月的時間完成臺灣地區的軍事接收，但事實顯然並非如此，軍事接收委員會的結束，僅能視為日軍集中解除武裝、國軍武裝佔領完成、軍品初步轉移與中美合作臺灣軍事接收佔領計畫的結束，後續日軍的遣送、軍品的集中處理與在臺軍隊的復員整軍均未完成。在臺灣軍事接收期間，接收各組為求時效而未求確實，接收範圍的劃分不清、接收紊亂、越權接收、接收人員不足、紙上接收、接收物資處置均為埋下臺灣軍事接收後續糾紛的開端。然一九四七年三月國民政府主席蔣中正下令在臺接收之日軍軍品除必要囤留外，其餘一律內運中國，臺灣接收之軍用物資全部被國府作為國共戰爭之戰爭物資，為臺灣接收軍用物資的處理階段性的劃下句號。

在國府進行軍事接收的同時，日軍的遣返亦為臺灣軍事接收的重要工作，日軍遣返與分組軍事接收同時進行，日軍遣返後國府才能如騰籠換鳥般的展開對臺灣新的軍事佈局。軍事接收進行之初，由於在臺日軍遣返期程仍未確定，警備總部在日軍自行管理的原則下，

頁一一四—一一九。

讓解除武裝的在臺日軍從事復舊工作，此係以工作填補等待遣返時間的意味，以免為數眾多解除武裝待遣返的日軍，造成軍事接收進行的阻礙。自一九四五年十二月下旬開始日軍遣返工作，至一九四六年四月在臺日軍大多已遣返完畢，國府用極短的時間迅速的將在臺日軍遣返，除前述復員、糧荒、建設、國防等原因外，更重要的是為國府對臺灣的軍事接收排除在臺日軍可能造成的變因與以國府軍入駐原在臺日軍駐地，騰籠換鳥騰讓出國府軍事佈局臺灣的空間。

一九四六年在國共和談的背景下，國府實施整軍方案，臺灣駐軍六十二軍與七十軍，於一九四六年五月至六月進行整併，在臺整併完成之整編第六十二師、七十師也陸續奉命內調參加國共戰爭。警備總部因應中央駐守縮減的情勢，新成立基隆、高雄、澎湖三個要塞司令部，以要塞司令部取代移防內渡的駐軍，強化要塞作為地區軍事防禦的核心，以新成立的單位再次騰籠換鳥展開臺灣軍事佈局的新象。新成立的軍事單位面臨轄域界定與建軍諸問題，而原有的各軍事單位在接收一段時日之後，亦面臨復舊與新建的問題，為統一建軍計畫與步驟，警備總部一九四七年的二月六日召開臺灣軍事設施會議。臺灣軍事設施會議的召開，為在於對臺灣軍事單位的問題挖掘與解決，做一整體式的體檢，由會議中各單位之提案，亦可瞭解全島軍事防禦事務的整合與各軍事單位面臨的困難，為國府軍事接收臺灣後，警備總部對臺灣軍事接收復員新局的開展。

二戰結束前國府對軍事接收臺灣並無整體之規劃，以美軍登陸臺灣的想法始終存在於國府收復臺灣的構想中。戰後中、美合作擬定軍事登陸佔領臺灣計畫由國府執行，軍事佔領為國府軍事接收臺灣的基礎，國府在軍事佔領下由警備總部進行軍事接收，同時與美方合作，迅速將在臺日軍遣返回國，由國府駐軍取代日軍為臺灣軍事佈局之第一步。國府對在臺接收之軍用物資實施點驗、集中、移交最後內運，臺灣軍用物資之內運雖為因應國共戰爭的需求，然實亦為淘空臺灣之作為。警備總部因應國共戰爭情勢，新成立要塞司令部取代縮減之駐軍作為地區軍事防禦的核心，展開臺灣軍事佈局的新象，臺灣軍事設施會議的召開，即為戰後臺灣軍事接收新局開展的里程碑。

關於戰後臺灣軍事接收之課題，對於接收的時程《臺灣警備總部接收總報告書》已有記錄，故本書並未於正文中論述接收時程相關，本書將焦點集中於二戰前後臺灣軍事佔領接收的論述與籌劃、戰後臺灣軍事佔領接收的籌備準備、國民政府對臺灣的軍事接收、戰後臺灣軍用物資的接收處理、戰後軍事接收臺灣新局的開展等主題，對於國民政府軍事接收臺灣勾勒出基本的輪廓，各研究主題與臺灣各地區的軍事接收狀況均有可再深論者，本書作為戰後臺灣軍事接收研究的起步，期望能拋磚引玉引起學界先進對此課題的關注，也希望能藉由臺灣軍事接收的討論，為國府接收臺灣後臺人反抗衝突的發生，檢討出部分的前因。

參考資料

一、檔案史料

檔號：0035/587/4010，案由：〈為再請迅飭高雄要塞司令部將左營荒鷲二高射砲台交還海軍第三基地司令部接管以保全軍港價值而利國防由〉，檔案管有機關：檔案管理局。

檔號：0035/560.1/1040，案由：〈為呈送本部所轄要塞地區一覽表電請核備由〉，檔案管有機關：檔案管理局。

檔號：0035/560.1/1040，案由：〈為復高雄要塞司令部將台南等空軍基地劃入要塞範圍內之根据由〉，檔案管有機關：檔案管理局。

檔號：0035/560.1/1040，案由：〈為將本地區所轄台南等基地劃入高雄要塞司令部所轄範圍有何意圖及是否干涉本軍行政指揮權請鑒核示遵由〉，檔案管有機關：檔案管理局。

檔號：0035/560.1/1040，案由：〈呈覆復台南等各空軍基地劃入要塞地區之根据由〉，檔案管有機關：檔案管理局。

檔號：0035/560.1/1040，案由：〈為抄呈本部所轄要塞地區及地帶法請轉飭所屬一體遵照由〉，檔案管有機關：檔案管理局。

檔號：0035/560.1/1040，案由：〈為呈復卅五年總戰一字一四七七九號代電由〉，檔案管有機關：檔案管理局。

檔號：0034/1811.1，案由：〈台灣軍事接收總報告〉，檔案管有機關：檔案管理局。

檔號：0034/002.6/4010.2，案由：〈頒發台灣地區軍事接收委員會組織規程仰遵照〉，檔案管有機關：檔案管理局。

檔號：0035/941.3/0022A，案由：〈高雄港疏濬案〉，檔案管有機關：檔案管理局

檔號：0034/003.1/3750.4，案由：〈軍事委員會復員整軍會議案〉，檔案管有機關：檔案管理局。

檔號：0034/701.1/4010.2，案由：〈臺灣區日本物資接收處理案〉，檔案管有機關：檔案管理局。

檔號：0034/701.1/4010.2，案由：〈臺灣省海軍週年工作概要報告書〉，檔案管有機關：檔案管理局。

檔號：0035/511.1/4010，案由：〈台灣地區軍事接收委員會組織規程〉，檔案管有機關：檔案管理局。

檔號：0034/701.1/4010.3，案由：〈臺灣區日本航空隊資產接收處理案〉，檔案管有機關：檔案管理局。

檔號：0034/701.1/4010，案由：〈臺灣區日本海軍資產接收案〉，檔案管有機關：檔案管理局。

檔號：0038/560.2/4010，案由：〈臺灣省各要塞防衛計劃〉，檔案管有機關：檔案管理局。

檔號：0034/109.3/4010，案由：〈本部成立經過、前進指揮所之派遣、兼總司令及總部人員來臺經過工作報告書〉，檔案管有機關：檔案管理局。

檔號：0034/002.6/4010.2，案由：〈通告本指揮於民國卅四年十月五日到達任所六日開始辦公並公佈各項事項〉，檔案管有機關：檔案管理局。

檔號：0034/002.6/4010.2，案由：〈派該長官兼任台灣省警備總司令檢發收復計劃大綱一份〉，檔案管有機關：檔案管理局。

檔號：0034/002.6/4010.2，案由：〈前與貴部會同研定之收復台灣計劃大綱業奉批准令行茲附送編制表一份請

查照洽辦〉，檔案管有機關：檔案管理局。

檔號：0034/002.6/4010.2，案由：〈關於收復台灣計劃要點五項摘呈核示由〉，檔案管有機關：檔案管理局。

檔號：0034/002.6/4010.2，案由：〈本部一亨字三五九號簽呈副稿計劃查核簽呈奉批[陳長官核辦]特電請查照由〉，檔案管有機關：檔案管理局。

檔號：0034/002.6/4010.2，案由：〈本指揮所本日赴台請先代辦數事〉，檔案管有機關：檔案管理局。

檔號：0034/002.6/4010.2，案由：〈電報本所人員到達台北後之工作情形〉，檔案管有機關：檔案管理局。

檔號：0034/002.6/4010.2，案由：〈頒發台灣省佔領計劃一份希參照擬具計劃實施報核〉，檔案管有機關：檔案管理局。

檔號：0034/002.6/4010.2，案由：〈呈報台灣省佔領計劃請核備〉，檔案管有機關：檔案管理局。

檔號：0034/002.6/4010.2，案由：〈電知本署抵台日期及七十軍軍紀欠嚴等事項〉，檔案管有機關：檔案管理局。

檔號：0034/002.6/4010.2，案由：〈本屬及七十軍人員即將抵台將有數項希交日方實施〉，檔案管有機關：檔案管理局。

檔號：0034/002.6/4010.2，案由：〈前進指揮所收發文登記簿二本〉，檔案管有機關：檔案管理局。

檔號：0034/002.6/4010.2，案由：〈為電知空軍廿二廿三地區司令擬定之台灣省佔領計劃業經核准由〉，檔案管有機關：檔案管理局。

檔號：0034/002.6/4010.2，案由：〈臺灣光復案專輯〉，檔案管有機關：檔案管理局。

檔號：34/002.6/4010.2，案由：〈為繳械之方式已令日軍自行解除武裝送往指定地點之倉庫〉，檔案管有機關：檔案管理局。

檔號：0034/002.6/4010.2，案由：〈第一、二三次軍機接收委員會會議記錄〉，檔案管有機關：檔案管理局。

檔號：0034/002.6/4010.2，案由：〈為呈接收範圍劃分意見書請核示〉，檔案管有機關：檔案管理局。

檔號：0034/002.6/4010.2，案由：〈謹擬就視察工作計劃綱要一份呈請鈞核〉，檔案管有機關：檔案管理局。

檔號：0034/002.6/4010.2，案由：〈茲訂定軍事接收巡迴視察組織之編成及實施辨法與本部視察計劃綱要各一份隨電檢覆〉，檔案管有機關：檔案管理局。

檔號：0034/002.6/4010.2，案由：〈頒發台灣地區軍事接收委員會組織規程仰遵照〉，檔案管有機關：檔案管理局。

檔號：0034/003.7/4010，案由：〈第四次中美參謀聯合會報紀錄〉，檔案管有機關：檔案管理局。

檔號：0034/003.7/4010，案由：〈第五次中美參謀聯合會報紀錄〉，檔案管有機關：檔案管理局。

檔號：0034/003.7/4010，案由：〈第六次中美參謀聯合會報紀錄〉，檔案管有機關：檔案管理局。

檔號：0034/003.7/4010，案由：〈第七次中美參謀聯合會報紀錄〉，檔案管有機關：檔案管理局。

檔號：0034/003.7/4010，案由：〈第十一次中美參謀聯合會報紀錄〉，檔案管有機關：檔案管理局。

檔號：0034/003.7/4010，案由：〈第十六次中美參謀聯合會議〉，檔案管有機關：檔案管理局。

檔號：0034/003.7/4010，案由：〈第十七次中美參謀聯合會議〉，檔案管有機關：檔案管理局。

「十一月一日柯參謀長與宇垣參謀副長之交涉會談內容」，檔號：0034/701.1/4010.2，案由：〈臺灣區日本物資接收處理案〉，檔案管有機關：檔案管理局。

「三十五年度陸軍整編實施方案」，檔號：0034/570.31/7421.6，案由：〈陸軍擴軍建軍及調整案〉，檔案管有機關：檔案管理局。

「中國台灣省警備總司令部代電（三十五）軍字第六十七號」，檔號：0034/002.6/4010.27，案由：〈台灣光復案專輯〉，檔案管有機關：檔案管理局。

「中國台灣省警備總司令部命令（三十四）軍字第一一七號」，檔號：0034/002.6/4010.27，案由：〈台灣光復案專輯〉，檔案管有機關：檔案管理局。

「中國台灣省警備總司令部命令（三十四）軍字第玖壹號」，檔號：0034/002.6/4010.27，案由：〈台灣光復案專輯〉，檔案管有機關：檔案管理局。

「台灣地區日軍解除武裝後之工作分配原則大綱」，檔號：0034/002.6/4010.27，案由：〈台灣光復案專輯〉，檔案管有機關：檔案管理局。

「台灣地區軍事接收委員會結會議紀錄」，檔號：0034/701.1/4010.2，案由：〈臺灣區日本物資接收處理案〉，檔案管有機關：檔案管理局。

「台灣師管區司令部參加台灣省軍事設施會議提案乙冊」，檔號：0036/003.8/4010.2，案由：〈臺灣省軍事設施會議案〉，檔案管有機關：檔案管理局。

「本省日軍業已全部繳械完畢仰各部隊應就警備區內嚴加監視由」，檔號：0034/002.6/4010.2，案由：〈台灣光復案專輯〉，檔案管有機關：檔案管理局。

「本部戰俘管理日僑遣送處報告書等件請鑒核備查」，檔號：0034/545/4010，案由：〈台灣區日俘（僑）處理案〉，檔案管有機關：檔案管理局。

「存台軍品除必須酌留外餘均掃數運濾」，檔號：0034/701.1/4010.2，案由：〈臺灣區日本物資接收處理案〉，檔案管有機關：檔案管理局。

「收復一切物資將來均須抵付賠款希不得隱匿少報擅自動用」，檔號：0034/002.6/4010.2，案由：〈臺灣光復案專輯〉，檔案管有機關：檔案管理局。

「何應欽酉徑未補餘」，檔號：0034/701.1/4010.2，案由：〈臺灣區日本物資接收處理案〉，檔案管有機關：檔案管理局。

「呈台灣軍事設施提案」，檔號：0036/003.8/4010.2，案由：〈臺灣省軍事設施會議案〉，檔案管有機關：檔案管理局。

「呈复花蓮港憲兵排呈繳之牛豬已飭花蓮港接收處理」，檔號：0034/701.1/4010.2，案由：〈臺灣區日本物資接收處理案〉，檔案管有機關：檔案管理局。

「呈報遣送日俘歸國事項計劃」，檔號：0034/545/4010，案由：〈台灣區日俘（僑）處理案〉，檔案管有機關：檔案管理局。

「呈復空軍未予移交情形謹再列表懇請轉呈國防部轉飭空軍總部轉飭二十二地區移交俾資整建由」，檔號：0034/701.1/4010.2，案由：〈臺灣區日本物資接收處理案〉，檔案管有機關：檔案管理局。

「函請派員率同憲兵搜查基隆市特攻艇並清查已破獲之倉庫由」，檔號：0034/706/6010.2，案由：〈日遺物資發掘處理案〉，檔案管有機關：檔案管理局。

「奉飭內運步槍砲已另洽船裝運復請照」，檔號：0034/701.1/4010.2，案由：〈臺灣區日本物資接收處理案〉，檔案管有機關：檔案管理局。

「奉電擬請將船塢倉庫撥歸本處接收以資儲存器材及修理船舶之需電請查鑒示遵由」，檔號：0034/701.1/4010.2，案由：〈臺灣區日本物資接收處理案〉，檔案管有機關：檔案管理局。

「後方勤務總司令部臺灣供應局代電台供參字第五七三一號」，檔號：0034/701.1/4010.2，案由：〈臺灣區日本物資接收處理案〉，檔案管有機關：檔案管理局。

「為之吾兄參謀長勳鑒」，檔號：0034/701.1/4010.2，案由：〈臺灣區日本物資接收處理案〉，檔案管有機關：檔案管理局。

「為令將丹下大尉提解來部并將盜賣部分造冊呈繳由」，檔號：0034/701.1/4010.3，案由：〈臺灣區日本航空隊資產接收處理案〉，檔案管有機關：檔案管理局。

「為令飭遵辦事項仰即遵辦具報由」，檔號：0034/701.1/4010.3，案由：〈臺灣區日本航空隊資產接收處理案〉，檔案管有機關：檔案管理局。

「為台灣日俘遣送情形敬復查照由」，檔號：0034/1865/6010，案由：〈日本投降文獻專輯〉，檔案管有機關：檔案管理局。

「為本部奉令將在台飛機除完好者外其餘一律報廢標賣复請鑒核由」，檔號：0035/701.8/6010，案由：〈日本移交殘留飛機處理案〉，檔案管有機關：檔案管理局。

「為本團接收台北日憲兵隊日軍品數量不符緣由呈祈鑒核由」，檔號：0034/701.1/4010.2，案由：〈臺灣區日本物資接收處理案〉，檔案管有機關：檔案管理局。

「為本團駐花蓮港憲兵隊查獲日軍匿藏牲口一批應如何處理祈核示由」，檔號：0034/701.1/4010.2，案由：〈臺灣區日本物資接收處理案〉，檔案管有機關：檔案管理局。

「為申復本局未接收基隆船塢並遵電轉基隆要塞部查照辦理」，檔號：0034/701.1/4010.2，案由：〈臺灣區日本物資接收處理案〉，檔案管有機關：檔案管理局。

「為呈軍事設施會議提案一份請鑒核由」，檔號：0036/003.8/4010.2，案由：〈臺灣省軍事設施會議案〉，檔案管有機關：檔案管理局。

「為呈報六十七號雪佛蘭乘車壹輛來歷及經過情形請鑒核由」，檔號：0034/701.1/4010.2，案由：〈臺灣區日本物資接收處理案〉，檔案管有機關：檔案管理局。

「為呈復樹林口八里莊倉庫均係槍彈仍懇轉飭七十軍運交松山貨物廠接收由」，檔號：0034/701.1/4010.2，案由：〈臺灣區日本物資接收處理案〉，檔案管有機關：檔案管理局。

「為松山機場所有日軍飛機因過期不堪使用經空軍地勤二十六中隊全部拆毀謹電核備由」，檔號：0035/701.8/6010，案由：〈日本移交殘留飛機處理案〉，檔案管有機關：檔案管理局。

「為海軍第六十一廠借由應用之小車兩輛請發還由」，檔號：0034/701.1/4010.2，案由：〈臺灣區日本物資接收處理案〉，檔案管有機關：檔案管理局。

「為破獲日軍盜賣或私自處理交通器材希即查明辦理具報由」，檔號：0034/701.1/4010.2，案由：〈臺灣區日本物資接收處理案〉，檔案管有機關：檔案管理局。

「為基隆供應站接收直沙町油料發現短少加侖及水分報請鑒核由」，檔號：0034/701.1/4010.2，案由：〈臺灣區日本物資接收處理案〉，檔案管有機關：檔案管理局。

「為接收一五一師滑機油二十八桶水多油少報請鑒核由」，檔號：0034/701.1/4010.2，案由：〈臺灣區日本物資接收處理案〉，檔案管有機關：檔案管理局。

「為報告存儲基隆瀧川天主堂內之日軍待交罐頭食物業經派員接收由」，檔號：0034/701.1/4010.2，案由：〈臺灣區日本物資接收處理案〉，檔案管有機關：檔案管理局。

「為報請轉飭有關部隊迅予派遣警衛部隊前往各工廠區域負責警衛由」，檔號：0034/701.1/4010.2，案由：〈臺灣區日本物資接收處理案〉，檔案管有機關：檔案管理局。

「為復本部接收車輛詳情由」，檔號：0034/701.1/4010.2，案由：〈臺灣區日本物資接收處理案〉，檔案管有機關：檔案管理局。

「為飭知本收復接收日軍物資不得隱匿少報擅自動用及集中保管由」，檔號：0034/002.6/4010.2，案由：〈臺灣光復案專輯〉，檔案管有機關：檔案管理局。

「為飭請七十五師撥還車輛以便交通而利接收由」，檔號：0034/701.1/4010.2，案由：〈臺灣區日本物資接收處理案〉，檔案管有機關：檔案管理局。

「為電呈凡本部過去接收之收據如未蓋本部印信或本人私章蓋行無效請備案由」，檔號：0034/701.1/4010.2，案由：〈臺灣區日本物資接收處理案〉，檔案管有機關：檔案管理局。

「為電呈本省接收工作已告一段落軍事接收委員會擬自寅東撤銷謹由核備」，檔號：0034/701.1/4010.2，案由：〈臺灣區日本物資接收處理案〉，檔案管有機關：檔案管理局。

「為電呈花蓮港憲兵隊查獲日軍牛豬處理情形請查核由」，檔號：0034/701.1/4010.2，案由：〈臺灣區日本物資接收處理案〉，檔案管有機關：檔案管理局。

「為電送軍事設施提案一則覆請鑒核由」，檔號：0036/003.8/4010.2，案由：〈臺灣省軍事設施會議案〉，檔案管有機關：檔案管理局。

「為電復入船町之海面營舍有日人時代陸軍使用證明非海軍所用敬請派員會同查勘并准予免撥由」，檔號：0034/701.1/4010.2，案由：〈臺灣區日本物資接收處理案〉，檔案管有機關：檔案管理局。

「為電復前供應局移交營舍並無船塢名稱其他營舍已駐用無法移交由」，檔號：0034/701.1/4010.2，案由：〈臺灣區日本物資接收處理案〉，檔案管有機關：檔案管理局。

「為電復前供應局移交營舍確係陸軍要塞用地已撥為本部工兵營舍及教育場所請鑒核准予免撥由」，檔號：0034/701.1/4010.2，案由：〈臺灣區日本物資接收處理案〉，檔案管有機關：檔案管理局。

「為電據台灣地區日本官兵善後連絡部結束情形由」，檔號：0034/545/4010，案由：〈台灣區日俘（僑）處理案〉，檔案管有機關：檔案管理局。

「為頒訂敵偽軍用物資接收處理補充辦法令仰遵照由」，檔號：0034/701.1/4010.2，案由：〈臺灣區日本物資接收處理案〉，檔案管有機關：檔案管理局。

「為請令飭六十二軍派步兵一連歸海軍李司令指揮擔任保管澎湖列島武器物資責任可否乞示由」，檔號：0034/701.1/4010.2，案由：〈臺灣區日本物資接收處理案〉，檔案管有機關：檔案管理局。

「為請將台北市幸町一六〇號之積集器材仍由本部接收由」，檔號：0034/701.1/4010.2，案由：〈臺灣區日本物資接收處理案〉，檔案管有機關：檔案管理局。

「為請將貴部接收台澎日方海軍計畫及派何人負責見示」，檔號：0034/701.1/4010，案由：〈臺灣區日本海軍資產接收案〉，檔案管有機關：檔案管理局。

「為請電飭要塞司令部將已佔駐之入船町士兵刻日他移以重職責由」，檔號：0034/701.1/4010.2，案由：〈臺灣區日本物資接收處理案〉，檔案管有機關：檔案管理局。

「為請嚴令台南汽車運輸公司將代保管降軍車輛及引擎速交輜汽廿一團並乞示由」，檔號：0034/701.1/4010.2，案由：〈臺灣區日本物資接收處理案〉，檔案管有機關：檔案管理局。

「為轉台中軍品無適當房屋可容納屯儲懇請鈞核由」，檔號：0034/701.1/4010.2，案由：〈臺灣區日本物資接收處理案〉，檔案管有機關：檔案管理局。

「為轉電請飭台南汽車運輸公司車輛及引擎交當乞示復由」，檔號：0034/701.1/4010.2，案由：〈臺灣區日本物資接收處理案〉，檔案管有機關：檔案管理局。

「為轉撥第十二糧秣庫呈請各撥卡車一輛以利工作電請惠予照撥由」，檔號：0034/701.1/4010.2，案由：〈臺灣區日本物資接收處理案〉，檔案管有機關：檔案管理局。

「紀字第三五二二號」，檔號：0034/701.1/4010.2，案由：〈臺灣區日本物資接收處理案〉，檔案管有機關：

檔案管理局。

「美軍總部建議中國陸軍裁編及安置審議意見表」，檔號：0034/570.31/7421.6，案由：〈陸軍擴軍建軍及調整案〉，檔案管有機關：檔案管理局。

「軍事設施會議案經整理就緒彙總為台灣省軍事設施經過紀要擬按性質分由主管單位承辦」，檔號：0036/003.8/4010.2，案由：〈臺灣省軍事設施會議案〉，檔案管有機關：檔案管理局。

「軍政部代電卅五參復字第一二四四號」，檔號：0034/701.1/4010.2，案由：〈臺灣區日本物資接收處理案〉，檔案管有機關：檔案管理局。

「軍政部臺灣區特派員辦公處接收委員會組織辦法」，檔號：0034/701.1/4010.2，案由：〈臺灣區日本物資接收處理案〉，檔案管有機關：檔案管理局。

「軍政部臺灣區特派員辦公處處理敵軍所繳不合需要物品補充辦法」，檔號：0034/701.1/4010.2，案由：〈臺灣區日本物資接收處理案〉，檔案管有機關：檔案管理局。

「海軍台澎區專員公署左營築港計畫書」，檔號：0035/943/4010.2，案由：〈左營港修建疏濬案〉，檔案管有機關：檔案管理局。

「馬公要塞司令部對於臺灣省軍事設施會議提案乙冊」，檔號：0036/003.8/4010.2，案由：〈臺灣省軍事設施會議案〉，檔案管有機關：檔案管理局。

「高雄要塞司令部台灣省軍事設施會議提案乙冊」，檔號：0036/003.8/4010.2，案由：〈臺灣省軍事設施會議案〉，檔案管有機關：檔案管理局。

「國防部代電參復字第〇一二七號」，檔號：0034/701.1/4010.2，案由：〈臺灣區日本物資接收處理案〉，檔案管有機關：檔案管理局。

「基隆要塞軍事設施會議提案乙冊」，檔號：0036/003.8/4010.2，案由：〈臺灣省軍事設施會議案〉，檔案管有機關：檔案管理局。

「接收前我空軍部署要圖」，檔號：0034/701.1/4010.2，案由：〈臺灣區日本物資接收處理案〉，檔案管有機關：檔案管理局。

「處理集中接收物資會議紀錄」，檔號：0034/701.1/4010.2，案由：〈臺灣區日本物資接收處理案〉，檔案管有機關：檔案管理局。

「陸軍七十軍司令部代電參乙字〇九九九號」，檔號：0034/706/6010.2，案由：〈日遺物資發掘處理案〉，檔案管有機關：檔案管理局。

「陸軍七十軍司令部代電參甲字第一八八一號」，檔號：0035/701.8/6010，案由：〈日本移交殘留飛機處理案〉，檔案管有機關：檔案管理局。

「陸軍七十軍移交倉庫軍品實施辦法」，檔號：0034/701.1/4010.2，案由：〈臺灣區日本物資接收處理案〉，檔案管有機關：檔案管理局。

「陸軍第七十軍司令部代電參甲字第一二二九號」，檔號：0034/701.1/4010.2，案由：〈臺灣區日本物資接收處理案〉，檔案管有機關：檔案管理局。

「陸軍第七十軍司令部代電參甲移第字三〇〇號」，檔號：0034/701.1/4010.2，案由：〈臺灣區日本物資接收處理案〉，檔案管有機關：檔案管理局。

「陸軍第七十軍司令部代電參甲第字一四〇九號」，檔號：0034/701.1/4010.2，案由：〈臺灣區日本物資接收處理案〉，檔案管有機關：檔案管理局。

「陸軍第六十二軍司令部代電接參英字一〇六號」，檔號：0034/701.1/4010.2，案由：〈臺灣區日本物資接收處理案〉，檔案管有機關：檔案管理局。

「報告七月三日於總部」，檔號：0034/701.1/4010.2，案由：〈臺灣區日本物資接收處理案〉，檔案管有機關：檔案管理局。

「報告十一月二十三日於第三處」，檔號：0034/701.1/4010.2，案由：〈臺灣區日本物資接收處理案〉，檔案管有機關：檔案管理局。

「報告三十六年元月日於第三處」，檔號：0034/701.1/4010.2，案由：〈臺灣區日本物資接收處理案〉，檔案管有機關：檔案管理局。

「報告三月二十九日」，檔號：0034/701.1/4010.2，案由：〈臺灣區日本物資接收處理案〉，檔案管有機關：檔案管理局。

「報告元月十三日於第三處」，檔號：0034/701.1/4010.2，案由：〈臺灣區日本物資接收處理案〉，檔案管有機關：檔案管理局。

「報告四月二十日」，檔號：0034/701.1/4010.2，案由：〈臺灣區日本物資接收處理案〉，檔案管有機關：檔案管理局。

「復知宮古石垣兩島已由美軍接收我海軍暫不前往」，檔號：0034/002.6/4010.2，案由：〈台灣光復案專輯（接收權責）〉，檔案管有機關：檔案管理局。

「殘留待送之日俘及登冊移交第三處點收完畢由」，檔號：0034/545/4010，案由：〈台灣區日俘（僑）處理案〉，檔案管有機關：檔案管理局。

「週來奉委座面諭知事項如下」，檔號：0034/761.3/6010，案由：〈台灣飛機接收〉，檔案管有機關：檔案管理局。

「雄字第六七四號奉電軍品集中限五月底前完成所感困難情形報請亮察由」，檔號：0034/701.1/4010.2，案由：〈臺灣區日本物資接收處理案〉，檔案管有機關：檔案管理局。

「電呈鹿港機場部隊發現見該機場西南端有殘破飛機貳十餘架被盜竊機件情形請核由」，檔號：0035/701.8/6010，案由：〈日本移交殘留飛機處理案〉，檔案管有機關：檔案管理局。

「電送接收目錄清冊並海軍接收預定表呈請核定實施由」，檔號：0034/701.1/4010.2，案由：〈臺灣區日本物資接收處理案〉，檔案管有機關：檔案管理局。

「電飭查報接收日產抵充賠償數目仰依限遵辦并轉與遵照由」，檔號：0034/701.1/4010.2，案由：〈臺灣區日本物資接收處理案〉，檔案管有機關：檔案管理局。

「監交馬公要塞接收報告書」，檔號：0034/701.1/4010.2，案由：〈臺灣區日本物資接收處理案〉，檔案管有機關：檔案管理局。

「福州劉建緒西梗密」，檔號：0034/701.1/4010.2，案由：〈臺灣區日本物資接收處理案〉，檔案管有機關：檔案管理局。

「臺灣地區軍事接收委員會第一次會議記錄」，檔號：0034/701.1/4010.2，案由：〈臺灣區日本物資接收處理案〉，檔案管有機關：檔案管理局。

「臺灣地區軍事接收委員會陸軍第二組軍品集中運輸指揮處代電輸字第〇三二號」，檔號：0034/701.1/4010.2，案由：〈臺灣區日本物資接收處理案〉，檔案管有機關：檔案管理局。

「臺灣地區軍事接收委員會陸軍第二組接收概況報告」，檔號：0034/701.1/4010.2，案由：〈臺灣區日本物資接收處理案〉，檔案管有機關：檔案管理局。

「臺灣地區接收軍品集中處理計畫草案」，檔號：0034/701.1/4010.2，案由：〈臺灣區日本物資接收處理案〉，檔案管有機關：檔案管理局。

「臺灣地區第二次軍事接收委員會會議節錄」，檔號：0034/002.6/4010.2，案由：〈第一、二三次軍機接收委員會會議記錄〉，檔案管有機關：檔案管理局。

「臺灣地區第三次軍事接收委員會會議節錄」，檔號：0034/002.6/4010.2，案由：〈第一、二三次軍機接收委員會會議記錄〉，檔案管有機關：檔案管理局。

「臺灣地區第四次軍事接收委員會會議節錄」，檔號：0034/002.6/4010.2，案由：〈第一、二三次軍機接收委員會會議記錄〉，檔案管有機關：檔案管理局。

「臺灣省軍事設施會議出席人員報到簿」，檔號：0036/003.8/4010.2，案由：〈臺灣省軍事設施會議案〉，檔案管有機關：檔案管理局。

「臺灣省軍事設施會議經過紀要乙冊」，檔號：0036/003.8/4010.2，案由：〈臺灣省軍事設施會議案〉，檔案管有機關：檔案管理局。

「臺灣省專賣局呈專總字第八十七號」，檔號：0034/701.1/4010.2，案由：〈臺灣區日本物資接收處理案〉，檔案管有機關：檔案管理局。

「臺灣省接收日產處理委員會代電產（卅五）處字發文第〇四三六號」，檔號：0034/701.1/4010.2，案由：〈臺灣區日本物資接收處理案〉，檔案管有機關：檔案管理局。

「臺灣省接收日產處理委員會代電產（卅五）調字發文第〇八八二號」，檔號：0034/701.1/4010.2，案由：〈臺灣區日本物資接收處理案〉，檔案管有機關：檔案管理局。

「臺灣省警備總司令部來電三十五譯字第一四七二號」，檔號：0034/701.1/4010.2，案由：〈臺灣區日本物資接收處理案〉，檔案管有機關：檔案管理局。

「臺灣省警備總司令部來電三十五譯字第一五七四號」，檔號：0034/701.1/4010.2，案由：〈臺灣區日本物資接收處理案〉，檔案管有機關：檔案管理局。

「臺灣省警備總司令部來電三十五譯字第一六三一號」，檔號：0034/701.1/4010.2，案由：〈臺灣區日本物資接收處理案〉，檔案管有機關：檔案管理局。

「臺灣省警備總司令部查究日方武器彈藥及物資文件獎懲暫行辦法」，檔號：0034/706/6010.2，案由：〈日遺物資發掘處理案〉，檔案管有機關：檔案管理局。

「臺灣警備總司令部來電三十五譯字第一八〇四號」，檔號：0034/701.1/4010.2，案由：〈臺灣區日本物資接收處理案〉，檔案管有機關：檔案管理局。

「請派員參加驗收會議由」，檔號：0034/701.1/4010.2，案由：〈臺灣區日本物資接收處理案〉，檔案管有機關：檔案管理局。

「聯合後勤司令部第十九軍械補給庫交通器材移交清冊」，檔號：0034/701.1/4010.2，案由：〈臺灣區日本物資接收處理案〉，檔案管有機關：檔案管理局。

「轉聯勤總部（卅五）酉豔工儲二代電祈列表賜示俾憑遵辦」，檔號：0034/701.1/4010.2，案由：〈臺灣區日本物資接收處理案〉，檔案管有機關：檔案管理局。

「簽呈十一月二十四日于總司令部」，檔號：0034/701.1/4010.2，案由：〈臺灣區日本物資接收處理案〉，檔案管有機關：檔案管理局。

「簽呈三十五年四月二十三日於于第三處」，檔號：0034/701.1/4010.2，案由：〈臺灣區日本物資接收處理案〉，檔案管有機關：檔案管理局。

「關于石垣及宮古兩島之警備部隊即派由我國接收」，檔號：0034/002.6/4010.2，案由：〈台灣光復案專輯

（接收權責）〉，檔案管有機關：檔案管理局。

「灣連第二十一號關於基隆市律部隊兵監視之日軍所有部隊糧秣之件」，檔號：0034/701.1/4010.2，案由：〈臺灣區日本物資接收處理案〉，檔案管有機關：檔案管理局。

微捲檔號：2020.4/4450.01，案由：〈革命文獻拓影—戡亂時期（戡亂軍事概況—整軍建軍）〉下，《蔣中正總統檔案》第二十七冊，檔案管有機關：國史館。

中國人民政治協商會議廣東省委員會文史資料研究委員會編，《廣東文史資料（第二十三輯）》（廣州：廣東人民出版社，一九七九）。

中國第二歷史檔案館、海峽兩岸出版交流中心編，《館藏民國台灣檔案匯編（第十九冊）》（北京：九州出版社，二〇〇七）。

中國第二歷史檔案館、海峽兩岸出版交流中心編，《館藏民國台灣檔案匯編（第二十一冊）》（北京：九州出版社，二〇〇七）。

中國第二歷史檔案館、海峽兩岸出版交流中心編，《館藏民國台灣檔案匯編（第二十四冊）》（北京：九州出版社，二〇〇七）。

中國第二歷史檔案館、海峽兩岸出版交流中心編，《館藏民國台灣檔案匯編（第十四冊）》（北京：九州出版社，二〇〇七）。

中國第二歷史檔案館、海峽兩岸出版交流中心編，《館藏民國台灣檔案匯編（第十五冊）》（北京：九州出版社，二〇〇七）。

中國陸軍總司令部編，《中國戰區中國陸軍總司令部處理日本投降文件彙編》（南京：中國陸軍總司令部，一九四六）。

中華民國重要史料初編編輯委員會編，《中華民國重要史料初編—對日抗戰時期 第七編戰後中國（四）》（台北：中國國民黨中央委員會黨史委員會，一九八一）。
中國陸軍總司令部編，〈中國陸軍總司令部命令軍字第十六號〉《中國戰區中國陸軍總司令部處理日本投降文件彙編（下卷）》（南京：中國陸軍總司令部，一九四六）。
中國陸軍總司令部編，〈中國陸軍總司令部命令軍補字第三號〉《中國戰區中國陸軍總司令部處理日本投降文件彙編（下卷）》（南京：中國陸軍總司令部，一九四六）。
中國陸軍總司令部編，〈中國戰區最高統帥命令第一號〉《中國戰區中國陸軍總司令部處理日本投降文件彙編（上卷）》（南京：中國陸軍總司令部，一九四六）。
張瑞成編輯，〈中央設計局臺灣調查委員會三十三年重要工作項目報告〉《光復臺灣之籌劃與受降接收》（台北：中國國民黨中央委員會黨史會，一九九〇）。
張瑞成編輯，〈中國臺灣省行政長官公署警備總司令部命令署部字第一號〉《光復臺灣之籌劃與受降接收》（台北：中國國民黨中央委員會黨史會，一九九〇）。
張瑞成編輯，〈中國戰區中國陸軍總司令部致岡村寧次中字第十八號備忘錄〉《光復臺灣之籌劃與受降接收》（台北：中國國民黨中央委員會黨史會，一九九〇）。
張瑞成編輯，〈行政院秘書處上蔣委員長有關收復台灣政治準備工作及組織人事等具體辦法呈文〉《光復臺灣之籌劃與受降接收》（台北：中國國民黨中央委員會黨史會，一九九〇）。
張瑞成編輯，〈附錄：蔣委員長覆行政院秘書處電〉《光復臺灣之籌劃與受降接收》（台北：中國國民黨中央委員會黨史會，一九九〇）。
張瑞成編輯，〈國民政府主席蔣中正特任陳儀維臺灣省行政長官手諭〉《光復臺灣之籌劃與受降接收》（台北：中國國民黨中央委員會黨史會，一九九〇）。

張瑞成編輯，〈國民政府對日宣戰文〉《抗戰時期收復臺灣之重要言論》（台北：中國國民黨中央委員會黨史會，一九九〇）。

張瑞成編輯，〈國民參政會參政員李荐廷等六人提「請即設立臺灣接收委員會案」〉《光復臺灣之籌劃與受降接收》（台北：中國國民黨中央委員會黨史會，一九九〇）。

張瑞成編輯，〈臺灣省警備總司令部命令軍字第一號〉《光復臺灣之籌劃與受降接收》（台北：中國國民黨中央委員會黨史會，一九九〇）。

張瑞成編輯，〈臺灣接管計劃綱要〉《光復臺灣之籌劃與受降接收》（台北：中國國民黨中央委員會黨史會，一九九〇）。

張瑞成編輯，〈臺灣調查委員會黨政軍聯席會第一次會議紀錄〉《光復臺灣之籌劃與受降接收》（台北：中國國民黨中央委員會黨史會，一九九〇）。

張瑞成編輯，〈臺灣警備總司令部軍事接收總報告（節略）〉《光復臺灣之籌劃與受降接收》（台北：中國國民黨中央委員會黨史會，一九九〇）。

張瑞成編輯，〈蔣委員長與美國總統羅斯福、英國首相邱吉爾在開羅會聯合發表對日作戰之目的與決心之公報（開羅宣言）〉《光復臺灣之籌劃與受降接收》（台北：中國國民黨中央委員會黨史會，一九九〇）。

臺灣警備總司令部接收委員會發行，《臺灣軍事接收總報告書》（台北：正氣出版社，一九四六）。

臺灣省警備總司令部接收委員會，《臺灣省警備總部週年工作概況報告書》（台北：警備總司令部，一九四六）。

蘇瑤崇主編，《台灣終戰事務處理資料集》（台北：台灣古籍出版有限公司，二〇〇七）。

蘇瑤崇主編，《最後的臺灣總督府：一九四四－一九四六年終戰資料集》（台中：晨星出版有限公司，二〇〇四）。

二、專書

王呈祥，《美國駐臺北副領事葛超智與「二二八事件」》（台北：海峽學術出版社，二〇〇九）。

王景弘，《強權政治與台灣》（台北：玉山社，二〇〇八）。

王楚英等著，《受降內幕》（北京：中國文史出版社，二〇一〇）。

丘念台，《我的奮鬥史》（台北：中華日報社，一九六二）。

任駿，《日俘日僑大遣返》，（南京：南京出版社，二〇〇五）。

伊藤金次郎著、財團法人日本文教基金會編譯，《秘話・台灣軍與大東亞戰爭》（台北：文英堂出版社，二〇〇〇）。

朱匯森主編，《政府接收臺灣史料彙編》（台北：國史館，一九九〇）。

李敖編著，《二二八研究》（台北：李敖出版社，一九八九）。

李敖編著，《二二八研究三集》（台北：李敖出版社，一九八九）。

李雲漢，《國民革命與台灣光復的歷史淵源》（台北：幼獅書店，一九七一）。

杜聰明，《回憶錄》（台北：杜聰明博士獎學金管理委員會，一九七三）。

汪宏倫主編，《戰爭與社會：理論、歷史、主體經驗》（台北：聯經出版事業股份有限公司，二〇一四）。

近藤正己著、林詩庭譯，《總戰力與臺灣-日本殖民地的崩潰》（台北：國立臺灣大學出版中心，二〇一四）。

周婉窈主編，《臺籍日本兵座談會并相關資料》（台北：中央研究院臺灣史研究所籌備處，一九九七）。

林桶法，《從接收到淪陷——戰後平津地區接收工作之探討》（台北：東大圖書公司，一九九七）。

林桶法，《戰後中國的變局——以國民黨為中心的探討（一九四五—一九四九年）》（台北：臺灣商務印書館，二〇〇三）。

林獻堂著、許雪姬編註，《灌園先生日記（十七）一九四五年》（台北：中央研究院臺灣史研究所，二〇一〇）。

金智，〈臺灣航空決戰與戰後空軍在臺灣的接收〉《抗戰勝利暨台灣光復六十五周年國際學術研討會論文集》（北京：九州出版社，二〇一二）。

邵毓麟，《勝利前後》（台北：傳記文學出版社，一九七七）。

阿部賢介，《關鍵的七十一天——二次大戰結束前後的臺灣社會與臺灣人之動向》（台北：國史館，二〇一三）。

洪卜仁主編，《台灣光復前後（一九四三—一九四六）》（廈門：廈門大學出版社，二〇一〇）。

若林正丈、吳密察主編，《跨界的臺灣史研究—與東亞史的交錯》（台北：播種者文化有限公司，二〇〇四）。

財團法人日本文教基金會編譯，《秘話・台灣軍與大東亞戰爭》（台北：文英堂出版社，二〇〇二）。

國防大學譯，《美國〈金星計畫-太平洋花崗石戰役計畫第二號〉》（台北：國防大學，一九五九）。

張炎憲主編，《歷史、文化與台灣（四）》（台北：台灣風物雜誌社，一九九六）。

張瑞成編輯，《光復臺灣之籌劃與受降接收》（台北：中國國民黨中央委員會黨史會，一九九〇）。
張瑞成編輯，《抗戰時期收復臺灣之重要言論》（台北：中國國民黨中央委員會黨史會，一九九〇）。
梁敬錞，《開羅會議》（台北：臺灣商務印書館，一九七四）。
郭廷以編著，《中華民國史事日誌第四冊》（台北：中央研究院近代史研究所，一九八六）。
陳三井，《臺灣近代史事與人物》（台北：臺灣商務印書館，一九八八）。
陳志奇編輯，《中華民國外交史料彙編》（台北：國立編譯館，一九九六）。
陳逸松口述、吳君瑩記錄、林忠勝撰述，《陳逸松回憶錄》（台北：前衛出版社，一九九四）。
陳鳴鐘、陳興唐主編，《台灣光復與光復後五年省情》（南京：南京出版社，一九八九）。
曾健民，《一九四五破曉時刻的台灣》（台北：聯經出版事業股份有限公司，二〇〇五）。
黃富三，〈葛智超與台灣主體意識的發展〉《二〇世紀台灣歷史與人物：第六屆中華民國史專題論文集》（台北：國史館，二〇〇二）。
楊肇嘉，《楊肇嘉回憶錄（下冊）》（台北：三民書局，一九六八）。
葛敬恩，〈接收臺灣紀略〉《二二八研究三集》（台北：李敖出版社，一九八九）。
鈴木茂夫著、陳千武譯，《台灣處分一九四五年》（台中：晨星出版有限公司，二〇〇三）。
褚靜濤，《國民政府收復台灣研究》（北京：中華書局，二〇一三）
劉鳳翰，《日軍在臺灣（下）》（台北：國史館，一九九七）。
蔣中正，《中國之命運》（台北：正中書局，一九六四）。
鄭梓，〈戰後臺灣的接收、復員與重建——從行政長官公署到臺灣省政府〉《戰後初期的臺灣》（台北：國史館，二〇一五）。

鄭梓，《戰後台灣的接收與重建》（台北：新化圖書有限公司，一九九四）。
諫山春樹等原著、財團法人日本文教基金會編譯，《秘話・台灣軍與大東亞戰爭》（台北：文英堂出版社，二〇〇〇）。
賴澤涵主編，《臺灣光復初期歷史》（台北：中央研究院中山人文社會科學研究所，一九九三）。
戴天昭著、李明峻譯，《台灣國際政治史》（台北：前衛出版社，一九九六）。
戴國煇、葉芸芸，《愛憎二・二八》（台北：遠流出版事業股份有限公司，一九九二）。
薛化元主編，《台灣歷史年表終戰篇 I（一九四五－一九六五）》（台北：國家政策研究資料中心，一九九〇）。
鍾逸人，《辛酸六十年》（台北：前衛出版社，一九九三）。
蘇瑤崇，〈葛超智先生（George H. Kerr）託管臺灣論之思想與影響〉《歷史、地理與變遷學術研討會論文集》（嘉義：嘉義大學，二〇〇四）。
蘇瑤崇，〈台灣省行政長官公署與台灣總督府體制之比較研究〉（台北：財團法人二二八事件基金會委託案，二〇〇四）。
Charles A. Willoughby & John Chanberlain（一九五四）, MacArthur 1941-1951 ,N.Y.: MaGraw-Hill Book Co.
Douglas L. Fix（費德廉），〈U.S. Worldtime Intelligence Regarding Taiwan〉，臺大歷史系主辦「臺灣史料國際學術研討會」論文（一九九三年九月十－十一日）。
Ernest J. King & Walter M. Whitehill(1952), Fleet Admiral King-ANaval Record, N.Y.: W. W. Norton & Co.
Foreign Relations of the Unite States(FRUS), 1945,Vol.VII
Georgr Keer著、陳榮成譯，《被出賣的台灣》（深耕出版）。

Nancy Hsu Fleming著、蔡丁貴譯，《狗去豬來：二二八前夕美國情報檔案》（台北：前衛出版社，二〇〇九）

Samuel Eliot Morison（一九五八）, American Contribution to the Strategy of World War II, London: Oxford University Press.

古野直也，《台灣軍司令部》（東京：国書刊行會，平成三年）。

伊藤正德，《帝國陸軍の最後の特攻篇》（東京：文藝春秋社，昭和三十六年）。

每日新聞社譯編，《太平洋戰爭秘史》（東京：每日新聞社，昭和四十年）。

防衛廳防衛研究所戰史室，《沖繩台灣硫磺島方面陸軍航空作戰》（東京：朝雲新聞社，一九七〇）。

富沢繁，《台湾終戦秘史》（東京：いずみ出版株式會社，一九八四）。

三、期刊論文

王曉華，〈台灣光復與軍事接收〉《南京政治學院學報》第二十一卷第三期（二〇〇五）。

白純，〈戰後台灣光復過程中的受降與軍事接收問題述略〉《軍事歷史研究》二〇〇二第二期（二〇〇二）。

朱浤源、黃種祥，〈駐臺日軍投降後武器外流情況初稿〉，《海峽兩岸檔案暨微縮學術交流會論文集》（台北：中華檔案暨資訊微縮管理學會，二〇〇八）。

何鳳嬌，〈戰後初期臺灣軍事用地的接收〉《國史館學術集刊》第十七期（二〇〇八）。

何鳳嬌，〈戰後初期臺灣軍事用地的處理〉《國史館館刊》第十九期（二〇〇九）。

李世甲，〈我在舊海軍親歷記（續）〉《福建文史資料（第八輯）》（一九八四）。

卓文義，〈中國空軍在臺接收與轉進臺灣〉《筧橋學報》第一期（一九九四）。

林文奎，〈台灣見聞錄—林文奎的二二八事件見聞錄〉《台灣史料研究》第十八期（二〇〇二年三月）。

林劍華，〈從國內報刊的相關報導看光復後台灣的接收〉《福州大學學報》二〇〇七第四期（二〇〇七）。

馬有成，〈臺灣受降籌備組織：臺灣前進指揮所之研究〉，《台灣史料研究》第四十期（二〇一二年十二月）。

高純淑，〈戰後中國政府接收東北之經緯〉（台北：中國文化大學史學研究所博士論文，一九九三）。

許進發，〈一九四四年美軍攻臺計畫的戰情資料-陸海軍聯合情報研究第八十七號〉《戰時體制下的臺灣學術研討會論文集》（南投：國史館臺灣文獻館，二〇〇四）。

陳純瑩，《光復初期台灣警政的接受與重建——以行政長官公署時期為中心的探討》（台北：臺灣師範大學博士論文，一九九三）。

陳亮州，〈政府對臺灣日俘管理之研究—以臺灣省警備總司令部戰俘管理處為分析中心〉，《檔案季刊》十卷二期（二〇一一年六月）。

陳亮州，〈戰後初期台灣日產之接收與處理〉（桃園：國立中央大學碩士論文，一九九八）。

陳咨仰，〈戰後台灣地區海軍的接收與重整（一九四五－一九四六）〉（台南：國立成功大學碩士論文，二〇一二）。

曾令毅，〈戰後初期中國空軍在臺灣的接收與派系鬥爭（一九四五－一九四七）〉《臺灣文獻》六十六卷第三期（二〇一五年九月）。

黃濤、林偉儔、侯梅，〈國民黨第六十二軍赴台灣接受日軍投降紀實〉《廣東文史資料（第二十三輯）》（一九七九）。

楊護源，〈〈台灣省收復計畫大綱〉與〈台灣省佔領計畫〉的簡介與史料價值〉，《台灣史料研究》第四十四期（二〇一四年十二月）。

楊護源，〈終戰後臺灣軍事佔領接收的籌備準備（1945.08.15-10.31）〉，《高雄師大學報》三十七期（二〇一四年十二月）。
蔣永敬，〈戰後國共和談——從重慶會談到整軍方案〉《國史館館刊》第三十四期（二〇一二）。
嚴壽華，〈抗戰勝利前後接收日本海軍的經過〉《福建文史資料（第十一輯）》（一九八五）。
J. B. Jacobs 原著，陳俐甫、夏榮和合譯，〈台灣人與中國國民黨—台灣「半山人」的起源：一九三七—一九四五〉，《台灣風物》四十卷二期（一九九〇年六月）。

四、報刊史料

《臺灣總督府官報》〈號外〉（昭和二十年八月十五日）。
《中央日報》（民國三十一年十一月五日）。
《大公報》（民國三十二年一月七日）。
《臺灣新生報》（民國三十五年三月十八日）。
《臺灣新生報》（民國三十五年七月九日）。
《民報（晚刊）》（民國三十五年八月二十九日）。

五、網站資料

TDP網站http://www.taiwandocuments.org/surrender05.htm（查詢時間二〇一五年七月十五日）。
中國國民黨網站http://www.kmt.org.tw/page.aspx?id=73&cid=131（查詢時間二〇一四年八月五日）。
台灣國網站http://www.taiwannation.com.tw/inside028.htm（查詢時間二〇一五年八月五日）。

曾明財，〈少將廠長雲鐸——回顧戰後初期的接收〉，http://www.thinkingtaiwan.com/content/4119（查詢時間二〇一五年七月三十一日）。

福建省地方志編纂委員會網站http://www.fsq.gov.cn/ShowText.asp?ToBook=3199&index=450&（查詢時間二〇一五年八月五日）。

附錄

國民政府軍事接收臺灣大事記

年	月日	國民政府軍事接收臺灣大事記
1945	0815	日本接受波茨坦宣言投降，國民政府取得臺灣的受降權
	0827	國民政府發佈陳儀任臺灣省行政長官兼臺灣澎湖島嶼受降主官
	0830	中美共同擬定〈台灣省收復計畫大綱〉
	0901	臺灣省行政長官公署與臺灣省警備總司令部成立 福建省政府顧問黃澄淵、中美合作所黃昭明、三青團張士德來台
	0904	國民政府派陳儀兼任臺灣省警備總司令並檢發〈台灣省收復計畫大綱〉
	0909	中美研定〈臺灣收復計畫大綱〉備忘錄 在臺日軍改稱善後連絡部 諫山春樹與葛敬恩於南京會談
	0914	空軍張廷孟司令來臺 空軍第二十二司令部來台
	0919	第四次中美參謀聯合會
	0926	空軍第二十三司令部來臺
	0928	臺灣省警備總司令部前進指揮所成立
	1003	七十軍先頭部隊七十五師登陸基隆
	1005	臺灣省警備總司令部前進指揮所來臺開始辦公 臺灣省行政長官公署發佈備忘錄臺政字第一號 臺灣省警備總司令部擬定〈台灣省佔領計畫〉

年	月日	國民政府軍事接收臺灣大事記
1945	1008	憲兵第四團第五連抵臺 諫山春樹與范誦堯於台北第一次會談
	1011	諫山春樹與范誦堯於台北第二次會談
	1014	空軍張廷孟司令與台北地區司令張伯壽來臺
	1017	臺灣省警備總司令部本部與臺灣省行政長官公署人員抵臺 七十軍抵臺
	1018	臺灣省行政長官公署、臺灣省警備總司令部開始辦公
	1023	特務團與海軍第二艦隊司令部來臺
	1024	陳儀與憲兵團團部抵臺
	1025	臺灣地區受降典禮 臺灣省警備總司令部前進指揮所結束 臺灣省行政長官公署警備總司令部發佈第一號命令
	1026	七十軍第二批抵臺
	1028	陳儀舉行臺灣地區軍事接收委員會會議
	1030	警備總部發佈軍字第一號命令，十一月一日開始軍事佔領接收 臺灣地區軍事接收委員會會議頒佈〈台灣地區軍事接收委員會組織規程〉 七十軍發佈一號公告
	1101	臺灣地區軍事接收委員會宣告統一軍事接收開始 陸軍第一組接收開始 陸軍第三組七十軍接收開始 海軍組接收開始 空軍組接收開始 憲兵組接收開始 柯遠芬與宇垣松四郎進行會談 國府擬定敵偽軍用物資接收處理管理辦法

年	月日	國民政府軍事接收臺灣大事記
1945	1107	國府擬定日軍解除武裝後之工作分配原則大綱
	1109	警備總部擬定台灣地區軍事接收巡迴視察組織之編成及實施辦法與本部視察計劃綱要
	1111	國府召開復員整軍會議
	1118	六十二軍抵臺
	1119	軍政部台灣特派員辦公處人員抵臺
	1122	六十二軍第二批抵臺
	1124	警備總部擬定本省各重要港口交通檢查辦法
	1126	六十二軍第三批抵臺
	1201	軍政組接收開始 警備總部成立戰俘管理處
	1204	陸軍第二組開始接收
	1205	在臺日本海軍船艦接收完成
	1210	基隆港口運輸司令部成立
	1211	海軍組接收結束
	1212	警備總部通信連抵臺
	1216	陸軍第三組接收結束
	1218	憲兵組接收結束
	1224	高雄港口運輸司令部成立 空軍第二十二司令部開始接收
	1225	鐵道運輸司令部成立 開始遣返在臺日軍

年	月日	國民政府軍事接收臺灣大事記
1945	1226	空軍第二十三司令部裁撤由空軍第二十二司令部接管
	1227	軍政部要塞調查組來臺
	1231	軍令部派員來臺接收測量器材 陸軍第二組接收第一階段結束
1946	0107	航委會第三飛機製造廠來臺接收
	0118	陸軍第二組第二階段接收結束
	0122	陸軍第一組接收結束
	0123	警備總部召開處理集中接收物資會議
	0125	警備總部擬定處理敵軍所繳不合需求物品處理補充辦法
	0130	空軍組接收結束
	0201	軍事接收委員會軍事接收分組撤銷 警備總部擬定臺灣省沿海進出口檢查辦法
	0205	接收軍品點驗第二組開始點驗
	0214	接收軍品點驗第一組開始點驗
	0223	警備總部召開軍事接收結束會議
	0310	接收軍品點驗第二組點驗結束
	0316	警備總部召開軍用營產管理委員會第一次會議
	0318	接收軍品點驗第一組點驗結束
	0323	警備總部召開陸軍軍品集中會議
	0330	花蓮港口運輸分處成立

年	月日	國民政府軍事接收臺灣大事記
1946	0413	日軍善後連絡部解散 警備總部召開整編座談
	0420	中美合作遣送在臺日軍完畢
	0601	高雄、澎湖、基隆要塞司令部成立
	0620	警備總部軍事接收總報告書出版
	0712	國共內戰全面爆發
	0801	閩臺區接收清查團抵臺
	0809	軍政部臺灣馬德尊少將私賣砂糖軍米遭槍斃
	0930	基隆要塞司令部因接收問題與空軍產生爭執
	10	整編完成之六十二軍調往天津
	1021	蔣中正來臺
	1123	左營港修建疏濬案
	12	整編完成之七十軍調往徐州
1947	0206	警備總部召開臺灣省軍事設施會議
	03	蔣中正命令在臺軍械除必要囤留其餘內運

《臺灣省軍事接收總報告書》接收期程表

日期		陸軍一組	陸軍二組	陸軍三組	軍政組	海軍組	空軍組	憲兵組	點驗一組	點驗二組
1945	1101	開始接收。樺山陸軍倉庫之械彈至1126。樺山陸軍倉庫之糧秣至1111。樺山陸軍倉庫之通信器材至1116。臺北官舍之營建設備至1131。		開始接收。臺北桃園至1105。		開始接收。高雄警備府司令部至1204。高雄海軍經理部臺北支部至1211。高雄海軍軍需部臺北支部至1211。	開始接收。南部地區至0110。北部地區至0131。	開始接收。		
	1102	樺山陸軍倉庫之被服至0212。				臺北在勤武官府至1204。高雄海軍人事部至1204。臺北地方海軍人事部至1204。				

日期		陸軍一組	陸軍二組	陸軍三組	軍政組	海軍組	空軍組	憲兵組	點驗一組	點驗二組
1945	1103	自動車修理工廠、臺灣軍管區經理部臺北出張所之運輸工具與燃料至1126。臺灣軍管區獸醫部之馬騾輓具至1123。				高雄海軍病院草山分院至1205。高雄警備府軍法會議至1204。第334設營隊至1205。淡水震洋隊至1205。				
	1104					基隆在勤海軍武官府至1207。高雄海軍軍需部基隆支部至1206。基隆海軍運輸部及士林事務所至1205。				
	1106	富田地區及電信34聯隊之衛生器材至1123。		基隆淡水至1110。						
	1108	第十方面軍司令部之軍樂器材至1208。								
	1109			臺北州至1115。						

日期		陸軍一組	陸軍二組	陸軍三組	軍政組	海軍組	空軍組	憲兵組	點驗一組	點驗二組
1945	1111			宜蘭羅東至1114。						
	1112	臺北州廳之文卷圖籍至1225。								
	1116			新竹至1120。						
	1122			新竹州。						
	1201				開始接收。臺灣陸軍貨物廠台南出張所。臺灣陸軍貨物廠屏東出張所。臺灣陸軍貨物廠嘉義出張所。臺灣陸軍貨物廠台中出張所。台中兵事部連絡分部。兵器補給廠台中分廠。臺灣陸軍貨物廠高雄出張所。					
	1203				基隆陸軍病院。					

日期		陸軍一組	陸軍二組	陸軍三組	軍政組	海軍組	空軍組	憲兵組	點驗一組	點驗二組
1945	1204		開始接收。台南地區至1208。		兵器補給廠本廠至1213。	基隆防備隊至1207。				
	1205			宜蘭羅東至1216。						
	1206					高雄海軍通訊隊至1207。高雄海軍軍需部基隆支部至1209。				
	1208				臺北陸軍病院至0103。	高雄海軍設施部臺北支部至1211。				
	1210					高雄海軍運輸部基隆支部至1211。				
	1211		高雄鳳山地區至1218。		兵器補給廠高雄分廠至1217。	接收完成。				
	1212				臺灣臨時自動車廠旗山支廠至1218。					
	1213				高雄兵事連絡分部。					
	1215	臺北、桃園之械彈至1223。			兵器補給廠新竹分廠。自動車廠新竹出張所。					

日期		陸軍一組	陸軍二組	陸軍三組	軍政組	海軍組	空軍組	憲兵組	點驗一組	點驗二組
1945	1216			接收完成。						
	1218				兵器補給廠台中分廠。 臺灣臨時自動車廠嘉義支廠至1224。 大湖分院。			接收完成。		
	1220				臺灣陸軍貨物廠基隆出張所。					
	1221		嘉義地區至1224。							
	1222				嘉義陸軍病院至1223。 花蓮港陸軍病院。					
	1224				臺灣臨時自動車廠銅鑼出張所至1228。 臺灣陸軍貨物廠新竹出張所。 台南陸軍病院至1225。 台東陸軍病院。					

日期		陸軍一組	陸軍二組	陸軍三組	軍政組	海軍組	空軍組	憲兵組	點驗一組	點驗二組
1945	1225				高雄陸軍病院至1227。					
1945	1226				臺北陸軍貨物廠木柵連絡所至1228。屏東陸軍病院至1228。					
1945	1227		台中地區至1230。							
1945	1228	台中、草屯、高雄之械彈至0122。								
1945	1229				臺灣陸軍貨物廠三峽連絡所至0108。					
1945	1231				臺灣陸軍貨物廠宜蘭出張所。					
1946	1月				野戰砲兵第16聯隊。第8飛行師團。中央航空路部臺灣航空管區連絡分部。臺灣陸軍貨物廠高雄出張所。					

日期		陸軍一組	陸軍二組	陸軍三組	軍政組	海軍組	空軍組	憲兵組	點驗一組	點驗二組
1946	0101		日軍留借用物至0118。		兵器補給廠嘉義分廠。					
	0104				臺灣陸軍貨物廠至0119。					
	0107				新店酒精工廠。 臺灣陸軍貨物廠花蓮港支廠至0115。 臺灣軍貨營區經理部花蓮港出張所至0115。 第8飛行師團第24。 航地司令部至0115。		日軍航空修理廠至0130。			
	0109				臺北陸軍貨物廠新店連絡所至0111。					
	0110				臺北陸軍貨物廠烏來農耕隊。 臺灣陸軍貨物廠安坑連絡所。 臺灣陸軍貨物廠台東出張所。					

日期		陸軍一組	陸軍二組	陸軍三組	軍政組	海軍組	空軍組	憲兵組	點驗一組	點驗二組
1946	0111				第102旅團。					
	0114				第66師團至0125。					
	0118		接收完成。		步兵304聯隊。					
	0120				步兵249聯隊。步兵240聯隊。					
	0130						接收完成。			
	0131				接收完成。					
	0206									開始點驗。台中之陸軍二組至0212。
	0212	接收完成。								
	0213									台中之軍政組、憲兵組。
	0214								開始點驗。臺北市之憲兵組。	台中之憲兵組至0215。
	0215								臺北市之軍政組至0217。	
	0217									嘉義之陸軍2組至0218。

日期		陸軍一組	陸軍二組	陸軍三組	軍政組	海軍組	空軍組	憲兵組	點驗一組	點驗二組
1946	0218								臺北縣之軍政組至0224。	
	0219									嘉義之軍政組至0220。
	0222									台南之軍政組至0225。
	0225								基隆之軍政組至0226。	
	0227								臺北縣木柵之軍政組。	高雄之軍政組至0228。
	0228								臺北縣三峽之軍政組。	
	0301									高雄之陸軍二組。馬公之海軍組至0303。
	0302								桃園之軍政組至0303。	
	0304								新竹之軍政組至0308。	高雄之軍政組至0306。
	0307									屏東之軍政組。屏東之陸軍二組。

日期		陸軍一組	陸軍二組	陸軍三組	軍政組	海軍組	空軍組	憲兵組	點驗一組	點驗二組
	0308									潮州之軍政組。潮州之陸軍二組。
	0310								高雄之軍政組。	點驗結束。
1946	0313								花蓮港之憲兵組。	
	0314								花蓮港之軍政組至0315。	
	0317								宜蘭之軍政組至0318。	
	0319								點驗結束。	

說明：
一、表格內為被接收的地區或單位。
二、表格中之四位阿拉伯數字代表月日。
資料來源：臺灣省警備總司令部接收委員會，《臺灣警備總部接收總報告書》（台北：正氣出版社，1946）。

Do歷史68　PC0598

光復與佔領

——國民政府對臺灣的軍事接收

作　　者／楊護源
責任編輯／徐佑驊
圖文排版／楊家齊
封面設計／王嵩賀

出版策劃／獨立作家
發 行 人／宋政坤
法律顧問／毛國樑　律師
製作發行／秀威資訊科技股份有限公司
地址：114 台北市內湖區瑞光路76巷65號1樓
電話：+886-2-2796-3638　傳真：+886-2-2796-1377
服務信箱：service@showwe.com.tw
展售門市／國家書店【松江門市】
地址：104 台北市中山區松江路209號1樓
電話：+886-2-2518-0207　傳真：+886-2-2518-0778
網路訂購／秀威網路書店：https://store.showwe.tw
國家網路書店：https://www.govbooks.com.tw

出版日期／2016年8月　BOD一版　**定價**／350元

獨立作家
Independent Author

寫自己的故事，唱自己的歌

版權所有・翻印必究　Printed in Taiwan　本書如有缺頁、破損或裝訂錯誤，請寄回更換
Copyright © 2016 by Showwe Information Co., Ltd.All Rights Reserved

光復與佔領：國民政府對臺灣的軍事接收 / 楊護源著. -- 一版. -- 臺北市：獨立作家, 2016.08
面；　公分. -- (Do歷史；68)
BOD版
ISBN 978-986-93316-9-2(平裝)

1. 臺灣史　2. 臺灣光復

733.29　　105011662

國家圖書館出版品預行編目

讀者回函卡

感謝您購買本書，為提升服務品質，請填妥以下資料，將讀者回函卡直接寄回或傳真本公司，收到您的寶貴意見後，我們會收藏記錄及檢討，謝謝！

如您需要了解本公司最新出版書目、購書優惠或企劃活動，歡迎您上網查詢或下載相關資料：http:// www.showwe.com.tw

您購買的書名：________________________________

出生日期：________年________月________日

學歷：□高中（含）以下　□大專　□研究所（含）以上

職業：□製造業　□金融業　□資訊業　□軍警　□傳播業　□自由業

□服務業　□公務員　□教職　□學生　□家管　□其它______

購書地點：□網路書店　□實體書店　□書展　□郵購　□贈閱　□其他

您從何得知本書的消息？

□網路書店　□實體書店　□網路搜尋　□電子報　□書訊　□雜誌

□傳播媒體　□親友推薦　□網站推薦　□部落格　□其他__________

您對本書的評價：（請填代號　1.非常滿意　2.滿意　3.尚可　4.再改進）

封面設計____　版面編排____　內容____　文／譯筆____　價格____

讀完書後您覺得：

□很有收穫　□有收穫　□收穫不多　□沒收穫

對我們的建議：________________________________

____

____

____

請貼
郵票

11466
台北市內湖區瑞光路 76 巷 65 號 1 樓
獨立作家讀者服務部 收

（請沿線對折寄回，謝謝！）

姓　　名：＿＿＿＿＿＿＿＿ 年齡：＿＿＿＿ 性別：□女　□男

郵遞區號：□□□□□

地　　址：＿＿＿＿＿＿＿＿＿＿＿＿＿＿＿＿

聯絡電話：(日) ＿＿＿＿＿＿＿＿ (夜) ＿＿＿＿＿＿＿＿

E-mail：＿＿＿＿＿＿＿＿＿＿＿＿＿＿＿＿